Vita Di Beniamino Franklin Scritta Da Se Medesimo

Benjamin Franklin

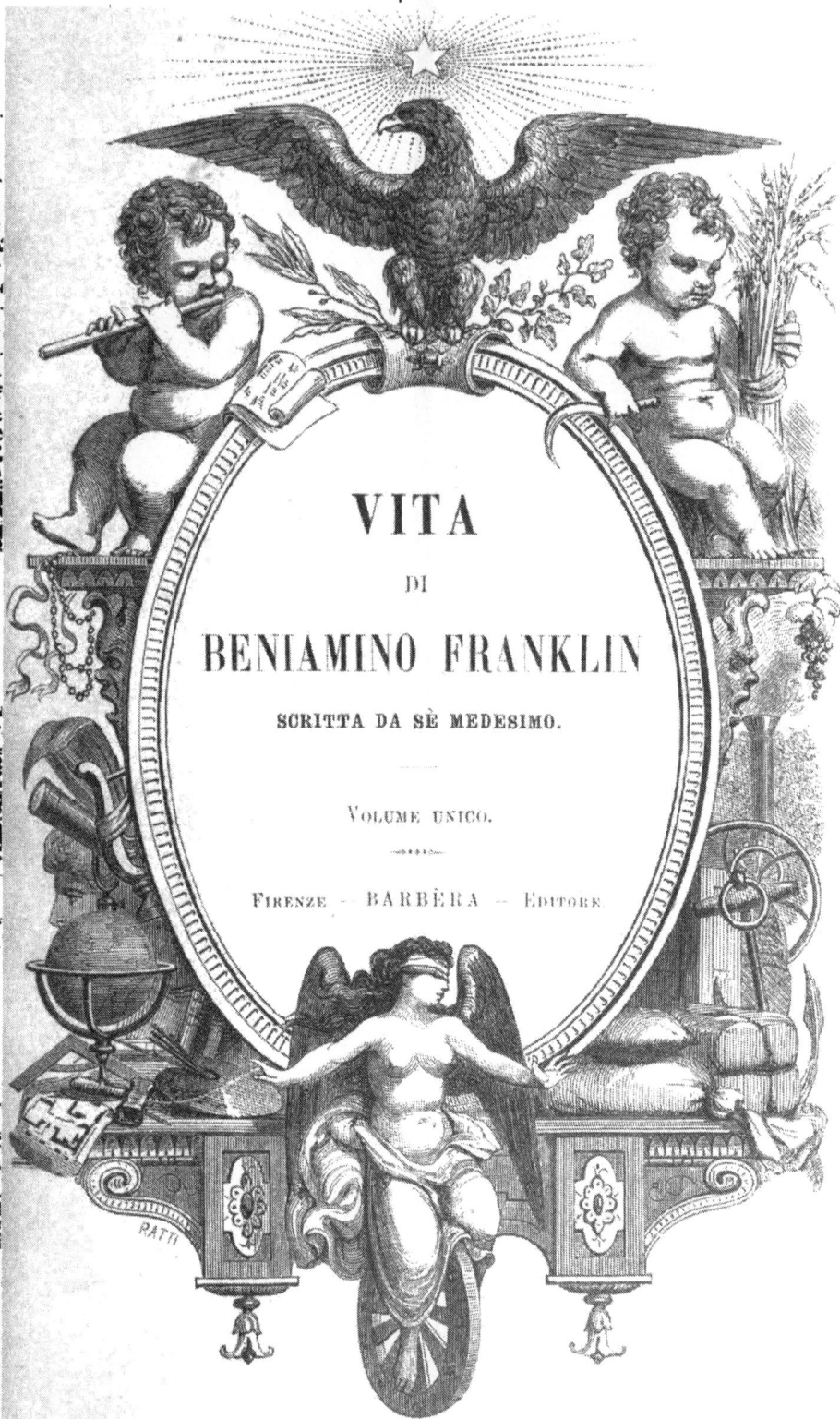

VITA

DI

BENIAMINO FRANKLIN

SCRITTA DA SÈ MEDESIMO.

VOLUME UNICO.

FIRENZE — BARBÈRA — EDITORE

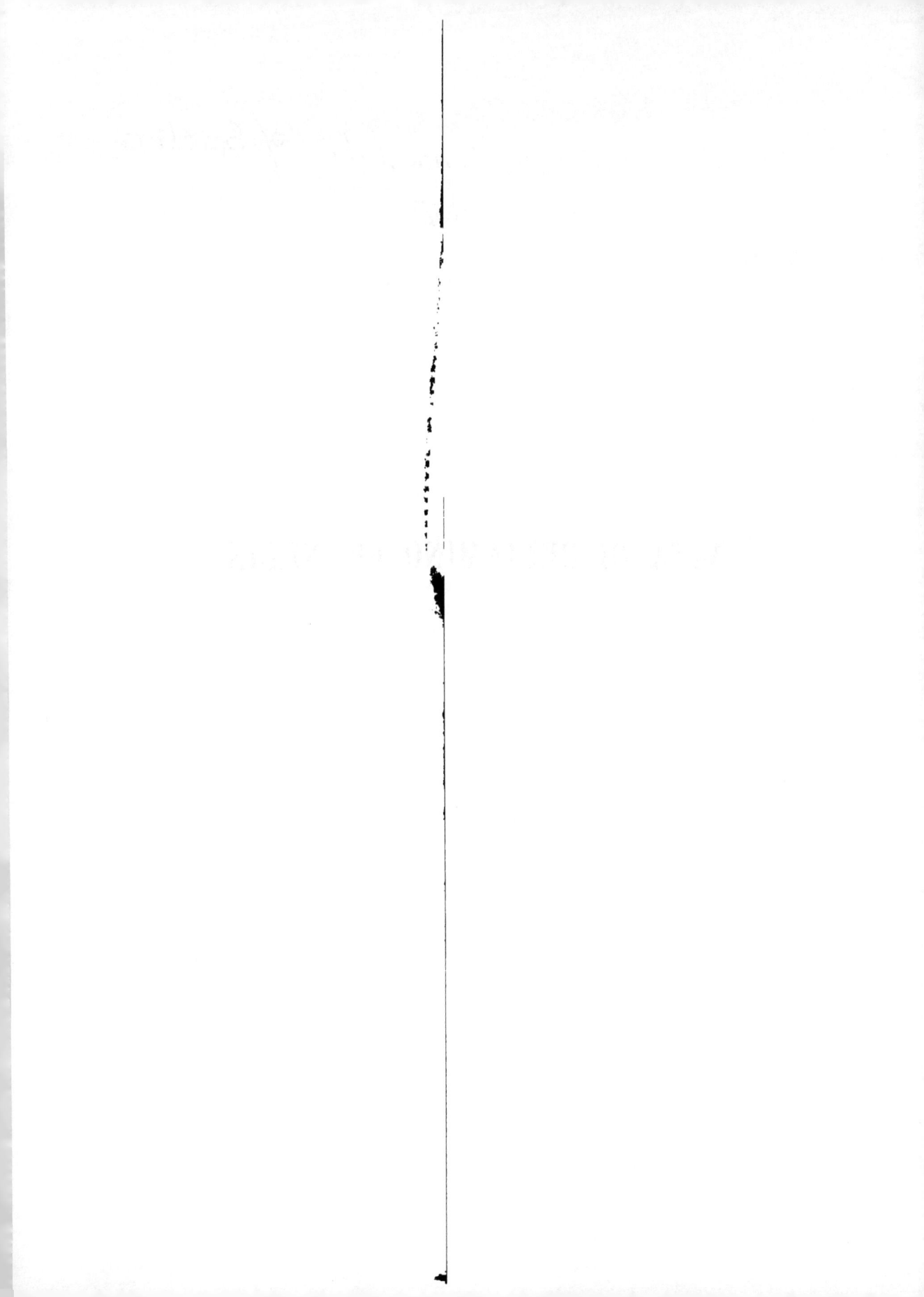

VITA DI BENIAMINO FRANKLIN.

BENIAMINO FRANKLIN.

VITA

DI

BENIAMINO FRANKLIN

SCRITTA DA SE MEDESIMO.

NUOVAMENTE TRADOTTA DALL'EDIZIONE DI PARIGI DEL 1868,
FORNITA PER LA PRIMA VOLTA
DAL MANOSCRITTO DELL'AUTORE

DA

PIETRO ROTONDI.

Se io indulgessi gravemente testè a' pensieri
e le ragioni che si fanno a sè propria...
...e posterità... e la... virtù e...
...e... e... e sarà
Per... esse... che con gli esempi... esser
stati... la... la... e d'umanità,
possa... per sempre... a... nelle

MENG.

VOLUME UNICO.

FIRENZE.

G. BARBÈRA, EDITORE.

1869.

VITA

DI

BENIAMINO FRANKLIN

SCRITTA DA SE MEDESIMO.

NUOVAMENTE TRADOTTA DALL' EDIZIONE DI FILADELFIA DEL 1868,
RICAVATA PER LA PRIMA VOLTA
DAL MANOSCRITTO DELL' AUTORE,

DA
PIETRO ROTONDI.

> Savio e indulgente, grande e modesto, finchè vi sarà un
> culto per la scienza, finchè s'ammirerà il genio, si
> pregierà l'accortezza, si onorerà la virtù e si vorrà
> viver liberi, la sua memoria sarà venerata e cara.
> Possa egli esser utile con gli esempi dopo esserlo
> stato con le azioni. Fu un benefattore dell'umanità:
> possa rimanerne per sempre un modello.
> MIGNET.

VOLUME UNICO.

FIRENZE,

G. BARBÈRA, EDITORE.

1869.

INTRODUZIONE.

———

Nell'inverno del 1777, a Versailles, fra quei cortigiani dalle giubbe dorate, coperte di ricami, colle parrucche a coda, incipriate, olezzanti, un inutile cappellino triangolare sotto il braccio e cinti di spadino; fu veduto un vecchio insaccato in una giubba di semplice panno bruno, co' suoi capelli sciolti, non d'altro bianchi che di canizie, un cappello tondo che a un bisogno gli poteva coprire la testa, e senza spada al fianco. Quest'uomo, figura simbolica di un vicino avvenire che doveva capovolgere l'Europa, aveva un'aria di volto placidissima, serena, ma l'occhio vivo, arguto, dove anche s'intravedeva un certo piglio satirico, che però indovinavasi temperato d'indulgenza; ampia fronte, meditativa... era insomma quel venerando, del quale avete di fronte al titolo di questo volume fedelmente disegnata l'immagine, che vi dice molto più ch'io non saprei a parole, per quanto mi stillassi il cervello.[1]

---

[1] Questo ritratto però ci riproduce il mirabile pastello del francese Giuseppe Siffredo Duplessis, che fu dipinto più tardi, quando il dottor B. Franklin era in età di 77 anni.

FRANKLIN. — *Vita.*   a

Era sì Beniamino Franklin, il quale aveva già « rapiti i fulmini al cielo, » e stava per rapire anche « lo scettro ai tiranni; » Beniamino Franklin, già stato proclamato in solenne Parlamento dalla voce più autorevole dell' Inghilterra, quella di lord Chatham, siccome « uomo stimato dall' Europa tutta per la scienza e la sapienza, l' eguale di Newton, onore non solo della nazione inglese ma della specie umana: » di modo che là in quelle sale della più sontuosa reggia, tra il fiore dell' aristocrazia francese, questo Americano semplicemente vestito, attraeva gli sguardi di tutti, quasi lui solo meritasse d' esser veduto, e ognuno si recasse a fortuna l' averlo potuto contemplare.

Era stato là presentato a Luigi XVI, come inviato delle colonie inglesi d' America insorgenti contro la tirannia della madre patria, a chiedere soccorso alla Francia. E seppe ottenerlo pronto, ampio, leale; e potè firmare di poi, in quella corte medesima, il trattato di pace che fondò l' indipendenza degli Stati-Uniti, alla creazione dei quali nessun uomo quanto lui, e in sì diverse guise, aveva contribuito.

E dire che quest' uomo, il quale raggiunse ogni morale e intellettuale sommità; questo filosofo meritamente detto il Socrate moderno, questo grandissimo fisico, questo efficacissimo diplomatico; usciva da una povera, umile famiglia di diciassette figli, non ha potuto vedere, e solo per pochi mesi, che una prima scuola di grammatica, e da fanciullo dovette apprendere un mestiere e di quello vivere! Nessuna vita più della sua è piena di alti, incoraggianti ammaestramenti; e sarebbero state fatte senza dubbio le più minute indagini per giungere a ben conoscerla, s' egli stesso, il grand' uomo, non si dava pensiero di narrarla; ciò che fece, com' era da aspettarsi, colla più schietta e ad un tempo modesta sincerità, e con quel candore così persuasivo che è proprio di tutti i suoi scritti immortali: « *Scrivendo questa vita* (così egli in una delle ultime sue lettere) *ho avuto in mente che i giovani, i quali la leggeranno, avessero ad imparare dal mio esempio, dalla via tenuta ad uscire di povertà ed acquistare una certa opulenza e credito e riputazione; quanto sia da giudicarsi vantaggiosa la condotta che io scelsi; e dovessero vedere altresì come s' abbiano a schivare quelli errori, che in me furono da biasimarsi. Rileggendo poi lo scritto mi sembra (per quanto almeno un autore può giudicare dell' opera sua), che sarà libro molto più attraente ed utile, che non mi sarei pensato.* » Nè s' ingannava; il suo libro è davvero attraente; e quanti l' hanno preso a guida della loro condotta, di qualunque nazione fossero, n' ebbero a sperimentare così utilmente gli effetti sul carattere morale e non di rado anche sulla condizione economica, da doverlo proclamare uno de' più efficaci e diritti maestri, che l' umanità s' abbia mai avuto.

Se non che le incessanti politiche funzioni non lasciarono tempo a Franklin, anche in una lunga esistenza, di condurre il suo racconto oltre la metà, o poco più innanzi; ma questa parte è quella proprio che abbonda di maggiori lezioni per un uomo privato. Se non c'informasse egli medesimo che, ripresa l'opera, dopo essere stato costretto a intralasciarla per molti anni, continuò poi ad aggiungervi fino a pochi giorni innanzi all' ultimo; così che si possa dire avergli la

morte tolta la penna dalle dita;[1] si dovrebbe credere
che a bello studio la interrompesse al punto nel quale
ce l' ha lasciata, indottovi dal considerare che il resto
doveva appartenere piuttosto alla storia civile, che non
ad una biografia; la quale sembra dettata, come tutte
le sue morali operette, coll' intento di additare le migliori norme alla vita sociale e famigliare degli individui.

Beniamino Franklin poi sentiva così pienamente
quanto avrebbe significato l' eredità che meditava lasciarci nella narrazione della sua vita; prevedeva con
tanta chiarezza che ogni suo esempio, ogni suo consiglio si sarebbe voluto seguire; che ne provò infine
una specie di sgomento, fu incerto se dovesse o no
tramandarcela; e si credette in debito di chiederne il
parere dei maggiori amici che si avesse. Perciò det-
tava dal suo letto a un amanuense, cinque mesi e
mezzo prima del giorno della morte (il 2 novembre 1789) una lettera per l' inglese Vaughan, dove gli
dice volergli mandare copia della Vita (non è noto se
poi la spedisse), aggiungendo: « *E faccio calda pre-*
ghiera a voi non meno che all' altro mio buon amico
il dottore Price, che vogliate usarmi la cortesia di
leggerla, di farne un' accurata critica, e dirmi candi-
damente il vostro avviso, se farei meglio a pubblicarla
o a sopprimerla; e se ammettete che l' abbia a pub-
blicare, quali sue parti dovrei levarne o mutare. Io ho

---

[1] Si può dirlo quasi letteralmente, pòichè sebbene negli ultimi suoi
mesi avesse preso a dettare dal letto, a un nipote, le lettere ed altro;
il manoscritto della Vita è tutto di suo pugno, mentre vi si scopre evidentemente che le ultime otto pagine le ha tracciate quando già la
mano per la grande vecchiezza e l' infermità gli vacillava.

bisogno di rimettermi alla vostra opinione, essendo oggimai così vecchio e debole, di mente non meno che di corpo, da non poter fidarmi del mio proprio giudizio. »

Un egregio editore di questa Vita, così ne parla: « Non è un libro che voi avete in mano, è un amico che ascoltate. Franklin vi è presente; vedete quel suo venerando aspetto, che fu una delle più amabili figure del suo secolo. Quanti pregiudizi egli atterra, quasi scherzando! Con quanta argutezza mette in canzonella e l'egoismo degli individui e la falsa sapienza dei governi! Ma da lui non vi aspettate sublimità; non chiedetegli quei voli che portano oltre questo povero mondo: Franklin non si stacca mai dalla terra; non è un poeta, nè tampoco un oratore: egli è un maestro della vita pratica. Nulladimeno la sua non è saviezza volgare, interessata; quest'uomo alla buona, scherzoso, che ama ridere di tutto; ha generoso il cuore, è un cittadino disposto a qualunque sacrifizio, anche della vita, per il bene del suo paese; è un amico sincerissimo dell'umanità. Il suo non è il ghigno amaro, sarcastico di Voltaire; è il sorriso benevolo di un vecchio, al quale la vita ha insegnato ad essere indulgente. Egli notando quelle mende che chiama le *errata* della sua condotta, c'insegna che nessuno ha diritto di giudicare altrui severamente, imperciocchè anche nella più bella vita si danno pagine che vorrebbero esser corrette. [1] »

Ebbe Franklin in eminente grado le migliori qualità che fecero degli Anglo-americani, in meno di un secolo e fra i più minacciosi pericoli, uno de' maggiori

---

[1] E. Laboulaye.

popoli della terra; e con quanta riverenza sia tuttora
da questi ascoltata la sua parola, può esserne prova
anche il fatto, ch'essendosi ristampata in Filadelfia,
or fa pochi mesi (dal signor Giovanni Bigelow, già
ministro degli Stati Uniti in Francia), la sua Autobiografia, mentre già se ne contavano assai edizioni;
solo perchè la nuova stampa veniva condotta sopra
un manoscritto originale, non stato ancora usato e
qualche poco più ricco de' già conosciuti, v'ebbe ra-
pidissimo e prodigioso spaccio.

Questo manoscritto fu l'ultimo sul quale posasse
la mano dell'autore, e l'ereditò il nipote suo Guglielmo Temple Franklin, nato da quel suo figlio
che, strano a dirsi, nella grande contesa delle colonie
contro l'Inghilterra, aveva parteggiato per gli oppres-
sori! Fu questo per avventura il maggior dolore
della vita del nostro Franklin; e questa probabilmente la causa per cui l'Autobiografia non venne stampata, come sta nell'originale, che ventisette anni dopo
la morte del suo autore. La pubblicò il detto Guglielmo
Temple Franklin; e può credersi che tanto tardasse
a farlo per riguardo al proprio padre, morto esule in
Inghilterra, e da questa pensionato, nel 1813.[1] Però
già Beniamino Franklin, dopo l'ultimo suo ritorno in
patria, aveva mandato in dono all'amico Le Veillard
di Parigi una copia della Vita; e da questa per frode
(o forse da qualche altro manoscritto di cui s'ignori

---

[1] Molte congetture furono fatte intorno a questo ritardo, e gravi
accuse mosse contro l'editore; il quale respingendole dice, di non aver
voluto pubblicare l'opera in tempi fieramente agitati da contese politiche, acciocchè le sentenze del dottor Franklin non fossero addotte
dagli anarchici a giustificazione delle loro opere, o dai teorici visionari
in appoggio de' loro pazzi disegni.

la provenienza [1]) fino dal 1791 erano stati tradotti in francese e pubblicati alcuni primi fogli; la quale traduzione venne in breve di poi rifatta inglese; e così per lunghi anni, in Europa del pari che in America, non fu conosciuta dell'opera che quella versione imperfetta e la sua ritraduzione.

Ma determinatosi finalmente Guglielmo Temple Franklin a pubblicarnè la lezione originale, ed essendogli venuto a notizia che nella copia posseduta dalla famiglia di quel signor Le Veillard (questi era perito sulla ghiliottina della Rivoluzione, nel 1794, reo di essere stato uno dei *Gentiluomini ordinari della Regina*) vedevansi meno sgorbi che nel testo da lui ereditato; senza pensare più in là ne chiese ed ottenne lo scambio. Ma il manoscritto che aveva ceduto così disavvedutamente, come quello ch'era stato più a lungo nelle mani del suo grande avolo, contava qualche foglio di più dell'altro; e fu questo che venne ultimamente pubblicato a Filadelfia.

La traduzione italiana che qui vi si offre, è in tutto fedele a questa nuova edizione di Filadelfia; e solo si è creduto spediente dividerla in capitoli, come usarono già altri editori, anzi che darla senza inter-

---

[1] Le Veillard aveva promesso a Guglielmo Temple Franklin, di non pubblicare, nè permettere che altri pubblicasse, nell'originale o tradotto, il manoscritto che possedeva; per cui all'apparire dell'edizione del detto frammento, mandò al *Journal de Paris* questa sua protesta: « Il libraio Buisson ha pubblicato un volume, intitolato *Mémoires de la vie privée de Benjamin Franklin, écrits par lui-même et adressés à son fils.* Le prime 156 pagine di questo volume contengono realmente il principio delle Memorie del dottor Franklin, quasi in tutto conforme al manoscritto che io ne possiedo. Ignoro come il traduttore abbia potuto conoscerlo, ma io dichiaro e mi preme che sappiasi che non l'ebbe da me, e ch'io non ho parte alcuna in quella traduzione. »

ruzione, quale sta nell' originale. Vi furono poste inoltre delle note che l' inglese non ha, ma che si giudicarono opportune pei nostri lettori; traendole in parte da altre edizioni, in parte scrivendole per questa appositamente; ed affinchè la storia di un tanto uomo non si avesse monca, venne qui aggiunto un capitolo, dove, colla scorta segnatamente delle lettere stesse di Franklin, è fatto cenno delle vicende principali degli ultimi suoi anni, che spese presso che tutti ne' pubblici negozi.

Se le cure postevi saranno bastate a fare che quest' opera sia presentata al nostro pubblico in guisa da procacciarsi il suo gradimento, crederò di avergli reso un segnalato servigio.

P. ROTONDI.

SOMMARIO DEL VOLUME.

VITA DI BENIAMINO FRANKLIN.

Capitolo Primo.

Origine e genealogia dei Franklin. — Nascita dell'Autore. — Sua infanzia. — Ritratto di suo padre. — Epitaffio del padre e della madre sua. — Amore di Franklin per la lettura. — Impara da un fratello l'arte del tipografo. — Autore di ballate da fiera. — L'amico suo Collins. — Cibo pitagorico. — Coltiva il metodo socratico. — Scrive in un giornale. — Si disgusta del fratello. — Va di soppiatto a New York.

Twyford, presso il Vescovo di Sant'Asaf, 1771.[1]

CARO FIGLIO: io ho sempre amato di conoscere ogni minimo fatterello risguardante la mia famiglia. Vi sovverrà che mentre eravamo in Inghilterra, io ne investigai presso que' miei parenti che tuttora vivevano, e che intrapresi anche un viaggio a tal fine. Ora pensando che a voi pure possa dilettare di conoscere le particolarità della mia vita, assai delle quali vi sono tuttavia ignote, mi accingo a scriverle. Sarà questa la grata occupazione di alcuni giorni di quiete non interrotta, che ho divisato di godermi durante il presente mìo ritiro in campagna.

Altri motivi ancora vi sono che mi muovono a farlo: dal seno della povertà e della oscurità, in cui nacqui e passai i miei primi anni, mi sono innalzato, posso dire, ad opulenza; ho acquistato qualche nome nel mondo,

---

[1] La prima parte di questa sua Vita (che narra fino al 1730, ventiquattresimo dell'Autore) la scrisse in forma di lettera al figlio Guglielmo, allora governatore di Nuova Jersey. Twyford, dove cominciò a scriverla, era la residenza del dottore Shipley, vescovo di Sant'Asaf; grande amico di Franklin e fautore della causa dei coloni americani.

ed ho goduto di prospera fortuna fino all'età avanzata nella quale mi trovo.[1] I miei posteri saranno dunque curiosi di conoscere i mezzi, che, mercè l'aiuto della Provvidenza, mi sono sempre sì ben riusciti; e potranno fors'anche trarre qualche frutto da questi racconti.

Io penso non di rado alla felicità di cui ho goduto, e dico talvolta a me stesso, che, se mi fosse offerto, mi obbligherei volontieri a percorrere di nuovo la stessa carriera dal suo principio alla fine. Vorrei però avere il privilegio che si accorda agli autori, di correggere in una seconda edizione gli errori della prima; e vorrei altresì poter cambiare alcuni accidenti, alcuni minori fatti, per sostituirne altri più favorevoli: ma quand'anche mi fosse ciò negato, non consentirei meno a ricominciare la mia vita.

Che se una ripetizione della vita è cosa impossibile, quello che, a mio avviso, più vi rassomiglia, è il riandarne tutte le circostanze; e, per renderne la memoria più durevole, scriverle. Occupandomi poi di tal guisa, soddisferò anche a quella propensione che hanno sempre i vecchi di parlare di sè, e di raccontare ciò che hanno fatto; e potrò lasciarmivi andare liberamente senza tema di importunare coloro, che per rispetto alla mia età si sarebbero creduti in dovere di ascoltarmi. Quelli a cui non piacesse, avranno possibilità di non leggermi. Finalmente (è meglio confessarlo, chè già non mi si presterebbe fede, quando anche il negassi), soddisferò, per avventura, non poco alla mia *vanità*.

Quasi sempre, invero, quando ho inteso pronunciare, od ho letto questa frase preparatoria: — *Posso dire senza vanità*, — mi accadde vederla tosto seguita da qualche vanitosa espressione. Generalmente parlando, per quanto uno sia gonfio di vanità, la detesta in altrui; ma quanto a me, la rispetto ovunque la trovo, stimandola utile e a coloro che ne sono signoreggiati, ed a

---

[1] Aveva allora sessantacinque anni.

quelli, che da questi dipendono; e direi non assurda cosa, che in molte circostanze uno contasse la sua vanità fra i diletti della vita, e ne rendesse grazie alla Provvidenza.[1]

E qui lasciatemi con vera umiltà confessare, che dalla divina Provvidenza appunto io riconosco tutta la mia felicità. La potente sua mano mi ha somministrati i mezzi che usai, e gli ha coronati di buon successo;

---

[1] Franklin toccò di questo anche in altra occasione; e fu vent'anni prima che si accingesse a scrivere la sua Vita, in una lettera a un amico, della quale ne piace di riportare qui il seguente brano:

« Filadelfia, 12 settembre 1751.

» Caro Signore,

. . . .

» Ciò che voi dite dell'amore della lode è verissimo: regna desso più o meno in ogni cuore; ma noi per questo rispetto siamo quasi sempre ipocriti, e vogliamo far credere che poco c'importi delle lodi; e che a'nostri orecchi, modesti davvero!, suona ingrata quella che un antico chiamò *la più dolce delle musiche*. Questa ipocrisia è un sacrificio che facciamo all'altrui orgoglio, o all'altrui invidia, che ben meriterebbero invece, a mio parere, di essere mortificati. Il sacrificio medesimo facciamo ogni qualvolta ci asteniamo dal *lodare noi stessi*, cosa che tutti naturalmente saremmo inclinati a fare; e che io credo un tempo fosse in uso, altrimenti Virgilio, compito com' era, non avrebbe fatto parlare il suo protagonista in una guisa che oggi non si comporterebbe:

« Sum pius Æneas . . . . . .
. . . . fama super ætera notus. »

Che poi questa sia un' inclinazione naturale, lo vediamo nei bambini, i quali ne fanno mostra ad ogni tratto, e si proclamano senz'alcun ritegno per buoni figliuoli. Ma noi grandi ne li sgridiamo: però

« Naturam expellas furca, tamen usque recurret; »

si sentono ripetere che non sta bene lodarsi da sè, ed essi prendono il vezzo di censurare altrui, che è poi un'altra maniera di tessere le proprie lodi; giacchè biasimando la condotta di uno, tu vieni a dire che sei tanto onesto, o savio, o probo, o accorto, da non poter approvare chi non si dimostra tale. Io vorrei che gli uomini non imparassero a fare intoppo a una corrente naturale, per poi allagare la terra del vicino. E vedrei anche un altro utile, se ci si lasciasse liberamente dire di noi tutto quel bene che ne pensiamo; poichè ove appena eccedessimo, di certo qualcuno ce ne farebbe subito accorti; mentre ora col nascondere come facciamo la superba od erronea opinione che possiamo avere di noi stessi, ne accade il più delle volte di portarcela fino al sepolcro; non v'essendo chi voglia offrir medicina a un uomo che sembra non averne punto bisogno. Inoltre il poter senza rispetti narrare le nostre buone azioni, credo che sarebbe eccitamento a farne; laddove ora non dovendole noi menzionare, e troppo incerti che altri le vedrà e le farà notare, temo che perciò meno le curiamo; laonde per parte mia faccio voti che così questa del fare alla libera noi stessi il nostro encomio, come tante altre vecchie usanze, possa ritornare di moda. »

ed ho, così credendo, se non la certezza, la speranza almeno ch'Ella si manifesterà tuttavia a mio favore, o continuando a proteggermi, o dandomi la forza di sopportare i sinistri accidenti, da cui, al pari di tanti altri, venissi colpito; non essendo l'avvenire conosciuto se non se da Colui, il quale può far servire a nostro pro le stesse afflizioni.

Uno de' miei zii, che aveva egli pure desiderio di far raccolta di aneddoti della famiglia, mi diede alcune note, da cui ho tratto molte particolarità intorno ai nostri antenati. Così ho saputo che, pel corso di trecento anni almeno, vissero nel villaggio di Ecton, nel Northamptonshire, sopra un podere di circa trenta acri; ma quando precisamente vi si fossero stabiliti, non aveva lo zio potuto chiarire. Vi soggiornavano forse dal tempo in cui ogni famiglia prese un soprannome, e che la nostra scelse quello di Franklin, stato innanzi la denominazione di un certo ordine di persone.[1] Il picciol podere di questi nostri antenati non sarebbe stato sufficiente al loro vitto, senza il mestiere di fabbro, che si perpetuò fra loro e vi fu sempre esercitato dal primogenito, fino ai tempi di cotesto mio zio; usanza che desso e mio padre seguitarono pure rispetto ai lor figliuoli.

Nelle investigazioni da me fatte a Ecton non rinvenni alcun particolare sulle nascite, matrimonii, e morti dei nostri vecchi, anteriori all'anno 1555; perchè il registro della parrocchia non andava più indietro. Appresi da questo registro esser io il figlio minore del più giovine dei Franklin, risalendo per cinque generazioni. Mio nonno, Tommaso, nato nel 1598, visse a Ecton sino

---

[1] Nell'opera di Fortescue, scritta verso l'anno 1412, e intitolata *De laudibus legum Angliæ*, si rinviene una prova che la parola *Franklin* esprimeva un ordine o un grado in Inghilterra. Eccone il passo: « Regio etiam illa (*l'Inghilterra*) ita respersa refertaque est *possessoribus terrarum et agrorum*, quod in ea villula tam parva reperiri non poterit, in qua non est miles, armiger, vel pater familias, qualis ibidem *Franklin* vulgariter nuncupatur, etc. »

a che fu troppo vecchio per continuare il suo mestiere; ed allora si ritirò a Banbury nell'Oxfordshire, a vivere col figlio Giovanni, che faceva il tintore, e presso il quale stava mio padre per apprendere quell'arte. Quivi il nonno morì, e fu seppellito: noi visitammo la sua tomba nel 1758. Il suo primogenito, Tommaso, soggiornava a Ecton nella casa paterna, che lasciò in testamento, colla terra annessavi, all'unica sua figlia; la quale di consenso del marito, un Fisher di Wellingborough, vendette di poi l'eredità al signor Isted, che tuttora la possiede.

Mio nonno ebbe quattro figliuoli, che gli sopravvissero: cioè, Tommaso, Giovanni, Beniamino e Giosia. Non vi dirò di essi se non se quello che la memoria mi suggerirà, non avendo qui le mie carte; nelle quali voi potrete leggere maggiori particolari, se pure non andarono smarrite nella mia assenza.

Tommaso aveva imparato dal padre la professione di fabbro; ma, dotato di molto ingegno, lo perfezionò collo studio, ad istigazione segnatamente del signor Palmer, il principal abitante della parrocchia, e che incoraggiò del pari tutti i fratelli di lui ad istruirsi. Così potè rendersi atto ad esercitare l'ufficio di procuratore; e divenne in breve un personaggio di molto conto, e fu il promotore più attivo di tutte le pubbliche intraprese sì della contea che della città di Northampton, non che del suo villaggio. Di lui ci furono riferiti assai tratti notevoli, allorchè andammo ad Ecton; e che godette la stima e la speciale protezione di Lord Halifax, e morì il 6 di gennaio 1702, precisamente quattro anni prima della mia nascita.[1] Mi ricordo che il racconto che ci fecero della sua vita e delle sue qualità alcuni vecchi

---

[1] Il 6 gennaio, secondo il vecchio stile, corrispondente al giorno 17 del nuovo. Una lettera di Franklin a sua moglie, scritta da Londra il 6 settembre 1758, a lungo parla di questo zio Tommaso, che per la sua operosità e destrezza tanto somigliò al futuro nipote Beniamino. Eccola:

« Siamo stati ad Ecton, dove è nato mio padre, e vissero tutti i miei vecchi, sa Dio per quanti anni. La prima nostra visita fu natu-

del villaggio vi colpì non poco, attesa la somiglianza
che avevano con ciò che di me sapevate. « Se fosse
morto, diceste, quattro anni più tardi, si dovrebbe
credere alla trasmigrazione delle anime. »

Di Giovanni fu fatto, se ben mi ricordo, un tintore di lane. Beniamino fu mandato a Londra per ap-
prendervi a tinger la seta. Era uomo d'ingegno; e mi
ricordo assai bene di lui, perchè, nella mia fanciullezza,
venne a stare con noi a Boston, e ci visse alcuni anni.
Fu sempre legato di tenera amicizia con mio padre, e
pervenne ad età molto avanzata. Lasciò due volumi *in
quarto* di sue poesie manoscritte, componimentucci di occasione per amici e conoscenti. Aveva inventato una ste-
nografia, che m'insegnò; ma, per non averne mai fatto
uso, più non me ne ricordo. A me fu posto il suo nome,
stante il grande amore che v'era tra lui e mio padre.
Era uomo assai pio, e desideroso di udire i migliori predicatori, de' quali soleva trascrivere i sermoni con quel
suo metodo di abbreviature; così che ne aveva rac-

ralmente fatta alla vecchia casa e sue dipendenze. Il signor Fisher
divenutone, per parte della moglie, proprietario, dapprima l'appigionò, ma
poi gli parve miglior partito venderla. I campi furono uniti ad altri, e
nella casa ora vi è una scuola. È questa un vecchio edifizio, di pietra,
molto ruinoso, e va pur sempre sotto il nome della *Casa dei Franklin.*
Di là ci portammo a visitare il Rettore della parrocchia, che sta presso
alla chiesa, molto antica. Ci ricevè cortesemente e ci mostrò i registri
battesimali, ove sono inscritte nascite, nozze e morti dèi nostri maggiori, per ben due secoli, e già fin dalle prime pagine del primo libro. La
moglie di questo Rettore, una buona vecchina, che parla volentieri, ne
contò infinite cose della nostra famiglia; poi ce ne mostrò nel cimitero i
sepolcri, così coperti di borraccina, che non c'era modo di leggerne le iscri-
zioni; ma un secchio d'acqua e una granata vi ripararono, e le copiammo.
 » La vecchia ci divertì molto colle storielle di Tommaso Franklin,
il padre della signora Fisher. Era una specie di notaio e cancelliere
della contea ed anche a un bisogno dell'arcidiacono; non si facevano
affari senza di lui, ed ebbe mano in tutte le pubbliche imprese.
Fu lui che raggranellò con una sottoscrizione i quattrini per le campane, che ancora vi si suonano; lui che trovò un modo facile per
assicurare le terre della parrocchia dalle inondazioni: e questo modo è
tuttavia praticato. Quando lo propose, non v'era chi sapesse capire
come sarebbe riuscito; ma dicevano tutti: se Franklin assicura che si
deve così fare, segno è che così andrà bene. Tutti lo consultavano in
tutte le occasioni; e v'era di quelli perfino che lo avevano in sospetto
d'essere un po' stregone. Morì quattro anni appunto prima ch'io na-
scessi, il giorno medesimo del medesimo mese. »

colti parecchi volumi. Amava altresì spoliticare, forse anche troppo per il suo stato. Non è molto che io trovai in Londra una collezione da lui fatta dei principali opuscoli relativi a pubblici affari, dall'anno 1641 fino al 1717. Ne mancano vari volumi, siccome scorgesi dalla serie dei loro numeri; ma ne rimangono ancora otto *in foglio*, e ventiquattro *in quarto* ed *in ottavo*. Questa raccolta era stata trovata da un venditore di libri vecchi, che, conoscendomi per avermene venduti alcuni, me la portò. Sembra che lo zio la lasciasse in Inghilterra, quando partì per l'America, son oggimai cinquant'anni. Vi rinvenni gran numero di note marginali, scritte di suo pugno.[1]

L'oscura nostra famiglia aveva abbracciato per tempo la Riforma; ed eravi rimasta fedele anche durante il regno della regina Maria, nel quale essa corse pericolo per l'ardente avversione al papismo. Vi si possedeva una Bibbia inglese, e per poterla nascondere in modo sicuro, pensarono di attaccarla con funicelle che ne attraversavano i foglietti aperti, al di sotto del sedile di

---

[1] Franklin parla di questa scoperta in una lettera a Samuele suo cugino:

« Londra, 12 luglio 1771.

. . . .

» Ieri mi accadde un singolare accidente, che voglio narrarvi perchè si riferisce al vostro nonno. Un rivenditore di libri, dal quale io ho comperato qualche volta, m'informò che aveva una curiosa raccolta di opuscoli, otto volumi in foglio e ventiquattro in 4° e in 8°; e disse che credeva pei soggetti a me dovessero piacere, e me li avrebbe dati per pochi quattrini. Volli vederli e me li portò. Trovai che v'erano i principali fogli e libelli intorno ai pubblici avvenimenti, qui stati pubblicati dal tempo della Ristaurazione fino al 1715. In una pagina apposita, in capo ad ogni volume, il collettore aveva indicato i titoli delle scritture che lo formano, e il prezzo che gli era costata ciascuna; e fatte altresì molte note nei margini delle opere: ma io scopersi dàl carattere e da altri indizii che questi non era altri che il vostro nonno e mio zio Beniamino; laonde, come ben potete credere, li comperai volentieri. Suppongo ch'egli si lasciasse addietro questi volumi quando partì dall'Inghilterra per stabilirsi a Boston, poco dopo vostro padre, cioè intorno al 1716 o 1717; un buon mezzo secolo fa. In quali mani poi giacesse la collezione in tutto questo intervallo non saprei indovinarlo; e il curioso si è che un libraio, il quale non poteva per nulla al mondo pensare ch'io avessi relazione col collettore, venisse proprio ad offrirla a me. »

uno sgabello. Quando uno di quei nostri avi la voleva leggere alla famiglia, rovesciava il sedile sulle sue ginocchia, e faceva passare i foglietti da una cordella sotto all'altra; ed uno de'figli stava intanto di guardia alla porta, per avvertire se mai si vedesse l'apparitore, il quale era un ufficiale della corte ecclesiastica. In tal caso rimettevasi lo sgabello sui suoi piedi, e la Bibbia restava nascosta come prima. Quest'aneddoto mi è stato narrato dallo zio Beniamino.

Tutta la famiglia aderì alla chiesa anglicana fin verso la fine del regno di Carlo II; quando alcuni ministri, ch'erano stati destituiti come non conformisti, avendo tenuti conventicoli in Northamptonshire, Beniamino e Giosia si unirono ad essi; nè più si separarono da quella credenza. Il rimanente della famiglia rimase colla chiesa episcopale.

Giosia, mio padre, si ammogliò da giovane, e verso l'anno 1682 trasportò nella Nuova Inghilterra[1] la moglie e tre figli; indotto a questo passo da alcune rispettabili persone sue conoscenti, che, vedendo i conventicoli proibiti dalla legge e spesso disciolti, eransi determinate a passare in America, nella speranza di potervi esercitare con libertà il loro modo di religione.

Mio padre ebbe altresì da quella prima moglie quattro figliuoli, in America, e n'ebbe da una seconda dieci altri; in totale diciassette: ed io ricordo di averne veduti alla sua tavola ben tredici, che tutti poi, al loro tempo, si accasarono. Io era l'ultimo dei maschi, ed il più giovine della famiglia, eccetto due figlie. Nacqui a Boston nella Nuova Inghilterra.[2] Mia madre, quella seconda moglie, era Abiah Folger, figlia di Pietro, uno dei primi fondatori della Nuova Inghilterra; e Cotton Mather nella sua storia ecclesiastica della provincia, intitolata *Magnalia*

---

[1] Così era detto il territorio delle colonie che poi costituirono gli Stati Uniti.
[2] Nacque il 6 di gennaio 1706, secondo il vecchio stile, di domenica; equivalente al 17 del nuovo stile, pure di domenica.

Christi Americana, lo ricorda onorevolmente come un *pio e dotto Inglese,* se rammento bene le sue parole.

Ho inteso dire che questo mio nonno materno scrisse varie operette; ma non ne fu stampata che una sola, da me veduta son molti anni. Ha la data del 1675, ed è in versi famigliari secondo il gusto di quel tempo e del paese. L'autore, volgendosi a quelli che allora governavano, parla in favore della libertà di coscienza e degli anabatisti, dei quacqueri, e degli altri settari, che erano stati perseguitati. A siffatta persecuzione egli attribuiva la guerra co' selvaggi e le altre calamità che affliggevano il paese, considerandole effetti dei giudizi di Dio per punire un'offesa tanto odiosa; ed esortava il governo all'abolizione d'ogni legge contraria alla carità. Quest'opuscolo mi parve scritto con maschia libertà e con piacevole candore. Me ne ricordo i sei ultimi versi, benchè abbia dimenticato l'ordine delle parole dei due primi; di cui il significato si è, — che quelle censure sono dettate dalla benevolenza, e che perciò l'autore non vuole celarsi: —

« Detestando sommamente di esser tenuto per un libel-
» lista, da Sherburne [1] dove ora dimoro, io qui scrivo
» il mio nome : vostro amico vero, che vi desidera ogni
» bene, Pietro Folger. »

I miei fratelli furono tutti posti ad apprendere differenti mestieri. Quanto a me, fui mandato a scuola all'età di otto anni; chè il babbo mi destinava, come la decima della famiglia, allo stato ecclesiastico. Gli era venuto questo pensiero, attesa la prontezza colla quale io aveva imparato a leggere nella mia infanzia, giacchè non mi sovviene di alcun tempo in cui non sapessi leggere; e vi era inoltre stimolato dagli amici, che gli ripetevano, dover io diventare certamente un letterato. Anche lo zio Beniamino lo approvava, e pro-

---

[1] Città nell'isola di Nantucket.

metteva regalarmi tutti que'suoi volumi di sermoni, credo come ferri di mestiere, purchè volessi imparare il metodo col quale li aveva scritti.

Fui lasciato, nulla ostante, a quella scuola meno di un anno, quantunque in così breve tempo io fossi dal posto di mezzo della mia classe salito al primo, e indi alla classe immediatamente superiore; dalla quale dovea passare alla fine dell'anno in una più elevata. Ma carico di numerosa famiglia, mio padre non credette di poter sostenere, senza troppo disagio, la spesa di una tale educazione. Considerando inoltre, come talvolta l'ho udito dire in mia presenza agli amici, le poche speranze che la carriera ecclesiastica offriva alla gioventù, aveva rinunciato alla sua prima idea; e ritiratomi dal collegio, mi mandò ad una scuola di calligrafia ed aritmetica tenuta dal signor Giorgio Brownell; un abile maestro, il quale riusciva assai bene nella sua professione, non impiegando che modi benevoli e atti ad incoraggiare gli allievi. Mi formai in poco tempo sotto di lui una bella mano di scritto; ma non fu così dell'aritmetica, chè non seppi farvi alcun progresso.

Ma giunto appena all'età di dieci anni, mio padre mi volle ritenere a casa, affinchè lo aiutassi nel suo nuovo mestiere di fabbricatore di candele e di sapone, alla quale professione, senza alcun tirocinio, si era dato tosto dopo il suo arrivo nella Nuova Inghilterra; persuaso che l'antico mestiere di tintore non gli avrebbe dato guadagno sufficiente a mantenere la numerosa famiglia. Io ebbi dunque a tagliare stoppini, riempier forme di candele, attendere alla bottega, portar ambasciate, ecc.

Questa occupazione non mi garbava punto, e mi sentiva invece fortemente inclinato a quella del marinaio; ma il babbo non volle acconsentirvi. Ciò nulla meno la vicinanza del mare mi dava spesso occasione di avventurarmivi, e dentro e sopra: e in breve imparai a nuotare ed a governare un battello. Quando m'imbarcava con altri ragazzi, venivami comunemente affidato il timone, soprattutto nelle occasioni difficili; e in tutte le nostre imprese io era quasi sempre quello che capitanava la brigata; e la metteva talvolta in brutti impicci. Voglio anzi citarne un esempio, dal quale, sebbene non sia fondato sulla giustizia, si vedrà che assai per tempo io ebbi una certa qual attitudine per le pubbliche faccende.

La gora di un mulino confinava da un lato con uno stagno salso, sulle sponde del quale i miei compagni ed io eravamo soliti di andare, in tempo di alta marea, alla pesca di pesciolini. Ma a forza di sgambettarvi, ne avevamo fatto tutto un pantano; così che io proposi di costruirvi un argine sul quale potessimo stare sicuri, servendoci di un mucchio di pietre che v'erano là, destinate a fabbricare una casa presso lo stagno, e molto atte al nostro divisamento. Ciò risoluto, alla sera, non appena i muratori se ne furono iti, accozzai alcuni di que' miei compagni, e messici a lavorare coll'assiduità di uno sciame di formiche, e ponendoci talvolta due o tre intorno a una sola pietra, tutte le trasportammo, fabbricando il nostro arginello. La mattina appresso gli operai furono maravigliatissimi di non ritrovare più quelle pietre, ma non tardarono ad accorgersi dove erano state trasportate. Cercati gli autori del misfatto, fummo scoperti e sgridati per bene dai nostri padri; e quantunque io difendessi animosamente l'utilità della nostra opera, il mio babbo mi convinse che non può essere riguardato come utile, ciò che non è strettamente onesto.

Credo che vi piacerà di udire qual sorta d'uomo fosse questo mio padre. Aveva un'ottima complessione; era di mezzana statura, ma ben fatto, robusto, e sommamente operoso in ogni sua faccenda. Disegnava con abilità, e sapeva di musica. La sua voce era sonora e gradevole molto quando cantava un salmo, o un inno, accompagnandosi col violino; il che soleva fare alla sera dopo il lavoro: si provava veramente piacere ad udirlo. Aveva altresì molta inclinazione per le cose di meccanica, e sapeva servirsi dei ferri di diversi mestieri. Ma il suo maggior pregio era l'avere una mente diritta, un giudizio solido, e grande prudenza tanto nella vita privata, che nei pubblici affari. In questi però non si era impegnato mai, perchè la numerosa famiglia e li scarsi mezzi l'obbligavano a costantemente occuparsi della sua professione; ma ben mi ricordo, che gli amministratori del paese venivano spesso a richiederlo del suo avviso intorno agli interessi della città, o della chiesa cui egli apparteneva; e che avevano molta deferenza a'suoi consigli. Era sovente consultato anche da particolari sopra i loro negozii e chiesto per arbitro fra persone che avessero questioni.

Piacevagli di avere alla sua mensa, il più spesso che poteva, degli amici, o vicini che fossero uomini di capacità, per ragionare con loro; e procurava sempre di far cadere il discorso intorno a qualche argomento utile, ingegnoso, e atto ad arricchire la mente de'suoi figliuoli. Con siffatto mezzo volgeva per tempo la nostra attenzione a ciò ch' è giusto, prudente, e vantaggioso nella condotta della vita. Punto o poco vi si parlava delle vivande che venivano in tavola; non si avvertiva gran che s'erano bene o mal cucinate, se della stagione o no, se erano di buon gusto, e preferibili o inferiori a tal altro cibo dello stesso genere. Per tal modo, assuefatto dalla mia infanzia a non darvi la menoma attenzione, sono sempre stato indifferentissimo alle specie di vivande postemi innanzi; e anche oggidì così poco me ne curo, che non appena finito il pranzo, mi sarebbe difficile ricordarmi di che cibi fosse composto. Viaggiando poi ebbi a sperimentare l'utilità di quest'abitudine; perchè mi è più volte accaduto di essere con persone, le quali avendo un gusto più delicato del mio, perchè più esercitato, soffrivano in molte occasioni, mentre io non aveva nulla a desiderare.

Anche mia madre era di assai buona complessione. Allattò essa medesima i suoi dieci figliuoli; e non ho mai veduto nè lei nè mio padre avere altra malattia, che quella di cui sono morti. Visse mio padre ottantanove anni, mia madre ottantacinque; e sono seppelliti a Boston, in una stessa tomba, sulla quale feci mettere alcuni anni fa un marmo con questa iscrizione·

GIOSIA FRANKLIN

E

ABIAH SUA MOGLIE

GIACCIONO QUI SEPOLTI.

VISSERO INSIEME TENERAMENTE UNITI

CINQUANTACINQUE ANNI.

SENZA FORTUNA O MOLTO LUCROSA INDUSTRIA

MA CON LABORIOSITÀ COSTANTE E ACCORTA,

E COLLA DIVINA GRAZIA,

SEPPERO MANTENERE UNA NUMEROSA FAMIGLIA

COMODAMENTE

ED ALLEVARONO TREDICI FIGLI

E SETTE NIPOTI

CON DECORO.

QUESTO ESEMPIO, O LETTORE,

T'INFONDA CORAGGIO A FARE OGNI TUO OBBLIGO

CON ATTENZIONE,

E T'INSEGNI A NON DIFFIDARE DELLA PROVVIDENZA.

EGLI FU UOMO PIO E DISCRETO,

ESSA DONNA VIRTUOSA E MODESTA.

IL MINORE DE' LORO FIGLI

VOLENDO ONORARNE LA MEMORIA

POSE QUESTO MARMO.

G. F. nato nel 1655, morì nel 1744

A. F. nata nel 1667, morì nel 1752.[1]

---

[1] Questa lapide essendosi guasta coll'andar del tempo, nel 1827 i cittadini di Boston eressero sull'umile tomba dei genitori del grand'uomo un obelisco di granito, alto 22 piedi, che porta di nuovo l'iscrizione primitiva, ma seguìta da altra che dice: il nuovo monumento essere stato alzato « per la profonda venerazione che si porta alla memoria di Beniamino Franklin. »

Le tante mie digressioni mi fanno accorto che divento vecchio. Una volta scriveva più metodicamente; ma non dobbiamo metterci in gala per una privata ricreazione, come per un ballo pubblico. Ciò per altro merita forse nome di negligenza.

Torniamo a noi. Io continuai ad occuparmi nel mestiere di mio padre per due anni, vale a dire fino a che ebbi toccato il mio dodicesimo; e mio fratello Giovanni, ch'era stato pure avviato a questo, essendosi ammogliato e separato dalla famiglia per stabilirsi a Rhode Island, v'era ogni probabilità che io fossi destinato ad occupare il suo posto, ed a rimaner fabbricante di candele per tutta la vita. Ma la mia avversione a questo stato non scemava, e il babbo temette che, se non me ne offriva uno più a mio genio, io non mi dessi al vagabondo, o mi buttassi al marinaio, come aveva fatto, con suo gran disgusto, mio fratello Giosia. Per la qual cosa mi conduceva talvolta a veder lavorare muratori, bottai, calderai, falegnami, ed altri tali artigiani, onde scoprire la mia inclinazione, e poterla fissare su qualche arte che m'impegnasse alla terraferma. Queste visite sono state cagione, che poi mi fu sempre molto piacevole il vedere valenti operai occupati coi loro ordigni; e mi portarono utilità, avvegnachè mi hanno messo in grado di fare alcune piccole coserelle per mio uso, quando non ho avuto operai alla mano, e di costrurre macchinette per le mie esperienze, mentre che la idea da me concepita era ancor fresca e vivamente impressa nella immaginazione.

Finalmente si risolvette di farmi apprendere il mestiere di coltellinaio; e fui messo a prova da Samuele Franklin, figlio dello zio Beniamino, che aveva imparata la professione a Londra, e si era stanziato in Boston. Ma questi chiedeva troppo pel mio tirocinio; così che in capo a pochi giorni fui richiamato a casa.

Fino dalla fanciullezza io amava la lettura; ed ogni solduccio che avessi lo spendeva in libri. Dilettato dal

Viaggio del Pellegrino di Bunyan, [1] il mio primo acquisto fu la raccolta delle opere di questo autore, in piccoli volumi; che di poi vendetti per comperare la *Collezione storica* di R. Burton, la quale consisteva in quaranta o cinquanta volumetti di poco costo.

La libreria di mio padre era poca cosa, e quasi interamente di opere di polemica religiosa; delle quali lessi la più gran parte; e in seguito dovetti dolermi, che in un tempo in cui aveva sì gran sete d'imparare, non mi fossero caduti nelle mani libri più confacenti; poichè era già deciso, che non doveva essere educato per lo stato ecclesiastico. Eranvi però tra quei libri le *Vite di Plutarco*, ch'io non rifinivo di leggere, e stimo tuttavia di avere vantaggiosamente impiegato il tempo che ho dato a questa lettura. Vi trovai inoltre un'opera di De Foe, intitolata: *Saggio sui Progetti*; [2] e un'altra del dottor Mather: *Saggio intorno al modo di fare il Bene*; [3] e da questi libri per avventura ebbi impressioni, che hanno influito su taluni de' principali avvenimenti della mia vita.

L'amore ch'io portava ai libri determinò da ultimo mio padre a far di me uno stampatore, quantunque avesse già un figlio (Giacomo) avviato a simile professione. Questo mio fratello era ritornato dall'Inghilterra nel 1717 con un torchio e dei caratteri, onde erigere una tipografia a Boston; ed a me questo stato piaceva molto più di quello che allora seguiva: aveva però sempre

---

[1] Vi è rappresentata allegoricamente la vita del cristiano, ed è libro divulgatissimo. Bunyan era un povero pentolaio; ma dal suo misticismo fu tanto ispirato, che nel secolo in cui visse (il XVII), a giudizio di Macaulay, due soli uomini mostrarono in grado eminente la facultà imaginativa: costui e Milton.

[2] De Foe, l'autore di quel *Robinson Crusoè* che è delle più attraenti letture e delle più degne che possa fare un giovinetto; nel suo *Saggio sui Progetti* pubblicava non poche idee che allora erano originali, e che in progresso divennero pratiche. Voleva una organizzazione migliore nelle banche pubbliche e private, associazioni fraterne per soccorrere la miseria, asili per gl'idioti, strade migliori, e simili; che in una testa quale era quella di Franklin non potevano cadere infeconde.

[3] Era un teologo puritano.

grande predilezione pel mare. Onde impedire gli effetti di questa fantasia, mio padre era impaziente di vedermi allogato col fratello; ed io ricusatomi per alcun tempo, finalmente mi lasciai persuadere, e firmai il contratto di tirocinio che aveva appena dodici anni. Fu convenuto, che avrei servito come apprendista fino all'età di ventun' anni, e solo nell'ultimo anno cominciato a ricever salario.

In breve tempo feci notevole progresso in quest'arte e divenni utilissimo al fratello. Ebbi allora opportunità di procacciarmi libri migliori; e la conoscenza che feci de' garzoni de' librai, mi rese possibile di avere in prestito di quando in quando alcuni volumi, che restituiva puntualmente, senza guasti e puliti. Quante volte mi è accaduto di passare la più gran parte della notte a leggere accanto al mio letto, quando un libro mi era stato prestato alla sera, e dovevo restituirlo il mattino di poi; per tema che se ne vedesse la mancanza, oppure fosse ricercato!

Non andò molto che un signor Matteo Adams, mercante assai colto, il quale aveva una cospicua collezione di libri, e frequentava la nostra stamperia, si accorse dell'indole mia, e invitatomi a visitare la sua biblioteca, ebbe la compiacenza di prestarmi tutti i libri, ch'io desiderava di leggere. Presi fuoco allora per la poesia, e scrissi varie coserelle in verso. Mio fratello, che vedeva questa abilità potergli riuscir utile, m'incoraggiò, e mi indusse a scrivere due *ballate*. L'una intitolata la *Tragedia del Faro*, narrava il naufragio del capitano Worthilake e delle sue due figlie; l'altra era una canzone da marinaio, sulla presa del famoso pirata *Teach* o *Il Barbanera*. Queste ballate non erano che canzoni da cieco, miserabili versi; pure le stampammo, e il fratello m'incaricò di andarle a vendere per la città; e la prima di esse ebbe uno spaccio straordinario, perchè l'avvenimento era recente, ed aveva fatto gran rumore.

La mia vanità fu lusingata da questa fortuna: ma mio padre mi sbaldanzì, mettendo in ridicolo i miei componimenti, e dicendomi, che il far versi era il più miserabile dei mestieri. Evitai per tal modo di divenire probabilmente un cattivo poeta; ma siccome il saper scrivere in prosa mi è stato utile assai nel corso della vita, ed ha principalmente contribuito alla mia fortuna, così voglio raccontare come, nella condizione in cui allora io mi trovava, potei conseguire quell'abilità qualunque che in questa parte posseggo.

Eravi nella città un altro giovane gran dilettante di libri, di nome Giovanni Collins, del quale io era molto amico. Disputavamo spesse volte insieme, ed era tale il nostro prurito di argomentare, che niuna cosa più ci dilettava, quanto una guerra di parole. Questo gusto di contendere, giova qui avvertire, è una cattiva abitudine, e suol rendere insopportabile la compagnia di un uomo, perchè lo induce a contraddire a tutti e a tutto; ed oltre l'agrezza che semina nella conversazione, fa nascere spesso dispregio ed anche odio tra persone, che avrebbero avuto inclinazione ad amarsi. Io aveva formato quest'abito in casa di mio padre, leggendo quei libri di controversia teologica; ed ho di poi osservato, che tale difetto è di raro quello delle persone sensate, se si eccettuino gli avvocati, i membri delle università, e gli uomini di ogni altro stato educati a Edimborgo.[1]

Nacque un giorno disputa tra me e Collins sulla educazione delle donne; cioè se convenga istruirle nelle scienze, e se sono atte allo studio. Collins affermava che una tale educazione non è da loro; io era del contrario avviso, anche un po' forse pel piacere di contradire. Egli era per natura più eloquente, e le parole gli scorrevano abbondanti dalle labbra; così che io talvolta mi credeva superato piuttosto dalla sua lingua

---

[1] Probabilmente oggi non si potrebbe più dir questo di Edimborgo.

spedita, che dalla forza delle sue ragioni. Ci separammo
senza aver nulla concluso; e siccome non dovevamo
per qualche giorno più rivederci, scrissi le mie ragioni,
le misi in pulito, e gliele mandai. Egli rispose; io replicai: e già erano state scritte da una parte e dall'altra
tre o quattro lettere, quando a mio padre, nell'esaminare per caso le mie carte, caddero sotto gli occhi;
ond'egli, senza entrare in ragionamento sulla sostanza
della disputa, colse la opportunità di parlarmi del mio
modo di scrivere; ed osservò, che, sebbene io conoscessi
meglio del mio avversario l'ortografia e la interpun-
zione (del che era debitore all'arte del tipografo),
molto gli cedeva rispetto all'eleganza delle espressioni,
all'ordine, ed alla chiarezza; e me ne additò parecchi
esempii. Sentii la giustezza delle sue osservazioni; e
d'allora in poi ebbi cura maggiore del mio scrivere,
e risolsi di perfezionarne con ogni studio lo stile.

Intorno a questo tempo mi accadde di trovare un volume dispaiato dello *Spettatore*:[1] era il volume terzo. Io
non conosceva per anco quest'opera; comperai il libro, e
lo lessi parecchie volte. Sommamente mi piacque; eccellente me ne parve lo stile, e desiderai di poterlo imitare.
A questo fine trascelsi alcuni discorsi, feci dei brevi sunti
del contenuto di ogni periodo, e li misi da parte per alcuni giorni; quindi tentai, senza consultare il libro, di
rendere al discorso la sua prima forma, e di esprimere
ogni pensiero come stava nel testo, impiegando le parole
più acconce, che si offrivano alla mia mente. Messo di
poi a riscontro il mio *Spettatore* coll'originale, vi notai
alcuni falli che corressi; ma trovai soprattutto che difettava, per così dire, di un capitale di parole, e di quella
facilità a richiamarmele e ad impiegarle, che parevami
avrei già acquistato, se avessi continuato a far versi. Il
frequente bisogno di espressioni, che avessero lo stesso

---

[1] Celebratissima raccolta periodica, che nel secolo scorso pubblica-
rono in Londra Steel e Addison; ma sono gli scritti di quest'ultimo
che le diedero celebrità.

significato, ma di cui la lunghezza ed il suono fossero differenti in causa della misura e della rima, mi avrebbe costretto a cercare i diversi sinonimi, e me gli avrebbe resi famigliari. Pieno di questa idea, posi in versi alcuni racconti dello stesso *Spettatore*, e dopo averli bastantemente dimenticati, li stesi di nuovo in prosa.

Talvolta io rimescolava tutti i miei sunti, ed in capo ad alcune settimane procurava di disporli nel miglior ordine, prima d'incominciare a rifarne i periodi, ed a compiere i discorsi. Ciò faceva, onde acquistar certo metodo nella concatenazione de' pensieri. Paragonando poscia la mia opera coll'originale, scopriva molti difetti, e li correggeva: ma di tempo in tempo aveva anche il piacere di lusingarmi, che in certi passi meno importanti m'era venuto fatto di dare un miglior ordine alle idee, e di usarvi più eleganti espressioni; lo che mi faceva sperare, che in progresso sarei giunto a scriver bene la lingua inglese, della qual cosa io era ambiziosissimo.

Il tempo che impiegava in questi esercizi e nella lettura, era la sera dopo il lavoro della giornata, il mattino prima che lo stesso lavoro incominciasse, e la domenica, quando poteva passarla tutto solo nella stamperia e dispensarmi dall'assistere al servizio divino. Finchè io era vissuto in casa di mio padre, egli aveva voluto che andassi regolarmente alla chiesa; e, per verità, riguardavo pur sempre siffatta pratica siccome un dovere, ma un dovere che non credevo di avere il tempo di adempiere.

Aveva circa sedici anni, quando lessi per caso un'opera di Tryon, che raccomanda il cibarsi di vegetali; ed io risolvetti di così fare. Mio fratello essendo celibe, non mangiava in casa, e si era posto a dozzina co' suoi lavoranti apprendisti presso uno del vicinato. Il partito da me preso di astenermi dalle carni dava noia agli altri commensali, da' quali era spesso rimbrottato per la mia singolarità. Ciò vedendo, m'informai del modo con cui Tryon soleva preparare i suoi pasti; soprattutto del far cuocere patate e riso, e del fare bodini con prestezza; dopo di che dissi a mio fratello, che se acconsentiva darmi ogni settimana la metà di quanto egli pagava per la mia dozzina, io stesso avrei pensato al mio vitto. Ne fu contento, e io presto seppi anche risparmiare la metà di quanto mi dava.

Questa economia mi accrebbe i mezzi di acquistar libri, e mi procurò eziandio altri vantaggi. Quando mio fratello ed i suoi operai uscivano dalla stamperia per andare a desinare, io vi rimaneva, e dopo aver fatto il mio pasto frugale (che non era spesso composto se non se di un biscotto, o di un pezzo di pane con un grappolo d'uva, oppure di una focaccia presa dal vicino pasticciere, e di un bicchier d'acqua); impiegava a studiare il tempo che mi restava, fino al loro ritorno: e i miei progressi erano proporzionati a quella chiarezza d'idee, a quella prontezza di concepimento, che sono il frutto della temperanza nel bere e nel mangiare.

Fu a quest'epoca che, avendo dovuto un giorno arrossire della mia ignoranza nel fare di conto, ciò che per due volte aveva trascurato d'imparare alla scuola; comperai il trattato di Aritmetica di Cocker, e lo appresi da solo colla più grande facilità. Lessi pure i libri sulla Navigazione, di Seller e Shermy; e mi posi al fatto di quel poco di geometria che contengono: ma non ho progredito molto in questa scienza. A un di presso nel tempo medesimo lessi il *Saggio sull'intelletto umano*, di Locke, e l'*Arte di pensare*, dei Signori di Porto Reale.

Mentre attendeva a formare ed a perfezionare il mio stile, mi cadde tra le mani una grammatica inglese, quella credo di Greenwood; in seguito alla quale vi erano due brevi saggi, sulla retorica e sulla logica. Trovai nell'ultimo di questi un modello di disputa secondo il metodo di Socrate; e subito volli procurarmi l'opera di Senofonte, intitolata *Detti memorabili di Socrate*, nella quale lo storico greco dà molti esempi di quel metodo; e preso di grande ammirazione lo adottai, e rinunciando alla recisa contraddizione, all'argomentare diretto e positivo, assunsi le parti di un umile interrogatore. Ed avendomi in quel tempo la lettura di Shaftesbury e Collins indotto a dubitare intorno a molti punti della nostra dottrina religiosa, trovai che in ciò pure questo metodo era il fatto mio, come quello che io poteva usare con molta sicurezza, e che metteva in imbarazzo coloro, contro i quali lo volgeva. Io dunque, prendendone diletto, me ne serviva continuamente; cosicchè divenni espertissimo nell'ottenere, anche da persone di molta cultura, concessioni, di cui non avevano saputo prevedere le conseguenze. Io creava loro difficoltà, dalle quali non potevano sciogliersi; e riportava vittorie che nè la mia causa nè le mie ragioni meritavano.

Continuai per alcuni anni a servirmi di questo metodo; ma poi lo smessi a poco a poco, conservando soltanto l'abitudine di esprimermi con modesta diffidenza, e di non impiegare mai, per una proposizione che poteva essere impugnata, le parole *certamente*, *indubitatamente*, o qualunque altra di queste che danno un'aria dogmatica alle opinioni. Io piuttosto diceva, *immagino*, *suppongo*, *mi sembra che questa cosa sia così per tale o tal altro motivo*; oppure *la cosa è così, se non m'inganno*.

Quest'abitudine m'è stata, credo, giovevolissima ogni qualvolta ho avuto bisogno d'insinuare la mia opinione nella mente degli altri, e di persuaderli a seguitare i partiti da me proposti. Poichè si conversa allo scopo d'*istruirsi* o d'*istruire altrui*, di *piacere* o di *persuadere*, io bramerei che gli uomini intendenti, e di buona volontà, non iscemassero il potere che hanno di essere utili, esprimendosi in modo positivo e presuntuoso, il che spiace sempre a coloro che ascoltano, e non è atto che a risvegliare opposizioni, ed a contrariare gli effetti, pei quali è stato accordato all'uomo il dono della parola. Poichè, se volete istruire, un tuono dogmatico e affermativo nel produrre la vostra opinione è sempre causa che altri cerchi di contraddirvi, e che non siate ascoltato con attenzione; mentre d'altra parte, se, desiderando voi di essere istruito e di approfittare delle altrui cognizioni, vi esprimete in guisa da mostrarvi fisso, irremovibile nelle vostre idee, gli uomini modesti e giudiziosi, ai quali non garba il disputare, vi lascieranno senza inquietarvi ne' vostri errori. Seguendo un tal metodo, rare volte vi accadrà di piacere agli uditori, di conciliarvi la benevolenza loro, e di convincer quelli che vorreste far entrare nelle vostre vedute. Pope dice sensatamente:

« Devonsi ammaestrare gli uomini senza farne le viste; e di ciò che ignorano parlare come se lo avessero dimenticato. »

E più oltre raccomanda:

« Benchè certi di quello che dite, parlatene con aria di diffidenza. »

E avrebbe fatto bene di accoppiare a questa sentenza la seguente, che con minore aggiustatezza, mi pare, unì ad un' altra:

« Giacchè difettare di modestia è difettare di giudizio. »

Che se mi chiedete, per qual motivo io dica « con minore aggiustatezza; » mi converrà citarvi insieme i due versi:

« Non v' è difesa per il parlare presuntuoso; giacchè difettare di modestia è difettare di giudizio. »

Ora, non è « il difetto di giudizio » (quando un uomo abbia la sventura di essere in questo caso) una sorta di scusa appunto per « il difetto di modestia? » E questi versi non starebbero meglio così costruiti?

« Il parlare presuntuoso non ammette che questa difesa: che il difettare di modestia è difettare di giudizio. »

Ma intorno a ciò mi riferisco a migliori giudici ch' io non sono.

Nel 1720 o 21, mio fratello incominciò a stampare una gazzetta. Era la seconda che compariva in America, ed avea per titolo: *The New England Courant*. La sola che vi fosse prima a Boston era intitolata: *The Boston News-Letter*. Mi ricordo che alcuni suoi amici vollero dissuaderlo da questa pubblicazione, come da cosa che non poteva riuscire; perchè, secondo essi, una sola gazzetta bastava per tutta l'America. Nulladimeno presentemente, nel 1771, non ve ne sono meno di venticinque.[1] Mio fratello tuttavia eseguì il suo disegno; ed io, dopo aver dato mano a comporre ed a stampare la gazzetta, era mandato a distribuirne gli esemplari agli associati.

Fra' suoi amici eranvi alcuni uomini di merito, che gli scrivevano per passatempo dei brevi saggi pel giornale; la qual cosa contribuì a dargli credito, e ad accrescerne lo spaccio. Questi signori venivano di frequente a ritrovarci, ed io ascoltava i loro discorsi, e ciò che dicevano del favore col quale il pubblico accoglieva le loro scritture. Fui tentato di provarmi anch'io seco loro; ma come era pur sempre un ragazzo, temetti che mio fratello non volesse inserire nel foglio alcuna cosa, di cui mi sapesse autore; per il che procurai di contraffare il mio carattere, ed avendo composto uno scritto anonimo, lo introdussi verso sera sotto l'uscio della stamperia. Mio fratello mostrò agli amici questo articolo; ed io provai il sommo diletto di udire, dopo che l'ebbero commentato, che otteneva la loro approvazione, e che conghietturando intorno a chi ne potesse esser l'autore, non nominavano che uomini i quali godevano in paese di qualche fama di dottrina e d'ingegno. Suppongo ora che m'ebbi giudici molto indulgenti, e comincio a sospettare, che non fossero poi quelle cime che io allora immaginava. Che che ne sia, incoraggiato da questa fortuna, scrissi e trasmisi nello stesso modo alla stamperia molti altri lavoretti, che furono

---

[1] Ed ora (nel 1869) non hanno numero.

del pari approvati. Io serbai il segreto, fino a tanto che il mio picciolo capitale di cognizioni per tali scritti fu quasi interamente esaurito; e allora mi feci conoscere.

Dopo questa scoperta gli amici di mio fratello diedero a vedere qualche maggiore considerazione per me; il che a lui non piaceva, giacchè sospettava, e credo non a torto, che ciò m'avrebbe invanito. Fu questa fors'anche una delle occasioni dei dissapori che intorno a quel tempo cominciarono a sorgere fra noi. Quantunque fratello, egli si considerava sempre mio padrone, e mi trattava qual giovane di negozio, volendo gli stessi servigi da me che da qualsivoglia altro suo garzone; mentre io all'incontro pensava, ch'ei fosse troppo esigente in molti casi, e che avessi diritto a riguardi maggiori da parte di un fratello. Le nostre dispute erano spesso portate innanzi al babbo, e sia che in generale mio fratello avesse torto, sia che io sapessi trattar meglio di lui la mia causa, il giudicio era quasi sempre in mio favore. Ma questo fratello era collerico e spesso mi batteva; ciò che assai m'inveleniva. Il duro e tirannico suo trattamento contribuì, credo, ad imprimere nel mio animo l'avversione che ho conservato per tutta la vita al potere arbitrario. Il mio tirocinio mi divenne così insopportabile, che spiava continuamente l'occasione di poterlo accorciare; e questa alla fine mi si offerse in modo inaspettato.

Un articolo inserito nel nostro giornale, di argomento politico, che più non ricordo, offese gravemente l'Assemblea della provincia.[1] Mio fratello fu catturato, censurato, e stette un mese in prigione, perchè non volle, suppongo, palesare l'autore dello scritto. Io pure fui preso, ed esaminato alla presenza del Consiglio;[2] ma benchè non corrispondessi in alcuna guisa alle mire dei giudici, si accontentarono di farmi una ramanzina, e mi rimandarono; pensando per avventura, che io fossi

---

[1] Cioè il suo Corpo legislativo.
[2] Era il Consiglio del governatore, senato della provincia.

in certo modo obbligato, atteso il mio tirocinio, di custodire i segreti del padrone.

A malgrado de' nostri privati dissensi, la prigionia di mio fratello mi addolorò moltissimo. Mentre egli era in carcere, io attendeva alla compilazione del suo giornale, ed ebbi la temerità d'inserirvi pasquinate contro i governatori. La qual cosa piacque a lui; ma venni ad altri in sospetto di avere tendenza al libello ed alla satira.

La liberazione di mio fratello fu susseguita da un ordine arbitrario dell'Assemblea, « che Giacomo Franklin più non potesse stampare la gazzetta intitolata: *The New England Courant.* » In tal frangente convocammo gli amici nostri, per consultarli su quanto era da fare. Taluni proposero di eluder l'ordine, cambiando il titolo della gazzetta; ma mio fratello, temendo non ne risultassero altri guai, stimò meglio che d'allora in poi venisse pubblicata col nome di *Beniamino Franklin:* e per evitare la censura dell'Assemblea, che poteva accusarlo di esserne egli stesso l'editore sotto il nome del suo apprendista, fu risoluto che il mio contratto mi sarebbe restituito, con un pieno e intero sgravio da ogni obbligo, scritto a tergo, affine di poterlo allegare, occorrendo. Ma poi, perchè fosse assicurata la continuazione del mio servizio, ebbi nello stesso tempo a firmare un nuovo contratto, il quale doveva esser tenuto segreto durante il rimanente del termine. Era questo un meschinissimo espediente; tuttavia fu tosto messo in esecuzione, ed il giornale continuò per qualche mese a comparire sotto il mio nome. Finalmente, essendo nata una nuova contesa tra me e il fratello, mi avventurai al partito di giovarmi della mia libertà; presumendo che non si oserebbe far valere pubblicamente il secondo contratto. Non era cosa molto onorevole quella ch'io faceva; e conto invero simile azione come uno dei primi *errata* della mia vita; ma io era in allora poco capace di farne giudizio, esacerbato dai mali trattamenti inflittimi da mio fratello. Però quantunque egli così mi bistrattasse, non aveva cattiva indole; e forse il mio modo di condurmi con lui era troppo impertinente per non dargli giuste cagioni d'irritarsi.

Quando seppe ch'io era risoluto di lasciarlo, cercò impedirmi di trovare collocamento altrove; e prevenne contro di me i padroni delle altre stamperie della città; laonde ricusarono tutti di darmi lavoro. Mi nacque allora il pensiero di andare a New York, la città più vicina, dove vi fossero stampatori; ed altre considerazioni pure m'inducevano a lasciar Boston, poichè mi era già reso sospetto alla fazione che governava. Dopo le procedure arbitrarie nell'affare di mio fratello, era probabile che, se fossi rimasto, non avrei potuto a lungo passarla netta; e tanto più aveva motivo di ciò temere, che le imprudenti mie dispute sulla religione incominciavano a farmi riguardare dalle persone pie coll'orrore che inspira un apostata o un ateo. Presi dunque risolutamente il mio partito; ma siccome mio padre era allora in buon accordo con mio fratello, pensai che se avessi tentato di andarmene alla scoperta, sarebbersi date disposizioni per impedirmelo. Doveva dunque fuggire, e l'amico Collins s'incaricò di agevolarmi la cosa. Contrattò pel mio tragitto col capitano di una scialuppa di New York, presentandomi come un giovane di sua conoscenza, che aveva avuto relazione con una ragazza di poco buon nome, i parenti della quàle ora lo volevano costringer a sposarla; e disse che per tal motivo io non poteva nè farmi vedere, nè partire pubblicamente. Vendetti una parte de' miei libri per fare qualche soldo, e mi recai di soppiatto a bordo della scialuppa, la quale favoreggiata da buon vento, mi portò in tre dì a New York; quasi trecento miglia lontano da casa, mentre non aveva che diciassette anni, non conosceva alcuno nel paese in cui giungeva, e non mi trovava che pochi spiccioli in tasca. (Ciò nell'ottobre del 1723.)

———

Capitolo Secondo.

La inclinazione, che aveva un tempo avuta per la nautica, era del tutto svanita; altrimenti mi sarei trovato allora nella migliore opportunità di soddisfarla. Ma avendo ora una professione, e stimandomi essere un valente operaio, non esitai ad offrire i miei servigi al vecchio Guglielmo Bradford, che dopo di essere stato il primo stampatore di Pensilvania, aveva abbandonata questa provincia per una questione col governatore Giorgio Keith. Egli non potè darmi impiego, avendo poco lavoro, e quanti operai gli bastavano; ma dissemi che suo figlio, stampatore a Filadelfia, aveva da poco tempo perduto per morte Aquila Rose, suo principal compositore, e che se io voleva portarmi da lui, probabilmente sarebbesi meco accomodato. Filadelfia non era che a cento miglia di là; onde non esitai, e presi posto in una barca che stava per partire, affine di recarmi ad Amboy pel più breve tragitto; lasciando a terra il mio baule e le altre mie robe, che mi giugnessero per la via ordinaria.

Attraversando la baia, ci colse un colpo di vento che lacerò le nostre vele di già sdrucite, c'impedì di entrare nel Kill, e ci gettò sulle coste di Long Island. Durante la burrasca, un Olandese ubbriaco, passaggero anch'esso, cadde nel mare; ma io afferratolo pei capelli, lo ritrassi a bordo sano e salvo. Questa immersione gli spense non poco l'ubbriachezza, e placidamente si addormentò, dopo di aver cavato dalla saccoccia un libro, che mi pregò di far asciugare. Vidi essere questo volume la traduzione olandese del *Viaggio del Pellegrino* di Bunyan, mio autore favorito. Era assai bene stampato, in bellissima carta, e ornato d'incisioni in rame; acconciamento col quale io non l'aveva mai veduto nella sua lingua originale. Seppi di poi, che è stato tradotto nella maggior parte delle lingue europee, e sono persuaso che, dopo la Bibbia, sia il libro più generalmente letto. Questo scrittore è, per quanto io so, il primo che abbia frammisto il dialogo al racconto; maniera di scrivere attraente pel lettore, che ne' passi più interessanti si trova ammesso nella società dei personaggi di cui parlasi e presente alla loro conversazione. De Foe ha seguito con buon successo questo metodo nel suo *Robinson Crusoé*, come anche nella *Moll Flanders* ecc., e Richardson nella *Pamela*, ecc.

Nell'accostarci all'isola ci avvedemmo di essere in luogo, dove non si poteva scendere per causa dei frangenti, prodotti dagli scogli di cui era cinta la costa. Si gettò l'ancora, e fu mollata la gomena verso il lido. Alcuni uomini che vedevamo sulla riva scesero fino all'acqua gridando, a noi rivolti, e noi pure gridavamo a loro; ma il vento era sì forte, e tanto fragorose le ondate, che non si poteva distinguere ciò che dicevasi nè dagli uni nè dagli altri. Eranvi alcune barchette presso alla spiaggia, e con vari segni tentammo di attirarle a noi; ma o che i barcaiuoli non ci comprendessero, o che la cosa fosse impraticabile, si ritirarono. Facevasi notte, e il solo partito a noi possibile era oggimai di aspettare pazientemente che il vento si calmasse. Intanto io e il padrone pensammo di acconciarci a dormire, se v'era modo; e ci calammo perciò sotto i boccaporti, ove giaceva l'Olandese ancor tutto fradicio. Ma in breve fummo ammollati quant'esso noi pure; perchè l'onda che passava sopra al ponte, stillava nel nostro ricovero. In questa notte pochissimo si riposò; e il giorno dipoi la calma ne permise di raggiungere Amboy prima del tramonto. Avevamo passate trenta ore senza avere di che cibarsi, e senz'altra bibita che una bottiglia di cattivo rhum; salata essendo l'acqua, sulla quale avevamo viaggiato.

Alla sera mi coricai, preso da ardente febbre; e ricordatomi di aver letto in un certo libro, che in simili casi l'acqua fresca, bevuta abbondantemente, è buon rimedio, seguii questo precetto: sudai molto durante la maggior parte della notte, e la febbre mi lasciò.[1] Il giorno di poi sbarcammo, ed io proseguii il viaggio a piedi. Mi restavano cinquanta miglia per giungere a Burlington; ove, giusta quanto mi avevano detto, avrei trovato dei battelli di passaggio per trasportarmi a Filadelfia. In tutto il giorno piovve dirottamente, di modo che fui bagnato fino all'ossa. Verso il mezzodì, stanco morto, mi fermai in una osteriaccia, nella quale passai il rimanente del giorno e tutta la notte. Incominciava a pentirmi di aver abbandonato la casa paterna anche pel motivo che mi vedeva in così povero arnese, da poter essere creduto un domestico fuggiasco: me ne accorsi alle domande che mi si facevano, e compresi ch'io correva rischio di venire ad ogni momento arrestato come tale.[2] Nulladimeno, giunto il mattino, mi rimisi in viaggio, ed alla sera arrivai a otto o dieci miglia di distanza da Burlington, in una bettola di cui era padrone un certo dottor Brown.

Mentre stava rifocillandomi, questi venne a discorrere con me, ed essendosi accorto che io non era senza qualche lume di lettere, mi dimostrò molta premura

---

[1] Anche Benvenuto Cellini dice di aver esperimentato con buon esito questo rimedio, essendo in Roma preso da febbre.

[2] Trasportavansi alle colonie degli emigranti, e spesso anche dei delinquenti; i quali contraevano obbligo di servire per un dato tempo, durante il quale era loro apposto a delitto il fuggire.

ed amicizia. La nostra relazione durò poi tutto il rimanente della sua vita. Io credo ch' ei fosse stato una specie di dottor ambulante; giacchè non eravi città in Inghilterra, anzi in tutta Europa, che non conoscesse in un modo particolare. Non difettava nè di spirito, nè di cultura, ma era un vero miscredente. Alcuni anni dopo ch' io l'ebbi conosciuto, si accinse malignamente a travestire la Bibbia in versi burleschi, come Cotton ha fatto con Virgilio; e così ne presentava molti racconti sotto un aspetto comico; ciò che avrebbe potuto scandalezzare le persone pie, se l'opera fosse stata pubblicata; ma non lo fu per buona ventura.

Passai la notte in casa di questo dottore, e il dì seguente mi portai a Burlington. Giungendo al porto, ebbi la disdetta di trovare che i battelli di passaggio avevano già salpato: era un sabbato, e non doveva partire alcun altro battello prima del martedì. Ritornai dunque in città da una vecchia, che mi aveva venduto del pan pepato per mangiare lungo il tragitto. Questa buona donna mi consigliò a rimanere presso di lei fino a che avessi trovato un'occasione di imbarcarmi; e stanco, com'era, per aver fatto tanta strada a piedi, accettai la sua proposta. Quando seppe ch'io era stampatore, fu di parere che restassi a Burlington e vi aprissi bottega; ma non rifletteva ai capitali che mi sarebbero bisognati per una simile impresa. Fui trattato da quella donna con vera ospitalità e con lieto garbo; mangiammo insieme una testicciuola, e non volle accettare da me che una foglietta di *Ale*.[1]

Io pensava di dovermi fermare in quel luogo fino al martedì seguente; ma sulla sera, mentre passeggiava lungo il fiume, vidi venire un battello, entro al quale si trovavano molte persone. Era diretto a Filadelfia, ed acconsentì a trasportarmivi. Siccome non tirava vento, dovemmo remare per tutto il viaggio; e verso mezza-

---

[1] *Ale*, sorta di birra forte.

notte, non iscorgendosi ancora la città, alcuni della compagnia pensarono che l'avessimo oltrepassata, e non vollero più menare il remo; gli altri non sapevano dove fossimo; e pertanto ci accostammo alla riva, ed entrati in un seno, sbarcammo vicino ad alcune vecchie palizzate che ci servirono per far fuoco, perchè era una fredda notte di ottobre. Ivi ci trattenemmo sino alla punta del giorno, quando uno della compagnia riconobbe essere il sito dove eravamo, la cala di Cooper, alquanto al di sopra di Filadelfia, che scoprimmo poi non appena di là scostatici: ed arrivativi la domenica, tra le otto e le nove del mattino, si discese a Market-street.

Io ho voluto raccontarvi tutte le particolarità di questo viaggio, e descriverò nello stesso modo il mio primo ingresso in Filadelfia, affinchè possiate fare il paragone tra questo umile principio e la splendida parte che poi ho sostenuta nella città medesima.

Al mio primo arrivo in Filadelfia vestiva da povero operaio, dovendo i miei migliori abiti giungermi per mare. Era tutto zaccheroso, ed aveva le tasche gonfie di camicie e di calze; non conosceva alcuno nella città, e non sapeva dove potermi ricoverare; mi sentiva mancare di stanchezza per aver camminato, remato, e passata la lunga notte senza dormire; aveva una fame che la vedeva e non altro in tasca che un tallero d'Olanda,[1] ed il valore di uno scellino[2] in moneta di rame. Diedi questi spiccioli ai barcaiuoli pel mio tragitto; i quali dapprima li ricusarono, per averli io aiutati a remare; ma insistetti, e gl'indussi ad accettare. Uno è talvolta più generoso quando è più all'asciutto, che se ne ha molti; e ciò probabilmente avviene, perchè nel primo caso cerca di nascondere la sua indigenza.

M'avviai all'insù per la strada, guardando attorno, e quando fui vicino al mercato, incontrai un ragazzo con

---

[1] Cinque lire circa.   [2] Una lira e 25 cent.

una pagnotta. Io aveva spesso desinato con solo pane,
onde chiesto a colui dove aveva comperato il suo, mi
portai difilato da quel fornaio. Avrei voluto del biscotto
come quello di Boston, ma non se ne faceva a Filadelfia;
chiesi una pagnotta di tre soldi, ma non ve n'era di
questo prezzo; così da ultimo, ignorante com'era della
differenza della moneta, del minor prezzo del pane, e
dei nomi delle sue diverse qualità, pregai mi si desse
del pane comunque per tre soldi; e con grande mio
stupore m'ebbi tre grosse pagnotte. Me le presi, ed
uscii, mettendomene una sotto un braccio, l'altra sotto
l'altro, e la terza ai denti; e così mangiando continuai
il mio cammino per Market-street fino a Fourt-street,[1]
e venni a passare davanti alla casa del signor Read,
padre della fanciulla che fu poi mia moglie. Costei era
sulla sua porta, mi osservò, e trovò, con ragione, che
faceva un'assai grama e ridicola figura.

Voltai, seguitando sempre a sbocconcellare, in Chesnut-street,[2] che percorsi tutta, indi in Walnut-street; e
fatto questo giro mi trovai di nuovo allo scalo di Market-
street, vicino al battello sul quale era venuto. Vi entrai
per bere dell'acqua del fiume; e poichè m'era saziato
con una delle pagnotte, diedi le altre due ad una donna
ed al suo figliuolo, che erano venuti con noi nello stesso
battello, e stavano aspettando di continuare il loro
viaggio.

Così rifocillato, ripigliai la strada, e tenni dietro a
molte persone decentemente vestite, le quali vedeva
andare tutte verso una medesima parte. Mi accompa-
gnai a queste, e fui condotto nella vasta casa di adunanza dei Quacqueri, presso alla piazza del Mercato;
e là postomi a sedere cogli altri, dopo aver guardato
intorno a me per qualche istante, non udendo par-

---

[1] Cioè: la Quarta Via; chè in America le vie traversali sogliono
essere nominate col loro numero d'ordine. In Filadelfia poi le altre vie
hanno spesso nomi d'alberi.

[2] Chesnut-street, significa Via dei Castagni; e Walnut-street, Via
dei Noci.

lare, e preso dal sonno, pel disagio della notte precedente, caddi profondamente addormentato. Così rimasi fino allo sciogliersi dell'assemblea, quando uno della congregazione ebbe la bontà di svegliarmi. Questa fu dunque la prima casa in cui entrassi e dormissi a Filadelfia.

Mi posi di nuovo in via, e andando verso il fiume guardava in faccia a tutti, finchè mi venne veduto un giovane quacquero, di cui mi piacque la fisonomia. Me gli accostai, e lo pregai di dirmi ove potessi trovar alloggio. Eravamo vicini all'insegna dei *Tre Marinai*. "Là si ricevono forestieri," diss'egli, " ma non è casa di buon nome; se tu vuoi seguirmi, te ne mostrerò una migliore." E mi condusse al *Ceppo torto*, in Water-street.[1] Quivi mi feci dare un boccone, e mentre stava mangiando, fui, con aria d'indifferenza, domandato di molte cose; poichè la mia età e quell'aspetto facevano supporre che fossi un fuggiasco.

Dopo mangiato, mi sentii nuovamente preso da sonno, ed essendomi gettato sopra un letto senza svestirmi, dormii fino alle sei della sera; quando fui chiamato a cena. Mi rimisi di poi a letto di buonissima ora, e non mi risvegliai che il mattino.

Mi acconciai allora il più decentemente che mi fu possibile, per andare dallo stampatore Andrea Bradford. Incontrai nella bottega il padre di lui, che aveva veduto a New York, e che avendo viaggiato a cavallo, era arrivato a Filadelfia prima di me. Questi mi presentò a suo figlio, che mi accolse con molta urbanità e mi diede da colazione; ma dissemi che non aveva bisogno di alcun operaio, essendosi già procacciato quello che gli mancava. Soggiunse però che vi era in città un altro stampatore, certo Keimer, da poco venutovi, che avrebbe forse potuto impiegarmi; ed in caso di rifiuto, m'invitava a ritornare da lui, chè mi avrebbe dato di

[1] Via dell'Acqua.

tempo in tempo qualche po' di lavoro, fino a che si presentasse un miglior partito.

Il vecchio si offrì di condurmi da questo stampatore; e giunti alla sua casa: "Vicino," gli disse, " vi meno un giovane tipografo: potrà forse rendervi servigio." Keimer mi fece varie domande, mi pose in mano un compositoio per vedere come sapessi l'arte, poi mi disse che, sebbene per il momento non avesse lavoro, pure m'impiegherebbe. Nello stesso tempo, supponendo che il vecchio Bradford, da lui non conosciuto, non fosse altri che un cittadino il quale voleva essergli utile, lo mise a parte de' suoi disegni e delle sue speranze. Bradford si guardò dal farsi conoscere pel padre dell'altro stampatore; e mentre Keimer gli veniva dicendo che confidava di potere.aver in breve la stamperia più affaccendata di Filadelfia, seppe con accorte domande, e movendogli suoi dubbi, condurlo a manifestare tutte le proprie vedute, tutti i propri mezzi, e di qual modo voleva adoperarsi per farli riuscire. Io era presente e ascoltava ogni cosa; laonde m'avvidi che l'uno era una vecchia volpe astutissima, e l'altro un pecorone. Bradford mi lasciò con Keimer, che rimase altamente maravigliato quando poi gli ebbi detto chi era quel vecchio.

La stamperia di Keimer consisteva in un torchio vecchio e malconcio, ed in un meschino assortimento di caratteri inglesi assai usati; dei quali stava servendosi allora per un'elegia che aveva egli stesso composta, in morte di quell'Aquila Rose che ho poc'anzi nominato. Era stato questi un giovane di bell'ingegno e di ottima indole, nella città riputatissimo, segretario dell'Assemblea, e poeta di qualche merito. Keimer pure aveva il prurito dei versi; ma ne faceva di pessimi: e non si poteva neppur dire che li scrivesse, perchè egli usava di metterli insieme coi caratteri della stamperia, di mano in mano che scaturivano dalla sua mente. Ora siccome lavorava senza manoscritto, e non aveva che una sola cassa, e l'elegia doveva probabilmente impiegare tutti que' suoi tipi, m'era impossibile di aiutarlo; ma procurai di mettere intanto in assetto il torchio, del quale non si era per anco servito, e che mal conosceva; e dopo avergli promesso che sarei andato a stampare la sua elegia, tosto che fosse stata all'ordine, ritornai da Bradford. Questi mi occupò momentaneamente a far qualche bagattella, e mi diede tavola ed alloggio.

Pochi giorni dopo Keimer mi mandò a cercare per imprimere l'elegia. Si era procacciato nel frattempo un'altra cassa di carattere, e doveva ristampare un opuscolo, intorno al quale mi mise a lavorare.

I due stampatori di Filadelfia mi parvero mancare di tutte le qualità necessarie per la lor professione: Bradford non aveva imparata l'arte, ed era assolutamente illetterato; Keimer, benchè meno ignorante, non era che un semplice compositore, e non s'intendeva affatto di torchio. Era stato uno di quelli che in Francia chiamavano profeti, e sapeva assai bene imitare le loro convulsioni entusiastiche.[1] Al tempo della nostra conoscenza non seguiva alcuna religione particolare, ma ne professava un poco di tutte, secondo le circostanze. Non conosceva assolutamente il mondo; ed aveva alquanto del briccone, com'ebbi di poi occasione di sperimentare.

A Keimer non piaceva punto che mentre io lavorava con lui, stessi di casa con Bradford. Egli aveva bensì delle camere, ma senza mobili; e non poteva quindi alloggiarmi. Mi procurò dunque una camera presso il proprietario della sua casa, quel signor Read, del quale ho già fatta menzione; e il mio baule con i miei abiti essendo in questo mentre arrivato, io potei comparire dinanzi alla signorina Read in aspetto più decente di quello, in cui il caso mi aveva prima fatto a lei vedere nella strada con un pezzo di pane alla bocca.

---

[1] Sembra che fosse di quei Camisards, o protestanti delle Cevenne, che Luigi XIV fieramente perseguitò.

Cominciai presto a formar conoscenze fra quei giovani che amavano la lettura, e passava con essi piacevolmente le serate, mentre mi guadagnava il bisognevole col lavoro e sapeva anche risparmiare colla frugalità. Così mi studiava di dimenticarmi Boston, per quanto era possibile, desideroso pure che il luogo della nuova mia dimora non fosse noto colà ad alcuno; meno che all'amico Collins, al quale io scriveva, e che mi serbava il segreto.

Un caso però mi fece ritornare in patria molto più presto di quello che non mi sarei immaginato. Io aveva un cognato, di nome Roberto Holmes, padrone di una scialuppa, con cui trafficava tra Boston e Delaware. Trovandosi costui a Newcastle, distante quaranta miglia da Filadelfia, intese parlare di me; e tosto mi scrisse informandomi del gran dolore che la mia subita partenza da Boston avea cagionato ai miei parenti, e dell'affetto che pur sempre mi portavano; mi assicurò, che se avessi voluto ritornare a casa, ogni cosa sarebbesi accomodata con mia soddisfazione, e mi vi esortò in modo premurosissimo. Io gli risposi, ringraziandolo del consiglio, e gli feci noti con tanta forza e chiarezza i motivi che mi avevano determinato ad abbandonare Boston, da persuaderlo che io era molto meno meritevole di riprensione di quello che si supponeva.

Sir Guglielmo Keith, governatore della provincia, era in quel tempo a Newcastle; e il capitano Holmes si trovava per caso con lui mentre riceveva la mia lettera, laonde approfittò dell'occasione per comunicargliela e parlargli di me. Il governatore lesse la lettera, e si mostrò meravigliato quando seppe la mia età: disse che io gli sembrava un giovane di belle speranze, e che ben meritava di essere incoraggiato; che gli stampatori di Filadelfia erano ignoranti; che, se io vi avessi fissata dimora, non dubitava di un buon esito; che per parte sua mi farebbe stampare tutto ciò che riguardava gli affari pubblici, e mi presterebbe tutti i servigi che da lui dipendessero.

Nulla seppi allora di tutto questo, chè il cognato me lo narrò solo di poi a Boston; ma un dì che lavoravamo insieme Keimer ed io, vicino ad una finestra, vedemmo il governatore col colonnello French di Newcastle, vestiti ambedue con eleganza, attraversare la strada e venire dritto alla nostra casa. Gli udimmo alla porta, e Keimer credendo che fosse una visita per lui, scese immantinente: ma invece il governatore chiese di me; salì, e con una gentilezza ed un' affabilità, a cui io non era accostumato, mi fece molti complimenti, mi disse che voleva facessimo conoscenza; e mi rimproverò cortesemente di non essermi a lui presentato al mio giungere in città; invitandomi frattanto ad accompagnarlo da un vicino vinaio, ove recavasi col colonnello French a bere, come disse, un eccellente Madera.

Rimasi, il confesso, alquanto sorpreso, e Keimer parve sbalordito. Li seguii dunque, e mi condussero in una bottega sull'angolo di Third-street;[1] dove, mentre si beveva, sir Guglielmo Keith mi propose di aprire una stamperia, rappresentandomi le probabilità che avrei avuto di far fortuna; e così egli come il colonnello, mi assicurarono, che io poteva contare sul loro patrocinio e sulla loro autorità, per procurarmi il lavoro degli stampati che potessero occorrere ai due governi delle loro provincie: e siccome io sembrava temere che mio padre non avrebbe voluto in ciò aiutarmi, sir Guglielmo si offrì di scrivergli esponendogli i vantaggi di questa intrapresa, sotto un aspetto che, senza dubbio, lo avrebbero indotto a secondarla. Fu dunque risoluto che io mi sarei imbarcato sul primo vascello che fosse per andare a Boston, portando con me una lettera di raccomandazione del governatore per mio padre; e frattanto

---

[1] La Terza Via.

la cosa doveva restare segreta, ed io continuare il mio lavoro presso Keimer, come per lo passato.

Questo signor governatore mandavami ad invitare di tempo in tempo a pranzo, il che io riguardava come un grandissimo onore; e tanto più grato mi riusciva, in quanto che trattenevasi meco nel modo più affabile, più famigliare, e più amichevole che mai possa immaginarsi.

Verso la fine del mese di aprile 1724, essendo pronto a far vela per Boston un piccolo vascello, presi commiato da Keimer sotto pretesto di recarmi a vedere i miei parenti. Il governatore mi diede una lunga lettera, nella quale scriveva a mio padre grandi cose di me, e gli raccomandava caldamente il disegno di stabilirmi a Filadelfia, come quello che non poteva mancare di assicurare la mia fortuna.

Discendendo il fiume, il vascello urtò contro uno scoglio, e fece acqua. Il tempo era assai burrascoso, e abbisognò far uso continuo della tromba, nel che mi adoperai quanto gli altri. Nulla di meno, dopo una navigazione di quindici giorni, arrivammo sani e salvi a Boston.

Io era stato assente sette interi mesi, durante i quali i miei parenti non avevano avuto di me alcuna notizia; perchè il cognato Holmes non era per anco ritornato, e nulla aveva di me scritto. L'inaspettata mia venuta sorprese la famiglia; tutti però ebbero sommamente caro di rivedermi, eccetto mio fratello, e mi accolsero benissimo. Andai a visitare questo fratello nella sua stamperia; e mi vi presentai in molto miglior arnese che al tempo in cui lavorava presso di lui: era vestito a nuovo da capo a piedi decentissimamente, aveva un orologio nel mio taschino, ed una borsa di quasi cinque lire sterline in argento. Ma egli mi ricevette glacialmente, e squadratomi da capo a' piedi, voltò le spalle e si rimise al lavoro.

Non così i suoi operai, che mi domandarono pre-

murosamente ov'era stato, com'era il paese, e se mi
piaceva; e io feci un grande elogio di Filadelfia e
della vita beata che vi menava; e dissi essere mia
ferma intenzione di ritornarvi. Uno di essi mi domandò qual sorta di denaro vi correva, ed io cavai
tosto dalla saccoccia una manciata di monete d'argento, e le mostrai; spettacolo curioso e raro per quei
giovani, attesochè la carta era la moneta corrente di
Boston. Non dimenticai altresì di far loro ammirare il
mio orologio; ma alla fine, siccome mio fratello si manteneva sempre fosco e taciturno, diedi loro un dollaro
per bere, e me ne andai.

Questa visita dispiacque molto a mio fratello; cosicchè pochi giorni dopo, avendogli nostra madre espresso
il gran desiderio che aveva di vederci rappattumati, e
vivere in buona armonia; rispose, che io lo aveva sif-
fattamente insultato alla presenza de' suoi operai, che
mai più non lo avrebbe dimenticato, nè me lo avrebbe
mai saputo perdonare. In questo però egli s'ingannava.

La lettera del governatore mi parve cagionasse
qualche sorpresa a mio padre, ma non me ne parlò
gran fatto. Alcuni giorni dopo, rivedendo il capitano
Holmes di ritorno, gliela mostrò, e gli domandò se conosceva questo signor Keith, e che sorta d'uomo era;
soggiungendo, che secondo lui bisognava che avesse
ben poco criterio per pensare di mettere alla testa
di un'impresa un ragazzo, cui mancavano ancora tre
anni all'età maggiore. Holmes caldeggiò quel disegno quanto più potè; ma mio padre sostenne costantemente ch'era assurdo, e ricusò di concorrervi. Ciò
nulla ostante, scrisse una lettera cortese a sir Guglielmo, e lo ringraziò del patrocinio che sì liberal-
mente mi aveva offerto; ma gli disse, che non credeva
di dovermi aiutare ad aprire una stamperia, essendo
io troppo giovane per essere incaricato di una faccenda così importante, e che esigeva anticipazioni tanto
considerevoli.

L'amico mio Collins era allora commesso alla posta. Allettato dalla descrizione che io gli feci del paese dov'era andato ad abitare, desiderò di stabilirvisi egli pure; e mentre io stava attendendo la risoluzione di mio padre, per la via di terra si condusse a Rhode Island; lasciando addietro i suoi libri, che formavano un'assai bella raccolta di opere di fisica e di matematiche, affinchè gli fossero spediti co'miei a New York, ove proponevasi di aspettarmi.

Sebbene mio padre non approvasse la proposizione di sir Guglielmo, era soddisfattissimo che io avessi già in quella mia dimora ottenuto la protezione di un tanto personaggio, e che col lavoro e l'economia mi fossi messo in grado, in brevissimo tempo, di avere così bel corredo; e vedendo non esservi alcuna probabilità che mi riconciliassi col fratello, acconsentì al mio ritorno a Filadelfia. Mi raccomandò, congedandomi, di essere manieroso verso tutti, di studiarmi di ottenere la stima generale, e di evitare la satira ed il sarcasmo, a cui gli sembrava fossi inclinato; aggiungendo infine, che ove usassi perseveranza e una prudente economia, avrei potuto, una volta uscito di minore, metter su negozio di mio; e che se allora mi fosse abbisognato qualche aiuto in denaro, non me lo avrebbe negato.

A ciò si ridusse quanto da lui ottenni, se si eccettuano alcuni regalucci in pegno di affetto per parte sua e di mia madre. Munito così dell'approvazione de'miei genitori e della loro benedizione, m'imbarcai di nuovo per New York. La corvetta, sulla quale era salito, avendo pigliato terra a Newport, nel Rhode Island, ne approfittai per andar a vedere mio fratello Giovanni, che da alcuni anni vi aveva preso moglie e domicilio. Questo mi era sempre stato affezionato, e mi accolse con grande amore. Un suo amico, di nome Vernon, al quale erano dovute in Pensilvania circa trentasei lire sterline, mi pregò in quell'occasione di ritirarle e di custodirle, fino a tanto che mi avrebbe fatto giungere sue notizie; al qual fine mi consegnò un suo biglietto. Questo affare mi fu cagione in seguito di molti pensieri.

Si presero a Newport sulla corvetta un gran numero di passeggieri, tra' quali due giovani donne che viaggiavano insieme, ed una matrona quacquera, grave e sensata, accompagnata da' suoi domestici; ed avendo io mostrato urbanità e premura nel rendere alcuni lievi servigi a questa signora, ella da ciò fu mossa probabilmente a darsi benigno pensiero di me; imperciocchè avendo osservato, che si andava formando tra me e quelle giovani una dimestichezza di giorno in giorno maggiore, mi trasse in disparte e mi disse: " Giovinetto, io sono in qualche pena per te; tu non hai alcun parente che invigili sulla tua condotta, e sembra che non conosca il mondo e gli agguati a cui la gioventù è esposta. Credi a quel che io ti dico: quelle due sono femmine di mal affare; io lo scorgo in tutte le azioni loro; se tu non te ne guardi, ti trascineranno in pericolo. Esse non hanno nulla di comune con te; e io ti consiglio, per l'interessamento amichevole che prendo alla tua prosperità, di non fare alcuna relazione con loro." E siccome sulle prime io mostrava di non sapermi indurre a pensarne tanto male, mi riferì cose ch' ella aveva vedute ed ascoltate, ed alle quali io non aveva posto mente, che mi convinsero che aveva perfettamente ragione. La ringraziai dunque del suo cortese suggerimento e le promisi di seguirlo.

Giunti che fummo a New York, le due donne mi additarono la loro casa, invitandomi a visitarle. Io però me ne astenni, e feci benissimo; perchè il dì susseguente, il capitano essendosi accorto che gli mancavano un cucchiaio d'argento ed alcune altre cose state involate dalla sua camera sulla corvetta, e sapendo che quelle giovani non erano nulla di buono, ottenne un ordine di perquisizione al loro alloggio; vi rinvenne ciò che gli apparteneva, e le fece punire. Laonde dopo essere stato salvato da uno scoglio nascosto sotto l'acqua, sul quale il nostro vascello aveva dato nel tragitto, scampai ora da un altro ben più pericoloso.

A New York trovai l'amico mio Collins arrivatovi alcun tempo prima di me. Noi eravamo intimi fino dalla fanciullezza, e avevamo letti insieme gli stessi libri; ma egli poteva dare maggior tempo di me alla lettura ed allo studio, ed aveva una capacità sorprendente per le matematiche, nelle quali mi lasciò molto addietro. Quando io viveva a Boston, passava di solito con lui quasi tutti i miei momenti liberi. Era egli allora un giovane regolatissimo, e molto ingegnoso; e per le sue cognizioni si era procacciato la stima generale, e sembrava promettere di figurare un dì con onore nel mondo. Ma durante la mia assenza si era dato sgraziatamente all' acquavite; seppi da lui medesimo, e da altri, che dopo il suo arrivo a New York era stato quotidianamente ubbriaco, e si era condotto in un modo stravagante. Aveva inoltre giuocato e perduto tutti i suoi quattrini; per il che fui costretto di pagar io il suo conto all' osteria, e di fargli le spese durante il resto del viaggio; carico per me non leggiero.

Il signor Burnet, governatore di New York, avendo udito dal nostro capitano che un giovane passeggiero, ch'era sulla sua nave, aveva molti libri, lo pregò di menarmi da lui. Vi andai; ma con me non volli Collins, perchè ubbriaco. Il governatore mi trattò molto cortesemente, mi mostrò la sua biblioteca, ch'era considerabilissima, e si trattenne qualche tempo con me, ragionando di libri e di autori. Era questo il secondo governatore che mi onorasse di sua attenzione, e per un povero ragazzo quale allora io mi era, queste avventure riuscivano assai gradevoli.

Arrivammo a Filadelfia. Io aveva riscosso, strada facendo, il denaro di Vernon, senza di che non saremmo stati in grado di compiere il nostro viaggio. Collins cercava di essere impiegato in una banca; ma l'alito suo e l'aspetto svelavano pur troppo la sua cattiva abitudine; così che, sebbene fosse munito di buone commendatizie, non potè mai trovar occupazione, e proseguì ad abitare e a mangiar in casa mia, a mie spese. Inoltre, sapendo che io aveva quelle sterline di Vernon, mi stimolava continuamente a dargliene in prestito, e prometteva restituirmele tosto che fosse stato impiegato; così mi levò di mano tanta parte di questo denaro, che dovetti infine vivamente angustiarmi, pensando a ciò che mi accadrebbe s'egli non me lo rimborsava. Il suo intemperante bevere non iscemava, e divenne una sorgente di alterchi tra noi, perchè lo rendeva spesso intrattabile.

Trovandoci un giorno in un battello sulla Delaware con alcuni altri giovani, egli ricusò di prendere alla sua volta il remo. — " Voi remigherete per me," ci disse, " fino a che siamo a terra." — " No," rispos'io, "noi non remeremo per te." — " Oh lo farete," riprese egli, " o resterete tutta notte sull'acqua." — "Suvvia, remiamo; " sclamarono gli altri, " che importa ch' egli ci aiuti o no? " — Ma io era già indignato della sua condotta per altri motivi, ed insistetti perchè non si remasse. Allora egli giurò che mi avrebbe fatto remare, o gettato fuori della barca; e rizzatosi sul banco, mi venne sopra e mi percosse; ma io sospingendolo gagliardamente, lo capovolsi nel fiume. Sapeva ch' egli nuotava benissimo, e quindi non temeva per la sua vita; avanti però che potesse rimettersi a galla, avemmo tempo di dare alcuni colpi di remo, e di allontanarci alquanto; e di poi ogni qual volta si accostava al battello e lo toccava, gli domandavamo se volesse vogare, e gli davamo co'remi sulle mani, per fargliele ritirare. La bile lo soffocava; nondimeno ostinatamente ricusavasi di promettere che vogherebbe. Ma infine, vedendo che cominciava a perdere le forze, lo ripescammo, ed alla sera lo conducemmo ancora tutto fradicio a casa.

Dopo quest'avventura, si visse tra lui e me nella

più grande freddezza; finchè un capitano delle Indie Occidentali, che aveva incarico di trovare un precettore pei figli di un proprietario della Barbada, fece la conoscenza di Collins e gli propose questo impiego. Egli accettò, e prese congedo da me, promettendo di farmi pagare ciò che mi doveva coi primi denari che avrebbe potuto avere; ma io non ho più inteso parlare di lui.

La violazione del deposito che mi era stato confidato da Vernon, fu un *erratum* dei più grandi della mia vita; e testifica, che mio padre non si era ingannato, quando mi aveva creduto troppo giovane per poter essermi affidata l'amministrazione di affari importanti. Ciò nulla ostante sir Guglielmo, leggendo la sua lettera, lo stimò soverchiamente circospetto; e disse che bisognava saper distinguere tra le persone, che non sempre gli anni maturi vanno accompagnati dalla prudenza, nè sempre la gioventù ne manca. Ed aggiunse: " Poichè vostro padre ricusa di contribuire al vostro collocamento, voglio io stesso pensarvi. Stendete una nota di tutti gli oggetti che per una stamperia fa d'uopo trarre dall'Inghilterra, ed io li farò venire. Voi mi rimborserete, quando potrete. Sono deciso di aver qui un buono stampatore, e son certo che tale voi sarete." Ciò mi disse il governatore con modi che parevano tanto cordiali, che non dubitai un momento della sincerità della sua offerta. Io finallora aveva serbato il segreto intorno a quel pensiero, e continuai a tacere; laddove se si fosse saputo che faceva assegnamento sul governatore, forse qualche amico, conoscendo meglio di me il suo carattere, mi avrebbe avvertito di non fidarmi; giacchè seppi di poi, com' egli passava generalmente per uomo largo di promesse, che non aveva intenzione alcuna di mantenere. Ma non avendolo io mai di nulla richesto, come poteva sospettare che le sue generose offerte fossero vuote parole? Io che lo credeva il migliore degli uomini!

Presentato che gli ebbi la nota di ciò che faceva

di mestieri per una piccola stamperia, ed il cui prezzo ascendeva, secondo il mio calcolo, a circa cento lire sterline, egli l'approvò; ma chiesemi se non sarebbe stato più conveniente che fossi andato in Inghilterra io stesso per iscegliere i caratteri ed accertarmi che tutti gli oggetti fossero della migliore qualità? — " Voi potreste inoltre," mi disse, " far ivi conoscenze, e procacciarvi corrispondenti tra librai e mercanti di carta." Risposi che ciò sarebbe stato molto utile infatti. — " Ebbene," egli ripigliò, " tenetevi pronto a partire sull'*Annis*." Era questo il solo vascello, che allora facesse ogni anno viaggi regolari fra Londra e Filadelfia; ma non doveva mettere alla vela che fra alcuni mesi; per la qual cosa continuai intanto a lavorare da Keimer, coll'animo angustiato per la somma che Collins m'aveva levato di mano, e punto da' rimorsi, pensando a Vernon. Ma questi fortunatamente non mi richiese il suo danaro che alcuni anni dopo.

Nella narrativa del primo viaggio da Boston a Filadelfia ho omesso, parmi, di riferire che durante una bonaccia, la quale ci arrestò al di là di Block Island, la ciurma del vascello si fece a pescare del merluzzo, e ne pigliò grandissima quantità. Io aveva infino allora perseverato nella mia risoluzione di non mangiar nulla di ciò che avesse avuto vita; e conformemente alle massime del mio maestro Tryon, riguardai quella pesca come una specie di assassinio, perpetrato senz'ombra di provocazione; giacchè nessuna di quelle povere bestie aveva mai fatto, nè avrebbe potuto fare offesa ad alcuno di noi, da giustificarne la strage. Questo mi sembrava un ragionamento molto logico; però io era stato per l'addietro molto ghiotto di pesce; e quando questo merluzzo fu portato dalla padella in tavola, mandava un odore che faceva gola. Esitai qualche poco tra i miei principii e l'appetito; ma da ultimo, sovvenendomi, che, quando quei pesci erano stati sparati, nel loro stomaco s'eran trovati parecchi pesciolini, dissi tra me: — O, se voi vi mangiate così l' un l'altro, io non vedo il perchè noi non vi mangeremo. — Laonde, messo da parte ogni scrupolo, me ne feci una scorpacciata, e continuai dopo d'allora a mangiare come gli altri, solo ritornando di tempo in tempo, così per vaghezza, alla dieta vegetale. Quanto riesce comodo il saper mostrarsi un *animal razionale*, che conosce o sa inventare un pretesto plausibile per tutto ciò che ha voglia di fare!

Seguitava intanto a viver amichevolmente con Keimer, che non aveva alcun sentore del mio disegno. Egli conservava in parte pur sempre quel suo ardore teologico; si dilettava di argomentare, e spesso disputavamo insieme; ma io era talmente accostumato al mio metodo socratico, e lo imbarazzava così di sovente colle mie domande (le quali dapprima sembravano estranee alla discussione, ma vi entravano poi gradatamente, e lo facevano cadere in difficoltà e contraddizioni, da cui non sapeva estricarsi), che infine si armò contro di me di una circospezione ridicola. Non osava più rispondere alle mie domande le più semplici, le più comuni, senza dirmi innanzi: " E che cosa poi pretenderete inferire da ciò? " Nulla meno prese un'idea così alta della mia dialettica, che seriamente mi propose di farmi suo collega nella fondazione di una nuova setta religiosa. Egli doveva propagare la dottrina predicando, ed io ne avrei confutato gli oppositori. Ma quando poi venne a spiegarsi meco intorno a' suoi dogmi, vi riconobbi assai stravaganze che non volli ammettere, a meno che non adottasse anch' egli alcune delle mie opinioni. Keimer portava lunga barba, avendo Mosè detto, non so ben dove, « tu non guasterai gli angoli della tua barba; » ed osservava pure il giorno di sabato; e questi due punti gli sembravano essenzialissimi. A me spiacevano e l'uno e l'altro, ma consentii di aderirvi, se Keimer voleva astenersi dal mangiare animali di qualsivoglia specie. — "Temo," diss' egli, "che il mio temperamento non possa resistervi;" — ma io lo assicurai, che anzi si sarebbe trovato assai meglio. Era egli per natura ghiottone, ed io voleva prendermi lo spasso di affamarlo. Si determinò a fare una prova di questa dieta, purchè io volessi astringermivi con lui, e l'osservammo per tre mesi. Una donna del vicinato ci preparava i cibi e ce li portava, avendole io data una lista di quaranta piatti, nella confezione de'quali non entrava nè carne nè pesce. Questo capriccio tanto più mi andava a genio, che vi si soddisfaceva con assai poca spesa; non costando quel nostro vitto, a testa, più di diciotto *pence*[1] alla settimana.

Dopo quest'epoca ho rigorosamente osservato alcune quaresime, e sono ritornato di sbalzo all'ordinario cibo, senza provarne il menomo incomodo; il che mi fa considerare siccome inutile il suggerimento, che di consueto si dà, di accostumarsi gradatamente a questi cambiamenti di vitto.

Io seguitava di buona voglia a nutrirmi di vegetabili, ma il povero Keimer ne soffriva non poco. Annoiato, struggevasi pensando alle pentole d'Egitto. Finalmente ordinò che gli si facesse arrostire un porcellino di latte, e m'invitò a quel desinare, con due donne di nostra conoscenza. Ma vedendo il piatto allestito un po'prima del nostro arrivo, non seppe resistere alla tentazione e se lo divorò da solo tutto quanto.

Nel tempo di cui sto parlando, io corteggiava un pochino miss Read; chè realmente la stimava e le era affezionato, e tutto m'induceva a credere ch'ella mi corrispondesse. Eravamo però molto giovani entrambi, avendo toccati appena i diciotto anni; e poichè io era in procinto d'intraprendere un lungo viaggio, sua madre credette che per allora non ci dovessimo impegnar troppo. Pensava, che se il nostro matrimonio doveva aver luogo, era meglio che avvenisse al mio ritorno, quando avrei avuto un negozio, come

___

[1] Una lira e 80 centesimi.

io teneva per certo: e forse anche dubitava che le mie speranze non avessero poi tutto quel fondamento _che io immaginava.

I maggiori amici miei erano in quel tempo Carlo Osborne, Giuseppe Watson, e Giacomo Ralph, tutti amanti dello studio. I due primi erano scritturali del signor Brogden, uno de' principali procuratori di Filadelfia; l'altro, ministro di un mercante. Watson era un giovane onesto, sensato e piissimo; gli altri piuttosto non curanti di religione, sovrattutto Ralph, di cui io stesso aveva contribuito a far vacillare la fede, come di Collins fatto aveva: ma sì l'uno che l'altro di poi me ne hanno rimeritato. Osborne era giudizioso, sincero ed ardente amico; ma piacevagli troppo sputar sentenze in cose di letteratura. Ralph era ingegnoso, sottile, pieno di sagacità, ed eloquente al sommo; non credo di aver mai udito un più grato parlatore. Tutti poi coltivavano le muse e si erano già provati con alcune brevi poesie.

Ogni domenica si aveva per costume di fare insieme noi quattro delle amene passeggiate sotto le piante, che ombreggiano il Schuylkill. Ivi si leggeva, e poi si ragionava di quanto erasi letto.

Ralph voleva darsi tutto alla poesia: confidava di potere diventar grande in quest'arte, e che un giorno le sarebbe stato debitore della sua fortuna; e sosteneva, che i maggiori poeti, ne' lor principii, avevano vacillato quanto lui. Osborne tentava dissuaderlo, spiattellandogli che non aveva genio poetico, e consigliandolo di applicarsi alla professione per la quale era stato tirato su. — "Nel commercio," gli diceva, "tu potrai, anche senza capitali, colla diligenza e la probità diventare agente, e col tempo quindi acquistare i mezzi di negoziare per tuo conto." — Io approvava il dire di Osborne, ma sosteneva eziandio, che ci era lecito divertirci talvolta a far versi, onde perfezionare il nostro stile. Laonde fu risoluto, che nella prossima nostra riunione ognuno di noi avrebbe recato qualche suo saggio di poesia. Il nostro fine in questo era solo di perfezionarci scambievolmente colle reciproche osservazioni, colle critiche, e colle correzioni; e come non miravamo che allo stile ed alla locuzione, si convenne di non inventare, ma prendere per soggetto una versione del decimottavo Salmo, nel quale è descritta la discesa della Divinità.

Quando fu vicino il giorno che dovevamo leggere i versi fatti, Ralph venne a dirmi, che la sua poesia era pronta; ma io dovetti confessare, ch'essendo stato molto occupato, e non avendo genio per tali esercizi, nulla aveva fatto. Mi mostrò questa sua produzione, e domandò che ne pensassi: mi parve molto bella, e ne feci grandissimo elogio; ma egli: — " Vedrai però che Osborne non confesserà mai che alcun mio scritto abbia merito; l'invidia che lo rode è quella che gli detta le sue critiche. Tuttavia di te non è geloso; per la qual cosa ti prego di prendere questi versi, e presentarli come tuoi; ed io dichiarerò di non aver avuto tempo di far nulla: vedremo allora che cosa saprà dire." — Acconsentii, e mi posi tosto a copiare lo scritto, onde evitare ogni sospetto.

Ci radunammo. L'opera di Watson fu letta per la prima: aveva molte bellezze, e non pochi difetti. Fu letta di poi la poesia di Osborne, e trovata assai migliore. Ralph gli rese giustizia; notandovi alcune taccherelle, ed applaudendo ai passi ch'erano eccellenti. Egli non aveva nulla a far vedere, e perciò veniva la mia volta. Mossi dapprima qualche difficoltà, finsi desiderare di essere dispensato, affermai di non aver avuto tempo di fare le correzioni che avrei voluto; ma nessuna scusa fu ammessa e bisognò produrre la poesia. Fu letta e riletta. Watson e Osborne le cedettero tosto la palma, e convennero nell'applaudirla; Ralph solo vi trovò delle pecche, e propose cambiamenti. Ma io difesi l'opera; Osborne si unì a me, e disse, che Ralph tanto s'intendeva di giudicar versi, quanto del farne.

Nel ritornare a casa, Osborne accompagnatosi con Watson, si espresse in modo ancora più energico in favore di quella che credeva mia opera; e affermò che si era alquanto rattenuto, per tema che io non prendessi i suoi elogi per adulazioni; soggiungendo anche: — " Ma chi avrebbe potuto credere che Franklin fosse stato capace di simili versi? Quale pittura! Quanta energia! Che fuoco! Egli ha superato l'originale. A sentirlo discorrere, si direbbe che non sappia trovare le parole: esita, è imbarazzato; e nulla di meno come ti scrive! "

Nella successiva nostra conferenza, Ralph palesò la burla che avevamo fatto ad Osborne; il quale ne fu canzonato per benino: ma quest'avventura confermò Ralph nella risoluzione, in cui era, di divenir poeta. Io nulla ommisi per dissuaderlo, ma egli vi perseverò; fino a tanto che, dopo alcuni anni, Pope trovò egli il modo di guarirnelo.[1] Scriveva però assai bene in prosa. Nel progresso di questa mia Vita altre volte mi accadrà di parlare di lui: ma siccome è verisimile che non abbia più occasione di menzionare gli altri due, così voglio dire in questo luogo, che pochi anni dopo Watson morì nelle mie braccia: egli fu grandemente compianto, perchè era il migliore di noi. Osborne portatosi alle Antille, vi acquistò grande riputazione di avvocato, e guadagnò molto, ma morì giovane. Ci eravamo seriamente promessi, Osborne ed io, che quegli che morrebbe il primo, ritornerebbe, se fosse stato possibile, a fare una visita amichevole all'altro, per dirgli come stessero le cose di là: ma non l'ho più riveduto.

Sembrava che io andassi molto a genio al governa-

---

[1] Questo Ralph essendo passato in Inghilterra, vi acquistò qualche grido come gazzettiere; e potè campare gli ultimi suoi anni con una pensione buscatasi dai Ministri che aveva così colla penna servito. Ma nè le sue poesie, nè i suoi drammi ebbero fortuna; ed avendo tentato in certi versi di mordere Pope, questi in una satira lo straziò per modo da cavargli affatto il ruzzo di misurarsi coi più forti.

tore, il quale m'invitava spesso da lui e non rifiniva
di parlarmi della sua intenzione di volermi procacciare
uno stabilimento, come di cosa risoluta. Mi prometteva
commendatizie per molti suoi amici, oltre alla lettera
di credito che mi abilitasse a riscuotere il denaro occorrente per l'acquisto di un torchio, di caratteri, di
carta, ec.; ma, dettomi parecchie volte che andassi a
prendere queste lettere, sempre quando io giungeva,
ne differiva la consegna ad altro dì.

Queste dilazioni si prolungarono fino a che il bastimento, di cui la partenza pure era stata molte volte
prorogata, fu sul punto di mettere alla vela. Allora mi
presentai di nuovo a sir Guglielmo per quelle benedette
lettere, e per congedarmi da lui. Ma non si lasciò vedere; il dottor Bard, suo segretario, mi disse che era
occupato a scrivere; che però si sarebbe recato a
Newcastle prima del bastimento, e che là mi avrebbe
dato il tutto.

Quantunque Ralph avesse moglie e un figlio, deli-
berò di accompagnarmi in questo viaggio. Il suo scopo
supposto era quello di procacciarsi corrispondenti in
Inghilterra, onde aver mercanzie da vendere per commissione; ma seppi di poi, che, mal contento dei parenti di sua moglie, si proponeva di lasciarla a loro
carico, e di non più ritornare in America.

Licenziatomi dagli amici e data alla signorina Read
e ricevutane promessa di fedeltà, lasciai Filadelfia. Il
bastimento gettò l'ancora a Newcastle: il governatore
vi era di già arrivato, ed io mi portai al suo albergo.
Ma il segretario, accoltomi con molta garbatezza, mi
disse, che non poteva in quel momento ricevermi, perchè occupato in affari della maggior importanza, e
che m'invierebbe le sue lettere a bordo; e intanto mi
augurava di cuore un buon viaggio, ed un pronto ritorno. Alquanto sorpreso di questo procedere, ma senza
sospetto ancora, ritornai alla nave.

CAPITOLO TERZO.

Franklin in compagnia di Ralph veleggia per Londra. — Al suo arrivo
   ricapita delle lettere credute del governatore. — Si avvede che
   Keith l' ha ingannato. — Non ha più quattrini. — Impiegato come
   tipografo da Palmer. — Scrive e stampa un trattato di metafisica. — Fa parte di un circolo col dottore Mandeville e con altri.
   — Si guasta con Ralph. — Passa alla tipografia di Watts. — Abitudini degli operai.— Spese giornaliere di Franklin. — Sue prodezze
   come nuotatore. — Si dà a nuove occupazioni col signor Denham.
   — Il signor Guglielmo Wyndham.

Andrea Hamilton, celebre avvocato di Filadelfia, doveva con suo figlio viaggiare in questo bastimento, e
insieme col quacquero Denham, e coi signori Onion e
Russel, proprietari di una fucina, ne aveva presa la
grande camera; cosicchè Ralph ed io fummo costretti
di stare coll' equipaggio. Sconosciuti entrambi, eravamo
considerati come gente da nulla. Ma il signor Hamilton
e suo figlio (Giacomo che fu di poi governatore) si
dovettero separare da noi a Newcastle; essendo il padre
chiamato, con promessa di ampia rimunerazione, a Filadelfia, per trattarvi la causa di un vascello stato
catturato; e nel mentre si stava per levar l'ancora, ci
venne a bordo il colonnello French, per pochi minuti,
e mi trattò assai gentilmente; così che da quel punto
i passeggieri ebbero per me qualche maggior riguardo,
e venni invitato col mio amico Ralph ad occupare nella
camera il posto, che i signori Hamilton avevano testè
lasciato vacante; il che accettammo con piacere.

Avendo io poi saputo che il colonnello aveva portato
al nostro capitano le lettere del governatore, domandai
di quelle che dovevano essere date a me. Mi rispose
il capitano che erano state poste tutte nel sacco e che
non poteva in quel momento aprirlo; ma che prima di
approdare alle coste d'Inghilterra me le avrebbe lasciate ritirare. Fui contento di questa risposta, e pro-
seguimmo il nostro viaggio.

Le persone alloggiate nella camera con noi erano tutte socievolissime; e ci trovammo inoltre assai ben forniti a vettovaglie, perchè c'erano restate anche tutte quelle del signor Hamilton, che ne aveva imbarcato una buona dose. Durante il viaggio il signor Denham strinse meco un'amicizia, che poi non ebbe fine se non colla sua vita; ma per ogni altro verso questo tragitto non fu molto piacevole, avendo avuto un pessimo tempo.

Quando entrammo nel canale della Manica, il capitano ricordatosi della sua promessa, mi permise di frugare nel sacco tra le lettere del governatore. Non ve ne trovai pur una, sotto l'indirizzo della quale fosse indicato ch'era affidata alle mie cure; tuttavia ne scelsi da sei o sette, che mi parvero quelle che mi dovevano riguardare; fra l'altre una per Basket, stampatore del Re, ed un'altra per un cartolaio.

Giungemmo a Londra il 24 dicembre del 1724; e mi portai innanzi tutto dal cartolaio, colla lettera che supponeva del governatore Keith. — " Io non lo conosco punto cotesto signore," mi disse egli; poi schiusa la lettera: — " Oh, è di Riddlesden," esclamò; " costui, come ho potuto finalmente avvedermi, è la schiuma dei ribaldi; e non voglio più aver a fare con lui, nè ricevere sue missive." — E restituitomi quel foglio, mi voltò le spalle, e si mise a servire alcuni avventori.

Rimasi molto sorpreso nel vedere che queste lettere non erano del governatore; e riflettendo allora alle sue dilazioni, e richiamandomene alla memoria tutte le circostanze, cominciai a dubitare della sua sincerità. Andato quindi a trovare il mio amico Denham, gli raccontai tutta la faccenda; ed egli mi pose al fatto del carattere di Keith, asserendo anche non essere per verun modo probabile, che egli avesse scritto una sola lettera in mio favore, e che tutti quelli che lo conoscevano non ponevano in lui alcuna fiducia. Il buon quacquero non potè trattenersi di ridere all'idea che il governatore mi avesse data una lettera di credito, egli screditatissimo;

poi scorgendomi non poco impensierito di quello che mi restasse a fare, mi consigliò di cercare lavoro nell'arte mia. — " Da questi tipografi," mi disse, " potrete molto perfezionarvi, e così impiegarvi poi con maggiore vantaggio al vostro ritorno in America."

Già per ·caso Denham ed io sapevamo, al pari del negoziante di carta, che il procuratore Riddlesden era un briccone. Egli aveva quasi mandato in rovina il padre della signorina Read, inducendolo a fargli sicurtà; e si venne altresì in cognizione, dalla lettura di quella sua lettera, che ora, d'accordo col governatore, ordiva un intrigo per nuocere al signor Hamilton, sul viaggio del quale aveva fatto assegnamento. Denham, che era amico di Hamilton, stimò conveniente che questi fosse avvertito della perfidia; così che non appena fu giunto in Inghilterra, lo che avvenne in breve, io mi portai a visitarlo, e mosso non meno da interessamento per lui che da dispetto contro il governatore, gli diedi lo scritto di Riddlesden; nel quale trovò un'informazione che gli era importantissima; e me ne fece molti ringraziamenti, e da quell'istante mi accordò la sua amicizia, la quale mi è stata spesse volte giovevole.

Ma che pensare di un governatore che fa uso di sì fatte gherminelle, e che inganna sì bruttamente un povero giovane senza esperienza? Era questo il suo costume: volendo piacere a tutti, ed avendo poco da dare, prodigava promesse. Pure non mancava d'ingegno, ed anche di senno a un bisogno; era scrittore pulito, e buon governatore per il popolo, quantunque non lo fosse sempre per i Proprietari suoi committenti,[1] le istruzioni de' quali egli talvolta non curava. Molte delle nostre migliori leggi furono emanate durante la sua amministrazione, e sono opera sua.

---

[1] Il governo della Pensilvania apparteneva ereditariamente ai membri, detti i Proprietari, della famiglia di Penn, fondatore della colonia. Nulladimeno era potere molto limitato, chè la colonia aveva libera rappresentanza.

Ralph ed io eravamo compagni inseparabili. Prendemmo insieme un alloggio in Little Britain, che ci costava tre scellini e mezzo alla settimana; e non potevamo spendere di più. Ralph trovò de' suoi parenti a Londra, ma erano poveri e inabili quindi a giovargli; e mi disse allora per la prima volta, che la sua intenzione era di rimanere in Inghilterra, e che non aveva mai pensato di ritornare a Filadelfia. Egli era assolutamente senza un soldo; i pochi che aveva portati con sè essendo stati appena sufficienti per pagare il suo tragitto. Quanto a me aveva tuttavia quindici pistole;[1] così che l'amico ricorreva di tratto in tratto alla mia borsa, e intanto cercava un impiego pur che fosse.

Credendosi fatto per l'arte del comico, pensò dapprima di darsi alla carriera teatrale; ma Wilkes,[2] a cui s'era indirizzato, gli consigliò francamente di rinunciare a questo pensiero, perchè vedeva impossibile che vi riuscisse. Propose di poi a Roberts, editore in Paternoster-Row, di scrivere per lui un foglio settimanale, sul fare dello *Spettatore:* ma le condizioni, che vi apponeva, non convennero a Roberts. Finalmente tentò di procacciarsi occupazione in qualità di copista; e ne andò cercando tra quei legali e librai ne' contorni del Temple, ma furono passi perduti.

Io invece fui subito impiegato da Palmer, ch'era in allora un riputato stampatore nel recinto di San Bartolomeo,[3] e presso il quale restai quasi un anno. Io lavorava assiduamente; ma spendeva con Ralph quasi ogni mio guadagno. Quando gli spettacoli e gli altri luoghi di sollazzo che frequentavamo insieme, ebbero dato fine alle mie pistole, fummo ridotti a vivere unicamente del provento di ogni giornata. Ralph aveva dimenticato moglie e figlio; e anch'io dimenticai a poco a poco i miei impegni con la signorina Read, alla quale

---

[1] Monete spagnuole.
[2] Era un commediante rinomato.
[3] Bartholomew-Close.

non scrissi che una sola lettera, ed anche per dirle, che verisimilmente non sarei stato sì presto di ritorno a Filadelfia. Fu questo un altro grande *erratum* della mia vita, e che bramerei di correggere, se dovessi ricominciarla. Diffatti, con tutto quel nostro spendere, io non era mai in grado di poter pagarmi l'imbarco pel ritorno.

Io attendeva da Palmer alla composizione della seconda edizione della *Religione naturale di Wollaston.*[1] Alcuni ragionamenti di quest'opera non mi parvero molto solidi, e mi venne in pensiero di scrivere un trattatello di metafisica per confutarli; e questo fu un opuscolo intitolato: *Dissertazione sulla Libertà e sulla Necessità, sul Piacere e sul Dolore.* Lo dedicai al mio amico Ralph, e ne stampai un piccol numero d'esemplari. D'allora in poi Palmer m'ebbe in maggiore stima, considerandomi giovane di qualche ingegno; ma mi fece serii rimproveri per le massime di quell'opuscolo, che giudicava abbominevoli. La pubblicazione di questo libricciattolo fu un altro *erratum* della mia vita.

Mentre alloggiava in Little Britain, feci conoscenza col libraio Wilcox, la bottega del quale era attigua alla mia porta. I gabinetti di lettura non erano per anco in uso, e Wilcox aveva una quantità di libri usati, di ogni specie; per la qual cosa tra noi si convenne, che mediante un prezzo ragionevole, di cui più non mi ricordo, io avrei potuto prendere fra quei libri quelli che mi piacessero, ma per restituirli dopo averli letti. Questo contratto io lo considerai vantaggiosissimo per me, e ne trassi il maggior profitto.

Il mio opuscolo venuto alle mani di un chirurgo, di nome Lyons, autore di un libro intitolato *L'Infallibilità del giudicio umano,* fu occasione che ci conoscessimo. Lyons mostrava di avermi in molta stima, e veniva spesso a trovarmi per conversare intorno ad argomenti

---

[1] È un saggio di teologia naturale, che vorrebbe mostrare l'accordo del Cristianesimo e della Ragione.

di metafisica; e mi fece conoscere il dottor Mandeville, autore della *Favola delle Api*, il quale aveva formato in una birreria di Cheapside un circolo, di cui era l'anima. Questo dottore era un uomo faceto e piacevolissimo. Lyons mi presentò pure nel caffè Baston al dottor Pemberton,[1] il quale promise di procurarmi l'occasione di vedere sir Isacco Newton, da me molto desiderata; ma ciò non accadde mai.

Io aveva portato dall'America alcuni oggetti singolari, di cui era il principale una borsa d'asbesto,[2] che dal fuoco è purificato, ma non arso. Sir Hans Sloane, avendone inteso parlare, venne a trovarmi, e m'invitò ad andare da lui in Bloomsbury Square; e dopo avermi colà mostrato tutto ciò che il suo gabinetto conteneva di più curioso, mi pregò di unirvi quella mia borsa di asbesto, e me la pagò generosamente.[3]

Abitava nella nostra casa una giovane modista, che aveva bottega nei *Cloisters* (in vicinanza della Borsa). Vivace e spiritosa, ed anche, pel suo stato, gentilmente educata, la sua conversazione era gradevolissima. Alla sera Ralph le soleva leggere commedie, e così a poco a poco nacque tra loro grande intrinsichezza; di modo che, avendo essa cambiato abitazione, l'amico la seguì. Stettero alcun tempo insieme; ma Ralph era senza impiego, ella aveva un figlio, e i guadagni della sua bottega non bastavano per la sussistenza di tutti e tre. Ralph prese allora la risoluzione di lasciar Londra, e di provarsi a tenere una scuola di campagna. Egli credeva di poterlo benissimo fare, perchè aveva una bella mano di scritto, ed era assai pratico di aritmetica e di tutto quanto riguarda il far di conto. Ma considerando questa

---

[1] Il dottore Pemberton scrisse una *Esposizione della filosofia di sir Isacco Newton*, e un trattato di chimica. Era membro della Società Reale.

[2] L'asbesto è una sostanza della natura dell'amianto, e i suoi fili non sono meno flessibili.

[3] Franklin si scorda che nel 1725 scrisse egli medesimo al signor Hans Sloane, offrendo di vendergli la borsa incombustibile. Ciò si rileva da una sua lettera, pubblicata dopo la sua morte.

occupazione come troppo inferiore al suo merito; e confidando che un giorno avrebbe potuto fare ben altra figura, ed allora gli sarebbe dispiaciuto si venisse a sapere che aveva esercitato sì umile professione; mutò nome, e mi fe l'onore di prendere il mio. Lo venni a sapere poco appresso, che mi scrisse informandomi di essersi stabilito in un piccolo villaggio (mi pare che fosse nel Berkshire, ove insegnava leggere e scrivere a dieci o dodici ragazzi per sessanta centesimi a testa la settimana) e raccomandando alle mie cure la sua modista; ed io doveva rispondergli, indirizzando la lettera « Al signor Franklin, maestro di scuola nel tal villaggio. »

Continuò a scrivermi di frequente, e mi mandava insieme lunghi brani di un poema epico che voleva comporre, pregandomi a dirgliene il mio giudizio e a correggerlo. Io faceva quanto desiderava, ma non senza cercare di persuaderlo a rinunciare a questo genere di lavoro. Young aveva appunto allora pubblicata una delle sue Satire; ed io ne copiai un lungo tratto e lo mandai a Ralph, perchè tràttavasi di un passo, in cui l'autore dimostra la follia di chi vuol coltivare le muse nella speranza di far fortuna. Tutto questo però fu in vano; e i fogli del poema continuarono a giungermi ad ogni corriere.

Intanto l'amica di Ralph avendo negletto, per causa di lui, e i suoi amici ed il suo commercio, trovavasi spesso in bisogno e ricorreva a me; ed io le prestava quanto poteva; ma grado grado mi sentii molto allettato dalla sua compagnia; e non essendo rattenuto in quel tempo da alcun freno religioso, volli abusare del vantaggio che sembrava darmi la sua situazione, e osai (fu questo un altro degli *errata* della mia vita), osai tentarla; ma ne fui ributtato con giusta indegnazione. La donna offesa informò Ralph del mio contegno, e quest'affare cagionò una rottura tra lui e me; di modo che quand'egli tornò a Londra, mi fece comprendere, che considerava tutte le sue obbligazioni verso di me annientate da questo mio procedere; dal che concliusi, ch'io non doveva più sperare il rimborso del denaro che aveva per lui anticipato, o che aveva prestato a lui medesimo. Della qual cosa peraltro fui poco afflitto, in quanto che egli era del tutto impotente a pagarmi; e perdendo la sua amicizia, io mi trovava ad un tempo anche sollevato da un peso.

Pensai allora a mettere un' po' di denaro in serbo. La stamperia di Watts, vicina a Lincoln's Inn Fields, essendo più ragguardevole di quella in cui mi trovava, stimai che potesse offrirmi più lucrosa occupazione. Mi vi presentai dunque; fui ricevuto, e vi rimasi per tutto il tempo del mio soggiorno a Londra.

Al mio ingresso in questa stamperia cominciai a lavorare al torchio, perchè credetti di aver bisogno dell'esercizio corporale al quale era stato costumato in America, ove gli stampatori si occupano alternativamente come compositori e come torcolieri.

Mia sola bibita era l'acqua; gli altri operai, in numero di cinquanta circa, erano tutti gran bevitori di birra; ma io portava spesso, salendo e discendendo le scale, una gran forma di caratteri in ogni mano, mentre essi avevano bisogno delle due mani per portarne una sola. Erano perciò maravigliati vedendo, e da questo fatto e da molti altri, che *l'Americano acquatico*, come canzonando mi chiamavano, era più *forte* di quelli che bevevano birra *forte*. Noi avevamo un garzone birraio che di continuo stava nella stamperia per servirne gli operai. Il mio compagno di torchio beveva tutte le mattine prima di colazione una bottiglia di birra, un'altra facendo colazione con pane e formaggio, una tra la colazione e il pranzo, una a pranzo, una verso le ore sei della sera, ed una ancora dopo che aveva terminata la sua giornata. Quest' abitudine mi sembrava pessima; ma egli asseriva che senza quella birra in corpo non avrebbe avuto forza sufficiente per lavorare.

Cercai di convincerlo, che la forza fisica procurata dalla birra non poteva essere che in proporzione della quantità della farina d'orzo che contiene; assicurandolo che vi era maggior farina in una pagnotta di un soldo, che in una pinta di birra; e che perciò, s'egli avesse mangiato questa pagnotta e bevuto una pinta d'acqua, ne avrebbe acquistata maggior forza che da una pinta di birra. Questo ragionamento per altro non valse a rimuoverlo dal bere la consueta sua birra; e così doveva pagare ogni sabato sera quattro o cinque scellini del suo salario per questa bibita che istupidisce; della qual spesa io era del tutto esente. Egli è per tal guisa che questi poveri diavoli rimangono perpetuamente in uno stato di bisogno e di dipendenza.

In capo ad alcune settimane, Watts avendo avuto bisogno di mettermi alla composizione, lasciai il torchio; e gli operai compositori mi domandarono di nuovo l'entratura, ossia cinque scellini per bere; ma io considerai questa una soperchieria, atteso che l'aveva di già pagato prima ai torcolieri. Il padrone fu del mio parere, e mi consigliò a tener fermo e non dar nulla. Restai dunque due o tre settimane sul niego, ma era come uno scomunicato; e, quando mi allontanava, non vi era spregio che non mi facessero. Al mio ritorno io trovava i miei caratteri confusi, le pagine trasposte, ed altri simili guasti, e di tutto ciò era incolpato il folletto che frequentava la *Capella*,[1] e tormentava, mi si diceva, coloro che non erano regolarmente ammessi. Infine, malgrado la protezione del padrone, mi vidi costretto di sottomettermi a pagare una seconda volta; convinto che è follia di non tenersi in buoni termini colle persone tra le quali si ha da vivere.

Dopo ciò mi trovava contento de' miei colleghi, e in breve acquistai su di essi un grande ascendente.

---

[1] *Capella* è il nome che gli operai inglesi danno alla stamperia; derivato, pare, dall'essersi primieramente in Inghilterra stampato in un antico oratorio.

Proposi loro alcune ragionevoli modificazioni alle leggi della *Capella*, che accettarono senza difficoltà. Il mio esempio inoltre determinò parecchi a smettere la pessima abitudine di far colazione con pane, formaggio e birra; e fecero venire, come io usava, da una casa vicina un buon piatto di polenta d'orzo spruzzata di pepe, con entro un pezzetto di butirro e alquanto di pane arrostito. Era questa una colazione assai migliore, che costava tutt' al più il valore di una pinta di birra, e che non annebbiava le idee. Quelli che continuavano ad abbrutirsi colla birra, perdevano spesso il credito alla birreria, per impotenza a pagare; ed erano allora costretti di ricorrere a me, che loro prestassi; giacchè, come nel loro gergo dicevano, « il loro lumicino era spento. » Io stava ogni sabato sera al banco ove si pagava il lavoro della settimana, e riprendeva le piccole somme, di cui li aveva accomodati. Queste ammontavano talvolta a una trentina di scellini.

I servizi che rendeva, e il nome che mi era fatto di essere un buon motteggiatore, mi davano qualche importanza nella *Capella*. Aveva inoltre acquistata la stima del padrone, attendendo con assiduità al lavoro e non venerando mai il santo lunedì; la prestezza straordinaria, colla quale io componeva, faceva sì, che mi venissero sempre date le opere di maggiore urgenza, che sono comunemente le meglio pagate. Laonde io me la passava gradevolmente.

La mia abitazione in Little Britain essendo troppo lontana dalla stamperia, fu da me lasciata per un'altra in Duke-street, rimpetto alla chiesa cattolica romana e vicina ad un fondaco italiano. Era la nuova casa dove entravo occupata da una vedova, che aveva una figlia, una serva, ed un giovane di bottega; ma quest'ultimo non dormiva in casa. Dopo di aver fatto prendere informazioni sul mio conto in Little Britain, la vedova acconsentì di ricevermi allo stesso prezzo de' miei primi ospiti, ossia a tre scellini e mezzo per settimana; e si accontentava di così poco, diceva essa, perchè non vi essendo in casa sua che donne, sarebbero più sicure quando vi abitasse anche un uomo.

Questa donna, già attempatella, era figlia di un ministro protestante, che l'aveva allevata nella propria religione; ma suo marito, di cui rispettava grandemente la memoria, l'aveva convertita alla fede cattolica. Essa era vissuta nell'intima società di persone ragguardevoli, e ne sapeva molti aneddoti, che risalivano fino ai tempi di Carlo II. Essendo soggetta ad insulti di gotta, che l'astringevano a stare spesso in camera, le piaceva talora di aver intorno compagnia; e la sua era così dilettevole per me, che mi era caro il passare la sera da lei, ogni qualvolta lo desiderava. La cena che allora c'imbandiva non consisteva che in una mezza acciuga a testa, sopra un pezzo di pane con burro, ed una mezza pinta di *ale* per tutti noi. Ma il condimento stava nella sua conversazione.

Siccome io mi ritirava per tempo e non cagionava alcun disturbo alla famiglia, la vedova avrebbe mal volontieri sofferta la nostra separazione; e perciò, allor quando le parlai di un'altra abitazione da me trovata più vicino alla stamperia, e per due scellini alla settimana, ciò che si accordava colla mia intenzione di far risparmii; essa m'indusse a rinunciarvi, concedendomi perciò una diminuzione di due scellini. Proseguii quindi ad abitare in casa sua, pagando soltanto uno scellino e mezzo per settimana, durante tutta la mia dimora in Londra.

In una soffitta della casa viveva ritiratissima una vecchia nubile, di settant'anni; la storia della quale mi fu narrata dalla mia padrona di casa. Era cattolica romana: nella sua gioventù era stata mandata sul continente, ed era entrata in un convento per farsi monaca; ma non confacendosi quel clima alla sua salute, fu obbligata di ripassare in Inghilterra; ove, sebbene non vi fosser conventi, fece voto di condurre vita monastica, nel più rigido modo che le circostanze le permettessero. A tal fine si spogliò de' suoi averi per farne opere di carità, non riservandosi che una rendita annua di dodici lire sterline;[1] della quale pure dava una porzione ai poveri. Non mangiava che polenta d'orzo cotta nell'acqua, e non faceva mai fuoco, se non per cuocere questo cibo. Già da molti anni viveva in quella stanzuccia, ove i principali pigionanti cattolici, che avevano occupata la casa, l'avevano sempre alloggiata gratuitamente, riguardando la sua vicinanza come una benedizione del cielo. Un prete veniva a confessarla ogni giorno. " Mi venne curiosità di domandarle," dissemi la mia padrona di casa, " come facesse, colla vita che menava, a dar tanto da fare a un confessore; e mi rispose essere impossibile di fuggire *i vani pensieri*."

Ottenni io pure una volta il permesso di farle visita. La trovai cortese, di buon umore e piacevole nel conversare. Il suo stambugio era decente, ma tutte le suppellettili consistevano in un materasso, una tavola, su cui erano un crocifisso ed un libro, e uno sgabello, sul quale mi fece sedere. Sul camino era un quadro di santa Veronica in atto di spiegare il sudario, su cui si vedeva l'impronta della faccia sanguinosa di Cristo; miracolo che mi fu da lei narrato colla maggior serietà. Il volto di lei era pallido, ma non era stata mai ammalata, e posso citarla come un'altra prova di quanto poco abbisogni per mantenere la vita e la salute.

Alla stamperia strinsi amicizia con un valente giovane, un tale Wygate, che, essendo nato da parenti ricchi, aveva ricevuto migliore educazione di quella della maggior parte degli altri stampatori. Sapeva discretamente bene il latino, parlava con facilità il francese, e amava molto la lettura; ed io gl'insegnai a nuotare, come pure ad uno de' suoi amici, tuffandomi nell'acqua due sole volte con essi. Non ebbero dopo d'allora più bisogno

---

[1] Lire 300.

di lezioni. Questi due mi presentarono a certi signori campagnuoli, che andavano per acqua a Chelsea a visitarvi il collegio e la collezione di curiosità di don Saltero, e che ci vollero in compagnia. Nel ritorno, cedendo alle istanze dei detti signori, di cui Wygate aveva mossa la curiosità, io mi spogliai, e mi lanciai nel Tamigi, nuotando da Chelsea fino al ponte di Blackfryar; e feci in questo tragitto parecchi giuochi di agilità, sia alla superficie dell'acqua, sia sommergendomi; ciò che sorprese e dilettò quelli che li vedèvano per la prima volta. Da' miei anni più giovanili io aveva amato molto questo esercizio; conosceva e poteva eseguire tutte le evoluzioni e le posizioni di Thevenot, e ne aveva io stesso inventato delle altre, sempre studiandomi di accoppiare l'utilità e la grazia;[1] e non ommisi di farle vedere tutte in questa occasione, sommamente compiacendomi dell'ammirazione che destavano.

Indipendentemente dalla brama che aveva Wygate di perfezionarsi nell'arte del nuoto, mi era egli affezionatissimo per una grande conformità nelle nostre voglie e nei nostri studi. Mi propose che facessimo insieme il giro dell'Europa, vivendo col lavoro della nostra professione; ed io avrei voluto acconsentirvi; ma datane parte al quacquero Denham, col quale amava di passare un'ora ogni qualvolta lo poteva, questi m'indusse a non farne nulla, e mi consigliò di pensare invece a far ritorno a Filadelfia; ciò che proponevasi di effettuare in breve egli stesso.

Giova che io riferisca in questo luogo un tratto del carattere di quest'ottimo uomo. Egli avea altre volte negoziato a Bristol; ma costretto a fallire, si accomodò co' suoi creditori e partì per l'America, ove col lavoro e la prudenza mise insieme in pochi anni una fortuna considerevole. Ripassò allora in Inghilterra, sul vascello ove io pure m'era imbarcato, come narrai di

---

[1] Franklin scrisse due trattati sull'arte del nuoto.

sopra; quivi giunto, invitò tutti i suoi creditori a un banchetto. Allorchè questi furono raunati, li ringraziò dell'arrendevolezza colla quale nella sua disgrazia avevano acconsentito ad un accomodamento per lui favorevole; e mentre non s'aspettavano nulla di più che un pranzo, ognuno ritrovò sotto il suo piatto, quando fu prima rimosso, un mandato di pagamento sopra un banchiere, pel resto del suo credito coi rispettivi interessi.

Il signor Denham mi disse, che aveva fatto disegno di trasportare a Filadelfia molte mercanzie, e aprirvi un magazzino; e mi propose di andarne con lui come suo ministro, per aver cura del magazzino, copiar lettere, e tenere i libri, intorno a che si incaricava di ammaestrarmi; promettendo che non appena avrei avuto pratica sufficiente delle cose del commercio, mi promuoverebbe, inviandomi con un carico di grani e di farine alle Isole dell'America, e procacciandomi altre commissioni lucrose: di modo che con saviezza ed economia, avrei potuto mettermi in grado poi d'intraprendere utili negozi per mio proprio conto.

Queste sue proposte mi piacquero. Londra cominciava a diventarmi noiosa; mi ritornavano alla memoria i bei giorni di Filadelfia, e desiderai vederli rinnovarsi; laonde m'impegnai col signor Denham, mediante lo stipendio di cinquanta lire sterline all'anno. A dir vero, quella somma era inferiore a quanto io guadagnava come compositore di stamperia: ma d'altra parte mi si offriva una più bella prospettiva.

Lasciai dunque lo stato di stampatore, credendo ch'esser dovesse per sempre; e datomi alle nuove mie occupazioni, passava il tempo ora ad accompagnare il signor Denham di magazzino in magazzino per far acquisto di mercanzie, ora a farle imballare, ed a sorvegliare i facchini. Allorchè tutto fu a bordo, ebbi alcuni giorni di ozio. In uno di questi, con mia sorpresa, fui mandato a chiamare da un gran signore che non conosceva se non di nome, sir Guglielmo Wyndham. Mi recai alla chiamata,

e seppi ch'egli aveva inteso parlare di quel mio nuotare
tra Chelsea e Blackfriar, e gli era stato detto, che io
aveva insegnato in poche ore l'arte del nuoto a Wygate
e ad un altro giovane. Ora, i suoi due figli erano sul punto
d'intraprendere un viaggio per l'Europa, ed egli desiderava che sapessero nuotare prima della partenza; e mi
offrì una larga mercede, se io voleva in ciò ammaestrarli.
Ma i giovani non erano ancora a Londra, e il tempo
del soggiorno che io stesso doveva ancor farvi era incerto; quindi non potei accettare la sua proposizione.
Pensai per altro dopo questo, che se avessi voluto rimanere nella capitale dell'Inghilterra ed aprirvi una
scuola di nuoto, forse avrei potuto guadagnar molto.
Quest'idea mi colpì anzi talmente, che se l'offerta di
sir Guglielmo Wyndham mi fosse stata fatta prima, avrei
rinunciato per qualche tempo ancora al pensiero di ritornare in America.

Alcuni anni dopo, abbiamo avuto, mio caro figlio,
sì l'uno che l'altro di noi, affari più importanti da
trattare con uno dei figliuoli di questo sir Guglielmo
Wyndham, divenuto conte di Egremont. Ma di questo
si parlerà a suo luogo.

Fu così ch'io passai diciotto mesi circa a Londra,
lavorando quasi senza intermissione del mio mestiere,
e non facendo per me altra spesa straordinaria, che
quella di andare talvolta alla commedia e di comperare
qualche libro. Ma l'amico mio Ralph non mi aveva
lasciato uscire di povertà; mi doveva circa ventisette
lire sterline, che oggimai considerava perdute, e che,
sottratte a' miei piccioli risparmi, sembravanmi una
somma ragguardevole. Nulladimeno io nutrii sempre
affetto per quell'amico, che aveva molte amabili qualità.
Se non aveva dunque per nulla migliorata la mia fortuna,
aveva arricchito la mente di utili cognizioni, e pei molti
eccellenti libri che aveva letto, e per la conversazione
degli uomini culti, coi quali aveva stretto amicizia.

Capitolo Quarto.

Viaggio da Londra a Filadelfia. — Disegni di Franklin resi vani dalla morte di Denham. — Keimer gli offre la direzione della sua stamperia. — Ritratto degli operai di questa stamperia. — Franklin si divide da Keimer e pensa di lavorare per proprio conto. — È richiamato da Keimer. — Incide i rami per i biglietti di banca della New Jersey, e ne eseguisce la stampa. — Sue opinioni religiose. — Notizia del suo opuscolo di Londra. — Franklin si associa con un amico per fondare una nuova tipografia.

Salpammo da Gravesend il ventitrè di luglio 1726. Nulla dirò delle avventure di questo viaggio, che potrai leggere nel mio giornale ove sono minutamente descritte. La parte forse di maggior rilievo di codesto giornale è un disegno[1] da me formato, per il futuro governo della mia vita; il quale è degno di considerazione per averlo io tracciato in età così giovane, e potuto seguire in ogni tempo, fino alla vecchiaia.

Approdammo a Filadelfia l'undici ottobre dello stesso anno; e vi trovai parecchi mutamenti. Keith non era più governatore della Pensilvania, e gli era succeduto

---

[1] Questo disegno non fu trovato nel manoscritto qui additato; e il signor Parton crede averlo scoperto in un foglio di scrittura di Franklin, così concepito:

« Quelli che scrivono dell'arte poetica, dicono che per far cosa degna d'esser letta, è duopo sempre formarsi un disegno ben ordinato della cosa, prima di mettervi mano; senza di che si arrischia di cadere in confusione. Io credo che la stessa necessità incontri nel governo della vita, giacchè non avendo io mai predisposte regolarmente le azioni della mia, non fu che un seguito di confusioni. Ma ora voglio cominciare una vita nuova; quindi voglio determinare e tracciare la via da seguire, per vivere d'ora innanzi come un essere ragionevole:

» I. È indispensabile che io osservi la più grande frugalità, finchè non ho pagato ogni mio debito.

» II. Dire sempre, in ogni occasione, il vero, non alimentare in altri delle speranze che non si possono adempire, essere sincero in parole e in fatti; sono le più belle doti di un essere ragionevole.

» III. Voglio propormi di dare ogni attenzione a quanto intraprendo; di non lasciarmi distrarre mai da propositi insensati di arricchire in un momento; la fatica e la pazienza sono le fonti più sicure dell'abbondanza.

» IV. M'obbligo a non dir male di nessuno, per quanto possa meritarlo; mi sforzerò piuttosto di scusare i difetti che si scoprissero in altri; e a un bisogno dirò di uno tutto il bene che ne conosco. »

il maggiore Gordon. Lo incontrai in istrada, che passeggiava da semplice privato; e m'accorsi che, vedutomi, provava confusione, ma passò oltre senza dirmi nulla.

Io pure avrei dovuto sentirmi così confondere nel rivedere la signorina Read, se la sua famiglia, disperando con ragione del mio ritorno dopo quella lettera da me scrittale, non l'avesse consigliata di rinunciare a me, e di sposare uno stovigliaio, chiamato Rogers; al che aveva acconsentito. Ma questo Rogers non la rese felice; e in breve ella si dovette separare da lui, rinunciando anche al di lui nome, perchè era voce comune che avesse un'altra moglie. L'abilità di quest'uomo nella professione che esercitava, aveva sedotto i genitori di miss Read; ma egli era cattivo soggetto, quanto eccellente operaio. Contrasse molti debiti, e nel 1727 o 1728 fuggì alle Antille, dove finì la vita. In quanto a Keimer aveva preso un miglior locale, ove teneva un negozio ben fornito di carta e di vari altri oggetti. Si era procurato anche nuovi caratteri e aveva un buon numero di operai; tutti per altro assai mediocri. Pareva che non mancasse di lavoro.

Il signor Denham prese a pigione un magazzino in Water-street,[1] ove si posero in mostra le nostre mercanzie. Io mi dedicai a queste faccende con solerzia, studiai meglio il far di conti, e in poco tempo divenni un abile trafficante. Alloggiava e mangiava in casa del mio principale, che mi trattava da padre; e dal canto mio lo rispettava e l'amava moltissimo; di modo che quel mio stato poteva dirsi felice, ma non fu di lunga durata. Nel principio del mese di febbraio 1727, che io entrava nel ventesimo secondo anno di mia età, ambidue, il signor Denham ed io, infermammo. Il mio male fu una pleurisia, che quasi mi mandò a Patrasso: molto mi fece penare, e, rassegnato, mi dava per perduto; così che ebbi quasi dispetto quando mi sentii riavere;

---

[1] È questa la strada più vicina al porto, e la più commerciante di Filadelfia.

pensando che un giorno o l'altro avrei pur dovuto rifare tutta quella incomodissima operazione.

Più non ricordo quale sia stata la malattia del signor Denham, ma so che fu lunga, e infine dovette soccombervi. Mi lasciò nel suo testamento un piccolo legato in segno d'amicizia; e mi trovai di nuovo abbandonato a me stesso in questo vasto mondo, perchè, postisi gli esecutori testamentari alla testa del negozio, io venni congedato.

Mio cognato Holmes, che trovavasi allora a Filadelfia, mi consigliò di ripigliare il mio primo stato; e Keimer mi propose un ragguardevole stipendio, se voleva incaricarmi di dirigere la sua stamperia, acciocchè egli potesse occuparsi personalmente del solo magazzino. Ma la moglie di lui, e i parenti di questa, che soggiornavano a Londra, ove li conobbi, mi avevano dato una poco buona idea del suo carattere; ond'io mal volentieri mi sarei legato di nuovo con lui. Cercai piuttosto d'impiegarmi un'altra volta presso qualche mercante; ma non potendo facilmente riuscirvi, mi fu forza arrendermi a quelle proposizioni.

Trovai presso Keimer questi lavoranti: Ugo Meredith, un pensilvano, dell'età di circa trent'anni, che aveva passato la gioventù da campagnuolo. Era onesto, giudizioso, non senza qualche esperienza, ed amava la lettura; ma anche troppo il bere. Stefano Potts, un giovane campagnuolo questo pure, dotato di qualità non comuni, di molto intendimento, e di umore allegro; ma per altro un po' infingardo. Keimer aveva fissato questi due operai a bassissimo prezzo; colla promessa dell'aumento ad ogni trimestre di uno scellino per settimana, purchè se lo sapessero meritare col loro progredire nell'arte. Questa speranza era stata l'esca che li aveva sedotti: Meredith doveva attendere al torchio, Potts a rilegar libri; e il padrone aveva promesso di ammaestrarneli: quantunque, a dir vero, neppur lui conoscesse questi mestieri.

V' era altresì in quella stamperia Giovanni ***, un rozzo irlandese, che non aveva ancora fatta alcun' arte, e di cui Keimer si era procacciato il servizio per quattro anni, comperandolo dal capitano di vascello che lo aveva portato in America, a patto di così pagarsi del di lui tragitto. Anche questo irlandese doveva essere torcoliere.

V' era Giorgio Webb, uno scolare di Oxford, che Keimer aveva per simil modo comperato per quattro anni, e che destinava ad essere compositore. Parlerò fra poco nuovamente di lui.

Finalmente David Harry, giovane contadino, in qualità di apprendista.

Non indugiai ad accorgermi che Keimer mi aveva fissato ad un salario molto maggiore di quello ch'egli era solito dare, solo perchè gli ammaestrassi tutti questi operai affatto ignari; i quali non costandogli quasi nulla, ed essendo con lui obbligati mediante contratto, avrèbbero potuto di poi metterlo in istato di far senza di me. Ciò nullameno volli esser fedele al nostro accordo: la stamperia era nella maggior confusione; io la misi in ordine, e ridussi a poco a poco gli operai a badare al loro dovere, e a farlo sufficientemente bene.

Era cosa in vero singolarissima il vedere uno scolaro di Oxford ridotto a servire pel pagamento del suo viaggio. Egli toccava appena i diciotto anni, e della sua vita mi narrò questo: nato a Gloucester, era stato educato in un collegio; ed erasi segnalato tra' suoi compagni pel modo non comune col quale recitava nelle commedie che si facevan loro rappresentare. Era membro di una società letteraria del suo paese; e molti versi e parecchie prose da lui composte erano state pubblicate in quei giornali. Di là fu inviato a Oxford, dove rimase un anno circa, ma senza esserne contento; poichè non altro desiderava che di vedere Londra, e farsi commediante. Da ultimo avendo ricevuto quindici ghinee, suo assegno trimestrale, in luogo di pagare i

suoi debiti fuggì di collegio, nascose la veste di scolaro
in una siepe, e si avviò pedestre alla capitale. Quivi,
senza un amico che sapesse dirigerlo, fece cattive conoscenze; spese in men che si dice le sue ghinee, non
trovò modo di farsi presentare ai commedianti, mise le
sue robe in pegno, e mancò di pane. Così ridotto, un
giorno che vagava affamato per le vie, non sapendo
che si fare, gli fu messo tra le mani un invito stampato, col quale si offriva un buon pasto subito e una
ricognizione in danaro a coloro che volevano prender
servizio in America. Ciò letto, senz'altro egli si portò
al luogo indicato nel foglio, s'ingaggiò, fu messo a bordo
di un vascello e condotto a Filadelfia; nè in seguito
mai si curò di scrivere una riga a'suoi per informarli
della sua sorte. Era un piacevole compagno, vivace,
spiritoso, di buon naturale; ma indolente, spensierato,
e imprudentissimo.

L'irlandese Giovanni tra non molto se ne fuggì
via; ed io viveva assai gradevolmente cogli altri; i
quali mi portavano rispetto, poichè vedevano essere
Keimer incapace di ammaestrarli, e che da me impa-
ravano ogni dì qualche cosa. Non si lavorava mai il
sabato, perchè era il giorno domenicale di Keimer; e
però io aveva ogni settimana due giorni da consacrare
alla lettura.

Feci nuove conoscenze tra i cittadini istruiti. Keimer
stesso mi trattava con molta civiltà, e con apparente
stima; e nessuna cosa mi dava inquietudine, fuorchè il
credito di Vernon, ch'io non era per anco in grado di
pagare, non avendo ancora imparato ad essere buon
economo. Egli però fu tanto cortese, da differire lungamente a ridomandarmi la somma.

La nostra stamperia difettava spesso di caratteri,
nè vi era in America chi li sapesse fondere. Io aveva
bene veduto quest'arte da James a Londra, ma senza
farvi molta attenzione; tuttavia mi ci volli provare.
Le lettere, che avevamo, mi servirono di punzoni; e

fatte le matrici, gettai alla meglio i miei nuovi caratteri, provvedendo per tal modo sufficientemente ai
nostri più pressanti bisogni.

Incideva pure, occorrendo, vari fregi, faceva inchiostro, badava al magazzino; era in somma il *factotum*
della casa. Ma per quanto utile mi rendessi, mi ac-
corgeva ogni dì più, che di mano in mano che gli altri
operai miglioravano, i miei servigi venivano considerati meno importanti. Allorchè Keimer mi pagò il secondo trimestre del mio salario, mi fece capire che
gli sembrava eccessivo, e ch'io dovessi fargli una diminuzione; e mi si dava a vedere sempre meno cortese,
prendendo insolito tuono di padrone. Trovava spesso
di che censurare; era incontentabile, e sembrava cercare di romperla meco.

Io però tirava innanzi e sopportava pazientemente,
supponendo che questo mal umore venisse in parte dallo
sconcerto de' suoi affari. Finalmente una cosa da nulla
ci guastò affatto. Udendo un giorno rumore nel vicinato,
io mi feci alla finestra per veder che cosa era; Keimer si
trovava in istrada, mi scorse, e gridò con tuono irritato
che dovessi attendere al lavoro; aggiungendo altre parole di riprensione, le quali mi punsero tanto più, che
erano gridate dalla strada, e che i vicini, stati attirati
dallo stesso rumore, erano testimoni del modo con cui
mi si trattava. Nè gli bastò questo, che salito immantinente in istamperia, continuava a inveire. L'altercazione
crebbe da ambe le parti; ed egli m'intimò di andarmene da casa sua entro i tre mesi che avevamo stipu-
lato; dolendosi di essere obbligato a così lungo termine.
Gli dissi, che i suoi rammarichi erano superflui, perchè
io acconsentiva di andarmene senz'altro; e preso il mio
cappello, uscii di là, pregando Meredith, che incontrai
nello scendere, di aver cura di certa mia roba che vi
lasciava, e di portarmela a casa.

Alla sera Meredith venne da me, e parlammo del
cattivo trattamento che m'era stato fatto. Costui mi

aveva grande stima, ed era afflitto di vedermi lasciare la stamperia, mentre egli vi rimaneva. Mi persuase a rinunciare al pensiero che già formava di ritornare a Boston; facendomi riflettere, che Keimer aveva più debiti che sostanza, che i suoi creditori cominciavano a brontolare; che amministrava assai male il suo negozio, vendendo spesso le mercanzie al prezzo d'acquisto per aver denari pronti; che soleva dare a credito senza tener registro: e tra non molto per tutto ciò avrebbe dovuto fallire, e così produrre un vuoto, di cui io avrei potuto approfittare. Obbiettai esser io senza mezzi; ed egli mi disse che il padre di lui aveva di me grande concetto; e che per certi discorsi tra loro fatti sul conto mio, egli era certo che anticiperebbe tutto quanto fosse d'uopo per istabilirci, se io acconsentiva ad entrare in società con lui. " Il tempo, in cui debbo rimaner presso di Keimer," soggiunse, "va a terminare nella prossima primavera. Frattanto noi possiamo far venire da Londra un torchio e dei caratteri: io so di non esser buon operaio; ma, se voi accettate la mia proposizione, l'abilità vostra nell'arte sarà bilanciata col capitale che io fornirò, e divideremo i profitti in parti eguali."

La proposta era conveniente, e fummo tosto d'accordo. Suo padre, che si trovava in città, approvò il nostro concertato. Non ignorava egli aver io dell'ascendente sul di lui figlio, poichè m'era venuto fatto di persuaderlo ad astenersi per lungo tempo dal bere acquavite; e sperava che, quando fossi più strettamente unito con lui, sarei giunto a farlo rinunciare del tutto a questo pessimo abito. Gli diedi una nota degli oggetti che dovevansi far venire da Londra; egli la consegnò a un negoziante, e l'ordine fu tosto dato. Si convenne di tener il segreto fino all'arrivo dei nostri attrezzi, e che io frattanto cercherei di lavorare in un'altra stamperia; ma non eravi alcun posto vacante, e restai ozioso alcuni giorni.

In questo frattempo Keimer ebbe speranza di ottenere la stampa di certi biglietti di banca per la provincia di New Jersey; operazione per la quale abbisognavano caratteri ed intagli che io solo poteva fornire. D'altra parte, temeva che Bradford non m'impiegasse presso di sè, e gli togliesse questa fortuna; per cui si risolse a scusarsi, mandandomi a dire, che antichi amici non dovevano così dividersi per alcune parole, le quali non erano se non l'effetto di un momento di collera; e che desiderava ritornassi da lui. Meredith mi consigliò di arrendermi, poi ch'egli avrebbe potuto così approfittare dei miei ammaestramenti, e perfezionarsi: mi lasciai dunque persuadere, e in seguito vissi con Keimer in maggior concordia di prima.

Egli ottenne quella commissione di New Jersey; e per eseguirla io costrussi un torchio da calcografo, il primo che si vedesse in paese; ed incisi le vignette per i biglietti. Dopo di che ci portammo a Burlington, ove i biglietti dovevano essere stampati; operazione che riuscì perfettamente. Keimer ricevette per quest'opera una somma tale, che lo mise in grado di tenersi ancora per alcun tempo a galla.

A Burlington feci conoscenza coi principali personaggi di quella provincia. Parecchi di essi erano incaricati dall'Assemblea d'invigilare i torchi, e d'impedire che non si stampasse maggior numero di biglietti di quegli ordinati dalla legge; per la qual cosa, quando l'uno, quando l'altro di loro sempre doveva star presso di noi; e quegli che si trovava in funzione, conduceva uno o due de'suoi amici per tenergli compagnia. Io aveva maggior coltura di Keimer, e però i nostri ispettori tenevano la mia conversazione in maggior conto della sua. M'invitavano alle loro case, mi presentavano ai loro amici, e mi trattavano con ogni cortesia; mentre trascuravano alquanto il mio povero Keimer, sebbene fosse il padrone. Egli era, a dir vero, un assai strano animale, ignaro degli usi del mondo, pronto a ruvidamente combattere le sentenze più ammesse, entusiasta su certi punti di religione, sordido in guisa da fare schifo, ed inoltre un po' mariuolo.

Restammo circa tre mesi nella New Jersey; ed a contare da quest'epoca io posso mettere sulla lista de' miei amici il giudice Allen, Samuele Bustill segretario della provincia, Isacco Pearson, Giuseppe Cooper, molti degli Smith, tutti membri dell'Assemblea, e Isacco Decow, capo agrimensore.[1] Quest'ultimo era un vecchio molto accorto e sagace; e mi raccontò, che nella sua fanciullezza aveva guadagnato la vita carreggiando argilla per i fornaciari, che solo in età provetta aveva imparato a leggere e scrivere, e che, essendo poi stato al servizio di un agrimensore, da questo aveva imparata l'arte; dopo di che a forza d'industria era giunto finalmente ad acquistare una discreta fortuna.

"Prevedo," mi disse egli un dì, parlandomi di Keimer, "che tra non molto voi occuperete il posto di quest'uomo, e che farete fortuna a Filadelfia." — Eppure ignorava allora, se fosse mia intenzione di stabilirmi colà, o in altra parte.

Questi amici mi furono di poi utilissimi; e a taluno io stesso ho potuto prestar servigi: tutti mi ebbero in istima fin che vissero.

Prima di narrare più oltre questa mia storia, gioverà che vi esponga quali erano allora i principii di morale ch'io professava; affinchè possiate congetturare quanta influenza hanno avuto sugli eventi della mia vita.

I miei genitori mi avevano ispirato per tempo sentimenti religiosi, educandomi nei principii della chiesa dissidente;[2] ma non era forse ancora ben giunto ai quindici anni, che, dopo aver dubitato ora di un dogma, ora di un altro, secondo che li trovava impugnati nei libri che andava leggendo, incominciai

---

[1] L'agrimensura ha grande importanza agli Stati-Uniti, ove si devono porre a cadastro le terre pubbliche per venderle. Washington cominciò dall'essere agrimensore.

[2] Ossia ne' principii dei Puritani, che sono separati dalla chiesa anglicana.

a dubitare della stessa Rivelazione. Mi vennero poi alle mani alcuni libri contro il deismo, che dicevansi essere la sostanza dei sermoni stati fatti per le *Letture* di Boyle.[1] Ma accadde che in me producessero effetto precisamente contrario a quello che si erano proposto gli autori; perchè gli argomenti del deismo, ivi citati per confutarli, mi parvero molto più forti della loro confutazione: in somma io divenni un vero deista e pervertii anche altri giovani, particolarmente Collins e Ralph. Ma quando in seguito rammentai, che questi due avevano malissimo agito verso di me senza il menomo rimorso; e considerai il procedere di Keith, altro libero pensatore, e il mio stesso, riguardo a Vernon ed alla signorina Read, che di tempo in tempo non poco mi rimordeva; cominciai a sospettare che, in qualsivoglia supposizione, quella dottrina non fosse molto vantaggiosa. Allora formai altresì un'opinione meno favorevole di quel mio opuscolo stampato nel 1725 a Londra, al quale aveva messo per epigrafe i seguenti versi di Dryden:

« Quanto esiste è ben fatto; ma l'uomo, che poco vede, non discopre che una parte della catena, l'anello a lui più vicino: l'occhio suo non può spingersi fino alla giusta bilancia, che al di sopra del creato libra ogni cosa. »

Lo scopo del libercolo era di provare, che, attesi gli attributi di Dio, ossia la sua bontà, la sua sapienza, e la sua potenza, nessuna cosa del mondo poteva essere mal fatta; che il vizio e la virtù non esistevano realmente, e non erano che vane distinzioni.[2] Questo mio

---

[1] Boyle lasciò un legato per fare ogni anno delle *Letture,* o pubbliche lezioni religiose.

[2] In una lettera del 9 novembre 1779, a B. Vaughan, Franklin fa menzione dell'opuscolo in questa guisa:

« ..... Volevo provare con questo scrittarello la dottrina del Fato, derivandola dai supposti attributi di Dio, e così ragionando: — Nel creare e nel governare il mondo, Iddio, infinita sapienza, non poteva ignorare ciò che sarebbe stato il meglio; infinita bontà e potenza, doveva essere inclinato e capace di farlo tale: pertanto ogni cosa deve essere ben fatta...... Non aveva ancora 19 anni quando lo dettai; e nel 1730 ne

argomentare non mi parve dunque così irreprensibile, come dapprima aveva creduto; e mi nacque dubbio che vi fosse corso qualche errore, il quale ne guastasse tutte le conseguenze, come non di rado accade nei ragionamenti metafisici. In somma finii di essere convinto, che la *verità*, la *sincerità*, la *probità* nelle relazioni sociali sono importantissime per il ben essere comune; e deliberai da questo punto di praticarle per tutta la mia vita, registrando la risoluzione nel mio giornale ove sta tuttavia.

La religione rivelata non aveva, a dir vero, come tale, nessuna influenza sul mio animo; però mi andava persuadendo che, sebbene certe azioni possano non essere tristi pel solo motivo che sono da quella proibite, o buone perchè le prescrive; pure siano vietate perchè pericolose per noi, o comandate, perchè vantaggiose di lor natura. Mercè questa persuasione, unitamente alla mano della divina Provvidenza, o di qualche angelo protettore; e forse anche insieme al concorso accidentale di favorevoli circostanze, fui preservato da ogni depravazione di costumi e da ogni grande e *volontaria* ingiustizia, a cui il difetto di religione mi avventurava in quel tempo pericoloso della gioventù, e ne' frangenti ne' quali talvolta mi trovai, in mezzo ad estranei, e lontano dagli sguardi e dagli ammaestramenti di mio padre.

Dico di essere stato preservato da *volontaria* ingiustizia, perchè i falli che ho commessi, furono, sto per dire, *necessitati* dalla mia inesperta giovinezza e dall'altrui malizia. Aveva dunque un passabile carattere per

---

scrissi altro sulla medesima questione, ma in senso opposto. Cominciava col porre a fondamento del mio discorso questo fatto: che quasi tutti gli uomini, in ogni tempo e paese, usarono di pregare. Quindi, se ogni cosa fu preordinata, deve esserlo anche la preghiera. Ma poichè la preghiera non può mutare ciò che fu preordinato, dessa è dunque inutile ed assurda. Dio non avrebbe ordinato di pregare, se ogni altra cosa era immutabilmente stabilita: ma pure si prega, e conseguentemente non è vero che tutte quante le cose siano state preordinate; ecc. Questo scritto non fu mai stampato, ed ora l'ho smarrito. La grande incertezza che mi s'affacciava ne' ragionamenti metafisici, me ne disgustò, e li smessi affatto, per altri studi che mi persuadevano meglio. »

cominciare la mia carriera; ne faceva il debito conto e mi proposi di conservarlo.

Poco dopo il nostro ritorno a Filadelfia, giunsero da Londra i nuovi tipi; ed allora io e Meredith regolammo i nostri conti con Keimer, e lo lasciammo col suo assenso, prima che avesse cognizione del nostro progetto. Trovammo una casa che si voleva appigionare presso al Mercato, e la prendemmo. Questa casa, che in seguito ha fruttato ben settanta lire sterline all'anno, non ce ne costò allora che ventiquattro; e per renderne la pigione anche men gravosa a noi, cedemmo parte delle stanze a Tommaso Godfrey vetraio, che venne a dimorarvi colla sua famiglia, e presso il quale ci mettemmo noi stessi a dozzina.

Avevamo appena scassati i nostri caratteri e messo in ordine il torchio, che Giorgio House, mio conoscente, ci condusse un campagnuolo, che aveva incontrato per istrada in cerca di uno stampatore. Eravamo ridotti quasi al verde, per esser stati obbligati a provvederci di una grande quantità di oggetti; e il campagnuolo ci sborsò cinque scellini: il quale primo frutto della nostra impresa, venendo sì a proposito, mi fece maggior piacere di qualsiasi altra somma in seguito guadagnata; e la gratitudine che ne professai a Giorgio House, mi ha di poi sovente disposto, più di quello forse che spontaneamente sarei stato, a favorire i giovani principianti.

In tutti i paesi vi sono certi cervelli malinconici, che si compiacciono di profetare disgrazie. Un essere di simil tempra viveva allora in Filadelfia; era un uomo reputato, già innanzi cogli anni, che aveva aspetto grave e parlava in modo sentenzioso. Si chiamava Samuele Mickle. Io nol conosceva, ma un dì si fermò alla mia porta, e mi domandò se io era quel giovane che aveva da poco tempo aperta una nuova stamperia. Avendogli risposto ch'era quello appunto, mi disse, dolergliene molto per me, essendo un affare dispendioso;

e che il denaro che io aveva speso sarebbe stato gettato, imperciocchè Filadelfia decadeva sensibilmente, e tutti i suoi abitanti, o poco meno, erano già stati obbligati a chieder proroghe a' lor creditori. E soggiunse, ch' egli era pienamente convinto, che le cose, le quali per avventura ci potevano indurre a credere il contrario, come le nuove fabbriche e l' aumento delle pigioni, non erano se non apparenze ingannatrici, le quali in sostanza contribuivano ad accelerare la rovina generale: e continuò facendomi una sì lunga enumerazione degl' infortunii che già esistevano, e di quelli che in breve dovevano piombare sulla città, che mi gettò, lo confesso, in una specie di scoraggiamento. Se avessi conosciuto quest' uomo prima di darmi al commercio, non avrei forse osato di avventurarmivi; nulla di meno egli continuò a vivere nella città decadente, e a declamare sul medesimo tono, ricusando per anni di comperare una casa, perchè tutto, ed ogni dì più, andava alla peggio: e in fine ebbi la soddisfazione di vederlo pagarne una a prezzo cinque volte maggiore di quello che gli sarebbe costata, allorquando incominciò il suo piagnucolare.

Capitolo Quinto.

Il circolo *Junto*.[1] — I suoi primi membri. — Franklin scrive il *Faccendone*. — Fonda un giornale. — La sua associazione con Meredith è sciolta. — Scrive un opuscolo sui biglietti di banca. — Apre una cartoleria. — Sua operosità e temperanza. — Amoreggia e si ammoglia.

Avrei dovuto riferire innanzi, che nell' autunno dell' anno precedente (1726) io aveva riunito la maggior parte degli uomini istruiti che conosceva, per formarne

---

[1] *Junto,* parola spagnuola che significa *assemblea*. I belli spiriti di Filadelfia chiamavano per burla questa riunione, il club *de' grembiali di cuoio;* perchè si componeva quasi esclusivamente di operai.

un Circolo; al quale da noi fu dato il nome di *Junto*,
e che aveva per oggetto di istruirci scambievolmente:
ci adunavamo la sera di ogni venerdì. Il regolamento
che gli diedi, obbligava ogni socio a proporre, alla sua
volta, una o più questioni di morale, di politica, o di
scienze naturali, per essere discusse nell'assemblea; e
a leggere inoltre una volta ogni tre mesi un saggio da
lui scritto, sopra un argomento di sua scelta.[1]

Le nostre discussioni dovevano farsi sotto la direzione
di un presidente, ed essere dettate dall'amore del vero,
senza che il prurito di disputare e la vanità del trionfo
dovessero in guisa alcuna avervi parte. Onde prevenire
ogni intemperanza di linguaggio, fu stabilito, che ogni
qualvolta alcuno usasse espressioni da chiarirlo troppo
ostinato in una sua opinione, o si permettesse opposizioni
acerbe, sarebbe assoggettato ad una lieve multa.

I primi membri del nostro circolo furono: Giuseppe
Breintnal, copista di atti per gli *scriveners*;[2] un uomo
di mezza età, di buona indole, affezionatissimo a' suoi
amici, amante della poesia, voglioso di leggere ogni
cosa che gli venisse alle mani, e che scriveva sufficientemente bene; ed era anche ingegnoso in molti gingilli,
e piacevole nel conversare.

Tommaso Godfrey, valente matematico, che si era
ammaestrato da sè, e che di poi fu l'inventore di ciò
che chiamasi *il quadrante di Hadley*. Ma quasi tutto ciò
che sapeva limitavasi alle matematiche, ed era insopportabile nel conversare, perchè esigeva, come la maggior parte dei geometri ne' quali mi sono abbattuto,
una esattissima precisione in tutto ciò di cui si ragionava, ed era sempre sul contraddire o immaginare futili
distinzioni; che è il modo di rendersi uggiosi ad ogni
crocchio. Questi non rimase molto con noi.

Niccola Scull, agrimensore, che poi divenne agri-

---

[1] Il regolamento della *Junto,* che merita di essere conosciuto, fa
parte del volume dei *Saggi* del nostro Autore.
[2] Specie di notai.

mensor generale della provincia. Si dilettava di libri e di far versi.

Guglielmo Parsons, che primieramente aveva imparata la professione di calzolaio; ma colla molta lettura, senz' altri maestri, acquistò profonde cognizioni nelle matematiche. Le studiò sul principio coll' intento d' applicarle all' astrologia, e di poi se ne rise egli il primo. Divenne esso pure agrimensore generale.

Guglielmo Maugridge, stipettaio, eccellente meccanico, e uomo per ogni riguardo di solido ingegno e assennato.

Hugo Meredith, Stefano Potts e Giorgio Webb, di cui ho già parlato.

Roberto Grace, giovane ricco, generoso, vivace, e sempre di buon umore. Amava molto le arguzie, ma ancor più i suoi amici.

Finalmente Guglielmo Coleman, giovane di negozio, a un di presso della mia età. Aveva mente calma e lucida, ottimo cuore, e la morale più retta che io mai abbia conosciuta in alcun uomo. Divenne coll' andar del tempo un accreditatissimo negoziante, ed uno dei nostri giudici provinciali. La nostra amicizia si mantenne senza interruzione fino alla sua morte, pel corso di oltre quarant' anni; e questa a un dipresso fu anche la durata della *Junto*; la quale era la migliore scuola di filosofia, di morale e di politica che vi fosse allora nella provincia; imperciocchè, siccome le nostre questioni erano proposte nella settimana che precedeva quella della loro discussione, eravamo solleciti di scorrere attentamente i libri che vi avevano una qualche relazione, affine di metterci in grado di ragionarne un po'a modo. Acquistavamo nel tempo medesimo anche l' abitudine di più gradevole conversare, venendo ogni oggetto discusso conforme ai nostri regolamenti, e pertanto in guisa da scansare ogni spiacevole espressione. A questa circostanza deve attribuirsi la lunga esistenza del circolo, di cui mi occorrerà da qui innanzi di parlare frequentemente.

Ne ho fatto di presente menzione, perchè era altresì uno dei mezzi sui quali io poteva contare pel buon successo del mio commercio, adoperandosi con zelo ognuno dei soci nel procurarci lavoro. Brejntnal, fra gli altri, impegnò i quacqueri ad affidarci la stampa di quaranta fogli della loro istoria, di cui il rimanente doveva esser stampato da Keimer; e fu duopo lavorarvi con assiduità perchè ci era pagata pochissimo. Si stampava in *foglio*, del formato *pro-patria*, in carattere *cicero* e con note in picciolissimo carattere. Io ne componeva un foglio per giorno, e Meredith lo stampava. Erano spesso le undici della sera, ed anche più tardi, avanti che avessi terminata la mia scomposizione per prepararmi il lavoro del giorno successivo; giacchè i lavoretti che di tanto in tanto ci mandavano altri amici, ci tenevano un po' indietro. Aveva per altro sì fermamente risoluto di comporre ogni dì il mio foglio, che una sera, mentre la forma era già in ordine ed io credeva di aver finito il lavoro della giornata, essendo quella per disgrazia andata in fascio, e in tal modo sciupate due intere pagine, le ricomposi di nuovo prima di andare a letto.

Questa instancabile operosità, di cui i nostri vicini si avvedevano, non tardò a procacciarne riputazione e credito. Anzi seppi un giorno, che della nostra nuova stamperia essendosi per caso parlato in un circolo di mercanti che si adunavano tutte le sere, e generalmente opinato che non avrebbe potuto sussistere, per esservi in città altri due stampatori, Keimer e Bradford; siffatta opinione era stata combattuta dal dottor Baird (quello stesso che abbiamo avuto, voi ed io, occasione di vedere, molti anni dopo, nel suo paese natale a St. Andrew in Iscozia); " Perchè," diss' egli, " l' operosità di questo Franklin è superiore a quanto ho conosciuto in tal genere. Ogni sera, quando esco dal circolo, io sempre lo vedo tuttavia al lavoro, ed al mattino vi è già ritornato, prima che ogni altro siasi alzato." Questo discorso fece impressione su quel crocchio; e tosto dopo, uno de' suoi membri ci venne a vedere, ed offrì di somministrarci con che mettere su una cartoleria. Ma noi non volevamo per anco imporci l'aggravio di una bottega.

Non già per attirarmi lode io mi fo a parlare così apertamente della mia assiduità al lavoro; ma al solo fine che quelli de' miei discendenti che leggeranno queste notizie, conoscano il valore di tale virtù, vedendo nel racconto degli avvenimenti della mia vita di quale utilità a me sia stata.

Giorgio Webb, avendo trovato un' amica che gli prestò il denaro necessario per riscattare il tempo pel quale si era obbligato con Keimer; venne un giorno ad offrirsi a noi per operaio. E siccome non potevamo subito occuparlo, io gli confidai imprudentemente, raccomandandogliene il segreto, che mi proponeva di pubblicare in breve un nuovo foglio periodico, e che allora gli avremmo dato lavoro. Gli dissi che le mie speranze di buon esito erano fondate su ciò, che il solo giornale che si avesse allora in Filadelfia, e che stampavasi da Bradford, era meschino, mal diretto, per nulla dilettevole, e tuttavia procacciava guadagno al suo proprietario. Io stimava dunque, che una pubblicazione di questo genere, ben condotta, sarebbe riuscita senza dubbio prosperamente. Ma il ciarlone infedele svelò il mio segreto a Keimer; il quale, affine di prevenirmi, pubblicò tosto il prospetto di un giornale, che proponevasi di stampare, ed in cui doveva impiegare Webb.

Un tale contegno mi sdegnò; e volendo io attraversare il disegno di questi due, mentre non poteva per anco dar principio al mio periodico, scrissi in quello di Bradford alcuni articoli giocosi sotto il titolo di *Busy-Body*,[1] che Breintnal di poi continuò per alcuni mesi. Con tal mezzo trassi l'attenzione del pubblico sul giornale di Bradford; e il prospetto di Keimer, da noi posto

---

[1] Il Faccendone.

in ridicolo, fu riguardato con indifferenza. Tuttavia questi pubblicò il suo foglio: ma, continuatolo nove interi mesi senza avere più di novanta associati, da ultimo lo offerse a me per un non nulla, ed io che già da qualche tempo vagheggiava quest'occasione, accettai senza esitare; e in pochi anni il giornale da me diretto mi fruttò moltissimo.[1]

M'accorgo che sono tratto a parlare come se fossi stato solo, benchè la mia società con Meredith continuasse; e ciò avviene forse, perchè infatti tutta l'impresa poggiava sopra di me. Meredith non era compositore, ma solo un mediocre torcoliere, e di rado in sè pel troppo bere. I miei amici erano dolenti di vedermi unito a lui; ma io doveva pure trarne il maggior partito possibile.

Già fin dai primi numeri del nostro giornale, dovette accorgersi la provincia che sarebbe stato ben miglior cosa di quanto aveva per l'addietro veduto; sia pei tipi che per la stampa: ma certe osservazioni poi, da me scritte, sulla disputa che allora si agitava tra il governatore Burnet e l'assemblea di Massachussetts,[2] essendo andate molto a' versi de' principali cittadini, furono cagione che questi menassero gran rumore del foglio e del suo editore, ed in poche settimane tutti si inducessero a divenire nostri associati; esempio che

---

[1] Portava il titolo di *Gazzetta della Pensilvania.* Franklin la cominciò col N° 40 del 26 settembre 1729.

[2] Leggonsi queste osservazioni nella *Gazzetta della Pensilvania* del 2 ottobre 1729, e già vi si sente il patriotismo americano di Franklin; ma noi qui non ne riporteremo che la chiusa, come quella che può bastare al nostro pubblico.

Dopo aver lodata l'Assemblea del coraggio col quale sostenne, di fronte al governatore, quelli ch'ella credeva diritti suoi e del popolo da lei rappresentato, aggiunge: «La felice madre patria di questi cittadini vedrà forse con piacere, che sebbene i suoi valorosi galli e gl'incomparabili cani perdano alquanto della generosa jndole naturale quando sono trasportati in altri climi; i suoi figli anche nelle più rimote parti della terra, e dopo tre o quattro generazioni, conservano sempre eguale quell'ardente spirito di libertà, e quell'animo indomito, che in ogni tempo ha fatti cospicui i Bretoni e gli Inglesi fra il resto degli uomini. »

fu da molti altri seguito, e il numero ne continuò lungamente a crescere. Fu questo uno de' buoni effetti dello studio già da me posto a formarmi lo stile; e ne trassi anche un altro vantaggio, cioè che i maggiorenti del paese vedendo nell'editore del foglio uno che sapeva trattare la penna, stimarono che conveniva proteggerlo ed incoraggiarlo.

Le deliberazioni dell'Assemblea, le leggi, ed altri atti pubblici venivano stampati da Bradford; ma colta l'occasione di un indirizzo della Camera al governatore uscito da' suoi torchi rozzamente e molto scorrettamente, noi lo ristampammo in modo elegante e corretto, e ne inviammo una copia a ciascun deputato. Questi scorsero tosto il divario, e si accrebbe tanto l'influenza dei nostri amici nell'Assemblea, che fummo eletti suoi stampatori per l'anno successivo.

Fra questi amici non devo dimenticare di nominarne uno, il signor Hamilton, di cui ho già parlato, e che era ritornato dall'Inghilterra ed era deputato. Egli s'interessò vivamente per me in tale occasione, come in molte altre di poi; e mi conservò la sua benevolenza finchè visse.

Verso questo tempo il signor Vernon mi ricordò il debito che io aveva, ma senza sollecitarmi pel pagamento. Gli scrissi senza ambagi quanto m'era avvenuto, pregandolo di accordarmi ancora una qualche dilazione, al che non rifiutossi; e non appena me ne vidi in grado, gli pagai il capitale e gl'interessi, e gli rinnovai i miei più vivi ringraziamenti; di modo che questo primo *erratum* della mia gioventù fu in qualche guisa corretto.

Ma un altro impiccio di poi mi attraversò, il quale non aspettava. Il padre di Meredith, che per le nostre convenzioni si era addossato di pagare tutto il costo della stamperia, non aveva potuto sborsare che cento lire sterline. Di altrettanto eravamo tuttavia in debito, ed il creditore, stanco di più attendere, ci fece citare. Fu da noi data sicurtà, ma colla trista prospettiva, se il denaro dovuto non fosse stato pronto al tempo prefisso, di essere tratti in giudizio e di vedere, per l'esecuzione di una sentenza inevitabile, alle nostre belle speranze tener dietro una completa ruina; giacchè i torchi e i caratteri sarebbero stati venduti per pagare il debito, e forse alla metà del loro prezzo.

In questo mio travaglio due veri amici, il generoso procedere dei quali non ho mai dimenticato e sarà presente alla mia memoria per tutto il tempo che avrò facoltà di ricordarmi di qualche cosa, vennero a trovarmi, separatamente, all'insaputa l'uno dell'altro, e senza ch'io ne li avessi pregati; ed ognun di loro si offrì di anticiparmi la somma che mi sarebbe abbisognata per assumere io solo la stamperia, se ciò potevasi fare; giacchè non vedevano volontieri che io rimanessi in società con Meredith, il quale sovente, dicevano, era trovato ubbriaco per le vie, ed a giuocare nelle birrerie; cosa che molto pregiudicava al nostro credito. Questi amici erano Guglielmo Coleman, e Roberto Grace. Risposi loro, che, finchè restasse la menoma probabilità che i Meredith fossero per adempiere a' loro impegni, non avrei potuto risolvermi a propor loro di separarci; atteso che io credeva di avere verso i medesimi grandi obbligazioni per quello che avevano già fatto, e ch'erano tuttavia disposti di fare, trovandone modo; ma che, se alla fine non avessero potuto mantenere la promessa loro, e che la nostra società venisse disciolta, mi riputerei allora libero di approfittare della benevolenza de' miei amici.

Le cose rimasero alcun tempo in questo stato, quando un giorno dissi al mio socio: " Vostro padre è forse malcontento che non abbiate che una parte nella stamperia, e gli rincresce di fare per due ciò che volontieri farebbe per voi solo. Ditemi francamente se la cosa è così, perchè io sono disposto a cedervi tutto il negozio, e a cercare poi d'impiegarmi altrove come meglio potrò." — " No, " rispos'egli; " mio padre è rimasto realmente deluso nelle sue speranze: non è in grado di pagare, ed io non voglio tenerlo più a lungo in quest'angustia. M'avvedo che io non sono fatto pel mestiere di stampatore; e che, essendo stato educato alla campagnola, fui un pazzo di venire in città, e di pormi, in età di trent'anni, ad imparare un nuova professione. Molti de'miei paesani vanno a stabilirsi nella Carolina Settentrionale, ove la terra costa poco: io sono tentato di andare con essi, e di riprendere il mio primo stato. Voi troverete senza dubbio degli amici che vi aiuteranno; laonde, se volete incaricarvi dei debiti della società, restituire a mio padre la somma che ci ha anticipato, pagare quanto io devo in particolare, e darmi una trentina di sterline e una sella nuova, rinuncio alla società, e abbandono liberamente ogni cosa nelle vostre mani. "

Non esitai ad accettare questa proposta, che senza indugio fu scritta, firmata, e appostovi il sigillo. Diedi a Meredith quanto mi aveva chiesto; e poco appresso egli partì per la Carolina, da dove mi scrisse l'anno successivo due lunghe lettere, contenenti le migliori particolarità che mai fossero state dette intorno a quella provincia, relativamente al clima, al suolo, ed all'agricoltura; giacchè in queste materie non mancava di cognizioni. Pubblicai le sue lettere nel mio giornale, e furono assai bene accolte dal pubblico.

Tosto che Meredith fu partito, ricorsi ai due miei amici; e non volendo dare una preferenza ad uno che sarebbe stata scortese per l'altro, accettai da ciascuno la metà di quanto mi avevano offerto, e che in realtà mi era necessario. Pagai quindi i debiti e proseguii nell'impresa per mio solo conto, sollecito in pari tempo di avvertire il pubblico che la società era disciolta. Ciò avvenne, credo, circa l'anno 1729.[1]

Verso questo tempo la voce pubblica domandava una

---

[1] L'atto della soluzione della società, che esiste ancora, è del 14 luglio 1730.

nuova emissione di carta monetata; chè tutta quella circolante fino allora nella Pensilvania non ammontava che a quindici mila lire sterline,[1] e doveva essere in breve estinta. Però gli abitanti facoltosi, prevenuti contro ogni carta di tal fatta, perchè l'esempio della Nuova Inghilterra ne faceva loro temere lo svilimento a danno di tutti i creditori; fortemente si opponevano ad ogni maggior emissione di essa. Quest'affare era stato discusso nel nostro circolo, ove io m'ero pronunciato favorevolmente alla nuova emissione; per esser convinto che la prima somma, quantunque modica, emessa nel 1723, aveva fatto molto bene nella provincia, animando il commercio e l'industria e accrescendo la popolazione; giacchè dopo quel tempo tutte le case erano state abitate, e molte altre si erigevano; mentre all'incontro mi ricordava molto bene che la prima volta che io era entrato in Filadelfia, rodendo il mio tozzo per quelle vie, la maggior parte delle case in Walnut-street, fra Second e Front streets, e altrove, portavano scritto *appigionasi*; il che mi aveva fatto credere, che gli abitanti della città l'un dopo l'altro la volessero abbandonare.

Le nostre discussioni talmente m'illuminarono su questo argomento, che di poi scrissi e pubblicai un opuscolo anonimo, intitolato: *Della natura e della necessità di una carta monetata*; il quale fu bene accolto dalla comune dei cittadini, ma spiacque ai ricchi, perchè accrebbe le grida in favore della nuova emissione. Siccome però essi non avevano tra di loro alcuno scrittore capace di rispondermi, la loro opposizione non ebbe vigore; e la proposta di che trattavasi, dalla maggioranza dell'Assemblea venne approvata; mentre gli amici che io aveva in quest'Assemblea, persuasi che in tale occasione avessi reso un servizio essenziale al paese, stimarono di dovermi ricompensare, commettendomi la

---

[1] Lire 375,000.

stampa dei nuovi biglietti. Fu questo un lavoro molto lucroso, e che mi diede una buona spinta. Ecco un altro beneficio che io dovetti al mio saper scrivere.

Il tempo e l'esperienza dimostrarono poi sì pienamente l'utilità di questa circolazione di carta, che dopo d'allora non incontrò mai più una grande opposizione: e in breve salì fino a cinquantacinque mila lire sterline, e nell'anno 1739 a ottantamila. È salita, durante l'ultima guerra a trecento cinquanta mila sterline; e in tutto questo tempo il commercio, il numero delle case, la popolazione, sonosi di continuo accresciuti. Sono per altro presentemente convinto che vi ha un limite, al di là del quale questa carta può esser dannosa.

Non molto dopo ottenni, mediante la raccomandazione del mio amico Hamilton, anche la stampa della carta monetata di Newcastle; altro lavoro che mi parve allora grandemente vantaggioso, perchè tenui cose sono importanti a chi ha tenue fortuna; e aggiungasi inoltre l'importanza che hanno dall'essere potenti motivi d'incoraggiamento. Hamilton mi procurò pure la stampa delle leggi e delle discussioni del governo di Newcastle; ed ho continuato questo lavoro finchè esercitai la professione del tipografo.

Frattanto aprii ancora una botteguccia di cartolaio, ove teneva ogni sorta di stampati, in bianco,[1] per uso specialmente del commercio, i più corretti che fossero per anco comparsi in America, e che il mio amico Breintnal mi aveva aiutato a stendere. Vendeva altresì carta, pergamena, cartone, registri e siffatti altri oggetti; e venuto ad offrirmisi in questo tempo un eccellente compositore tipografo, certo Whitemash, che aveva conosciuto a Londra, mi accordai con esso; e questi lavorò poi sempre diligentemente con me. Presi pure un apprendista, ch'era figlio d'Aquila Rose.

---

[1] Dove cioè non si aveva che a scrivere i nomi delle persone, le somme da pagare, ecc.

Ed ora cominciai anche a poco a poco a pagare il debito che aveva contratto; e per stabilire il mio credito e la riputazione come negoziante, procurai non solo di essere realmente laborioso e frugale, ma di evitare altresì ogni apparenza in contrario. Vestiva dunque semplicemente, e non era mai veduto in alcun luogo pubblico a divertirmi; non andava nè alla pesca nè alla caccia, e solo un libro aveva virtù di togliermi qualche volta al lavoro; ma di rado, furtivamente, senza scandalo: e per mostrare che non mi considerava da più di quello che fossi, tirava io stesso talvolta il carretto della carta che aveva comperata ai magazzini.

Per siffatta guisa giunsi a farmi conoscere per un giovine laborioso ed esattissimo ne' suoi pagamenti. I mercanti che facevano venire oggetti di cartoleria, desideravano che da loro mi provvedessi; altri mi offrivano di somministrarmi libri; ed il mio picciolo commercio prosperava.

All' incontro, il credito e gli affari di Keimer ogni giorno più scemavano; finchè si trovò costretto a vendere tutto ciò che aveva per pagare i creditori: e quindi si trasferì alla Barbada, ove visse per alcun tempo veramente nella miseria. David Harry, stato suo apprendista e mio allievo quando lavoravo da lui, acquistò il materiale della stamperia e succedette al suo padrone. Temei sulle prime un potente competitore in costui, perchè avea amici di vaglia, e che si davano pensiero de' suoi interessi; gli proposi pertanto ci facessimo soci, ma egli fortunatamente vi si rifiutò. Era orgoglioso, vestiva da damerino, spendeva e spandeva, si divertiva, non era mai in casa; e non tardò quindi ad essere affogato dai debiti, mentre trascurava sempre più le sue faccende. Ne avvenne che nessuno più volle avere a fare con lui; e così trovossi costretto fra non molto a prendere, come Keimer, il cammino della Barbada, ove portò seco gli attrezzi di stamperia; ed ivi l'apprendista impiegò in qualità di operaio il suo antico padrone. Ma vissero in continua discordia; e presto Harry indebitatosi nuovamente, fu costretto a vendere il torchio ed i caratteri e a far ritorno in Pensilvania, per ripigliarvi il primo stato di agricoltore. Quegli che comperò la sua stamperia incaricò Keimer di dirigerla; ma quest' ultimo morì pochi anni dopo.

Non mi restava ora in Filadelfia altro competitore che Bradford, il quale però fattosi ricco, non si assumeva se non di tempo in tempo di stampare qualche coserella e quando trovava operai disoccupati; nè si curava gran chè di affari. Ciò nulla ostante, aveva un vantaggio sopra di me; perchè, disimpegnando egli l'ufficio della posta, ognuno credeva che per questa circostanza potesse più agevolmente procacciarsi notizie; quindi la sua gazzetta era reputata più adatta della mia per diffondere avvisi, e ne inseriva un molto maggior numero. Questo era a lui di gran profitto, ed a me veramente pregiudicevole. Invano io mi procurava gli altri giornali e spediva il mio per mezzo della posta: il pubblico era persuaso della mia insufficienza in questa parte; nè io poteva infatti rimediarvi che amicandomi i corrieri, i quali erano obbligati di servirmi furtivamente; giacchè Bradford aveva la durezza di farne loro proibizione. Questo contegno m' indignò, e mi parve anzi tanto vile, che quando poi succedetti a Bradford nell'impiego di direttore delle Poste, mi guardai bene dall'imitare il suo esempio.

Aveva fin qui continuato ad essere dozzinante di quel Godfrey, che occupava, colla moglie e i figliuoli, una parte della mia casa ed anche metà della bottega pel suo mestiere di vetraio; del quale però lavorava poco, perchè continuamente assorto nelle matematiche. La signora Godfrey pensò di darmi in moglie la figlia di un suo parente; e seppe farmi trovare colla fanciulla in varie occasioni, finchè conobbe che n' era invaghito; la qual cosa agevolmente doveva accadere, avendo la donzella molte belle qualità. I genitori di lei

assecondarono la mia inclinazione, invitandomi spesso
a cena e lasciandoci soli; così finalmente io mi determinai a chiederla.

Fu la signora Godfrey che s'incaricò di trattare la
cosa; io feci capire, che m'aspettava alla giovane fosse
assegnata una dote, la quale mi ponesse almeno in istato
di pagare il rimanente del debito che pesava sulla mia
stamperia; e che non montava più, credo, che a cento
lire sterline. N'ebbi in risposta, che la famiglia non
poteva disporre di una tal somma; al che osservai, che
avrebbero potuto facilmente procurarsela ipotecando
la loro casa. Ma in capo ad alcuni giorni mi fecero
dire che non approvavano il matrimonio, avendo da
Bradford saputo, non essere buon mestiere quello dello
stampatore, e che i miei caratteri sarebbero in breve
logori, e avrei dovuto comperarne de' nuovi; e inoltre
che l'esempio di Keimer ed Harry, falliti, lasciava temere che verisimilmente lo stesso accadrebbe di me.
Laonde mi fu vietato l'accesso alla famiglia, e la giovane chiusa in casa. Ignoro se realmente avessero così
mutata intenzione, o se non era piuttosto un artificio
di gente che forse credeva le nostre affezioni troppo
ardenti per poter cessare, e che avremmo contratto
da ultimo un matrimonio clandestino, lasciandoli per
tal via in libertà di darci quel che loro piacesse. Ma
sospettando che questo fosse il motivo, io non posi più
piede in quella casa.

Alcun tempo dopo, la signora Godfrey mi disse che
que' suoi parenti si erano più favorevolmente disposti,
e desideravano di rivedermi; ma io dichiarai d'essere
fermamente risoluto a non aver più relazione con loro.
I Godfrey ne furono punti e, rotta così fra noi l'armonia, lasciarono la mia casa; dopo d'allora più non
volli saperne di aver altri pigionanti.

Questa faccenda avendo fatto volgere i miei pensieri
al matrimonio, girai l'occhio attorno per cercare in
qualche altra parte un conveniente parentado. Ma do-

vetti accorgermi che la professione di stampatore essendo in generale riguardata come un povero mestiere, io non doveva aspettarmi di trovare ad un tempo denaro e moglie; a meno di non prendermi una befana, o peggio. Intanto quell'ardore di gioventù, sì difficile a contenere, mi trascinava spesso in intrighi con esseri spregievoli, mi faceva sciupare i quattrini, e mi poneva al rischio da me più di ogni altra cosa temuto; fui però fortunato abbastanza da non inciampare in questo pericolo.

Come vicino e antica conoscenza, io manteneva qualche relazione coi genitori della signorina Read, che non avevano mai cessato di aver riguardi per me, fin dal tempo in cui era stato ad abitare nella loro casa. M'invitavano spesso, mi consultavano ne' loro negozi, e ho potuto anche render loro qualche servigio. Io mi sentiva commosso dalla trista situazione della loro figlia, che era quasi sempre malinconica, e fuggiva ogni compagnia; e mi considerava, per la mia incostanza e l'oblio durante il soggiorno di Londra, come la principal cagione della sua sventura: sebbene la madre di lei fosse tanto buona da attribuirsene unicamente il torto, perchè, dopo di aver impedito il nostro matrimonio prima della mia partenza, aveva poi indotta la figliuola a contrarre l'altro.

La scambievole nostra tenerezza si ridestò, ma grandi ostacoli ci si attraversavano. Quantunque il matrimonio della signorina Read non fosse ritenuto valido; chè suo marito, per quanto dicevasi, aveva già una prima moglie in Inghilterra; ci·era difficile ottenerne la prova in tanta distanza: e dicevasi pure, che l'uomo stesso era morto; ma come accertarlo? D'altra parte, supponendo che fosse vero, egli aveva lasciato molti debiti, pei quali era da temersi che il suo successore non venisse molestato. Ciò nulla ostante, passammo sopra a ·tutte queste difficoltà, ed io mi sposai la Read il primo di settembre del 1730; nè alcuna delle noie che avevamo temuto s'ebbe di poi a provare. Questa donna fu per me una buona e fedele compagna, e contribuì essenzialmente al lieto successo de' miei negozi. Prosperammo insieme, di continuo intenti a renderci mutuamente felici. In tal guisa corressi, per quanto poteva, questo grande *erratum* della mia gioventù.[1]

Il nostro circolo non era in quel tempo in una taverna, ma si radunava in casa del signor Grace, che aveva fatto disporre una stanza a quest'uso; e quivi un giorno io feci la proposta, che, giacchè i nostri libri erano frequentemente citati nel corso delle nostre discussioni, sarebbe stato opportuno di averli tutti nel luogo delle medesime, per poterli all'occorrenza consultare. Formando così delle nostre diverse librerie una biblioteca comune, ognuno di noi avrebbe il vantaggio di servirsi dei libri di tutti; il che sarebbe quasi lo stesso come se ciascheduno possedesse il tutto. Questo pensiero fu approvato; ogni socio tolse da casa sua i libri che stimò di poter fornire, e vennero disposti nella stanza del circolo. La biblioteca però non fu copiosa quanto ci aspettavamo: e benchè avessimo occasione di consultare sovente i radunati volumi, ci avvedemmo, dopo un anno all'incirca, che il difetto di cura gli aveva troppo sciupati; così che si convenne di separarli di nuovo e che ognuno riprendesse i propri.

Ed ora, da cosa nascendo cosa, io misi fuori il mio primo progetto di utilità pubblica, quello di formare una biblioteca per sottoscrizione. Ne abbozzai il disegno, lo feci stendere nelle debite forme dal nostro egregio notaio Brockden; e coll'aiuto di tutti i membri dell'*Junto* trovai da impegnare cinquanta sottoscrittori, che dessero ciascuno quaranta scellini per cominciare la cosa, e inoltre dieci scellini all'anno, durante cinquant'anni, onde continuarla. In seguito, accresciutosi il numero dei sottoscrittori fino a cento, ci procurammo una *Carta*;[2]

---

[1] La moglie di Franklin visse con lui 40 anni; essendo morta il 19 dicembre del 1774. Franklin nelle sue lettere famigliari parla spesso di lei e sempre con affetto.

[2] Cioè la licenza di formare una corporazione.

e questa biblioteca fu la madre di tutte quelle che di poi si eressero per sottoscrizioni nell'America Settentrionale, e che oggi sono tanto numerose. Divenne questa nostra una grande istituzione, e va sempre crescendo. Tali biblioteche poi migliorarono sensibilmente il conversare degli Americani, istruirono i mercanti e i fittaiuoli quanto molti gentiluomini d'altri paesi; ed ho fede che abbiano contribuito la lor parte ad ispirare quella fermezza, con cui generalmente poi le nostre colonie seppero difendere i loro diritti.

Fin qui queste Memorie furono scritte coll'intenzione manifestata dapprincipio, e contengono perciò fatterelli domestici, di nessuna importanza per il pubblico. Quello che segue è l'opera di molti anni appresso: gli affari della rivoluzione cagionarono l'interrompimento.[1]

---

[1] Avendo noi stimato opportuno di dividere per capitoli questa Vita, ometteremo qui due lettere, che la recente edizione di Filadelfia ha pubblicato, una del quacquero Abele James, l'altra di Beniamino Vaughan, scritte a Franklin per eccitarlo a continuare la sua narrazione; e che interromperebbero questa senza ragione sufficiente. Solo in questa nota daremo il cenno che Franklin fa di quelle lettere, e della condizione in cui egli trovavasi, quando finalmente si determinò a riprendere la narrazione della sua Vita:

— « Continuazione delle memorie della mia Vita, a cui mi accingo in Passy, presso a Parigi, nel 1784. — È già qualche tempo ch'io ricevetti queste lettere, ma fui troppo finora occupato perchè potessi adempire la domanda che fanno. Sarebbe anche assai meglio che mi rimettessi a questo lavoro in mia casa, fra le mie carte, le quali mi aiuterebbero la memoria, e impedirebbero ogni errore di data; ma il mio ritorno essendo incerto, e trovandomi ora un poco di tempo libero, mi voglio provare a risovvenirmi e scrivere quanto posso: se mai un giorno ritornerò in America, farò di corre[g]ger là il mio abbozzo.

» Non avendo una copia con me di quanto ho già scritto, non ricordo bene se ho detto dei mezzi coi quali mi venne fatto di fondare la biblioteca pubblica di Filadelfia, che da tenue principio è poi divenuta sì gran cosa; però mi rammento ch'ero giunto all'epoca di questo fatto all'incirca (anno 1730). Qui dunque comincierò dal narrare questa fondazione, e vi si potrà dare di frego, se fosse già stato detto. »

CAPITOLO SESTO.

Origine della biblioteca di Filadelfia. — Mezzi usati per avere sottoscrittori. — Gli affari di Franklin prosperano. — Il cucchiaio d'argento
e la tazza di porcellana. — Sentimenti religiosi, e pensieri sulla
predicazione. — Disegno per giungere alla morale perfezione. — Spiegazione di questo disegno. — Elenco delle virtù e regole per seguirle. —
Divisione del tempo, e impiego di ciascun' ora. — L'arte della
virtù. — Proposito di scriverne un trattato.

[1] Quand'io primieramente mi stabilii nella Pensilvania, non v'era un negozio di libri che valesse in
tutte le colonie poste al sud di Boston. A New York
e a Filadelfia i tipografi erano anche cartolai; ma
vendevano solo carta, almanacchi, canzoni, e pochi
librucci scolastici. Chi amava la lettura doveva farsi
venire i libri dall'Inghilterra; e i membri del nostro
circolo ne possedevano alcuni. Noi avevamo lasciata la
taverna dove ci eravamo prima raccolti, e presa invece
una stanza a pigione; ed io qui proposi che dovesse
ciascuno di noi portarvi i suoi libri, giacchè non solamente gli avremmo avuti sotto la mano per consultarli
nelle nostre conferenze, ma sarebbero divenuti anche
un benefizio comune, potendo ciascuno prendersi a prestito quelli che amasse di leggere a casa. Ciò fu dunque
fatto, e per qualche tempo la cosa andò.

Sperimentato l'utile di questa piccola còllezione, io
proposi anche di rendere più esteso il benefizio dei libri,
col dar principio a una pubblica libreria per mezzo di
sottoscrizioni. Gettai giù un primo schizzo di regolamento, e diedi poi l'incarico al signor Carlo Brockden,
uomo assai pratico, di stenderlo in articoli formali per
cui ogni sottoscrittore si obbligasse a pagar subito una
piccola somma per una prima compera di libri, e di

---

[1] Per ossequio all'opera di Franklin, abbiamo posta qui tutta questa
pagina, quantunque vi siano di quelle cose già dette dianzi, che l'Autore
consigliava a cancellare.

poi una contribuzione annuale per aumentarli. Erano in quel tempo così scarsi i lettori in Filadelfia, e il maggior numero di noi così poveri, che io a stento venni a capo di trovare una cinquantina di persone, il più giovani mercanti, che volessero sborsare a questo scopo quaranta scellini a testa, e tre annualmente. Si cominciò dunque con questo povero fondo. I libri furono fatti venire; e la libreria venne aperta una volta la settimana per prestare a' sottoscrittori, sulla loro promessa in iscritto di pagare doppio il prezzo del libro se non lo restituivano, e in buon essere. Non si tardò a vedere l'utile dell'istituzione, che venne in breve imitata in altre città e provincie. Le librerie furono aumentate con doni; il leggere divenne di moda; e il nostro popolo non avendo pubblici divertimenti che lo distraesse, s'impratichì delle buone letture, e in pochi anni potè farsi scorgere agli stranieri meglio istruito e intelligente, che non sono in generale le persone della medesima condizione in altri paesi.

Nel mentre che stavamo firmando i menzionati articoli che dovevano obbligar noi o i nostri eredi per cinquant'anni, il signor Brockden sorse a dire: " Quantunque siate tutti giovani, v'è poca probabilità che uno di voi possa vivere fino allo spirare del termine fissato in questo istrumento. " Eppure più d'uno di noi è vivo sempre, e quel termine sarebbe già venuto; se non che l'istrumento fu reso vano, pochi anni appresso, da una Carta che incorporò la società e la rese perpetua.[1]

Le obbiezioni e le riluttanze affrontate sulle prime nel sollecitare le sottoscrizioni, mi fecero accorto che non conviene mai ad uno presentarsi come l'autore di un utile disegno ch'ei voglia promuovere, e che potrebbe credersi atto ad accrescere di alquanto la sua riputazione al di sopra di quella de' vicini suoi, de' quali

---

[1] La libreria venne fondata nel 1731, e la Carta è del 1742. Per doni ed acquisti fattivi, oggi (1868) questa biblioteca di Filadelfia conta da 70,000 a 80,000 volumi. Vi si ammira la statua in marmo di Franklin.

avesse bisogno per eseguirlo. Io pertanto mi nascosi il più che fu possibile, e proponeva la cosa come un pensiero di un crocchio di amici, che avevano incaricato me di portarlo attorno fra quelle persone che sapevano amanti della lettura. Per tal modo l'affare procedette meglio, e quindi in poi tenni sempre, all'occasione, questa via; e per la molta esperienza fattane, assai la raccomando. Il lieve sacrifizio che la tua vanità deve fare, ti è ricompensato ampiamente in seguito. Se per alcun tempo resta incerto a chi devasi il merito del disegno, non mancherà chi più vano di te sorga per reclamarlo; e allora anche l'invidia si farà innanzi per renderti giustizia, spennacchiando l'impudente per restituire a te quanto ti appartiene.[1]

La libreria così fondata, mi porse i mezzi di sempre più ornarmi lo spirito con lo studio, pel quale destinai un'ora o due d'ogni giorno; e in parte così riparai quel difetto d'istruzione, che non avrei provato se mio padre non mutava il suo primo proposito. Era la lettura la sola ricreazione ch'io mi concedeva; nè mai sciupava il mio tempo nelle taverne, al giuoco o in altre follìe; e la mia operosità continuò sempre infaticabile, quanto gli affari miei lo richiedevano. Io aveva incontrato debiti per la stamperia; aveva una famigliuola che mi cresceva intorno bisognosa di educazione, e doveva gareggiare con due stampatori di più antica data: nulladimeno il mio stato migliorava sempre. Continuava nella mia antica consuetudine di essere frugale, e mi rammentava spesso un proverbio di Salomone, che mio padre, fra l'altre esortazioni, soleva ripetermi quand'ero fanciullo: — « Vedesti mai un uomo attento all'opera sua? Costui starà dinanzi ai re, e non cadrà fra gl'ignobili.[2] » — Avendo imparato così per tempo a considerare l'operosità siccome un mezzo per far acqui-

---

[1] Era questa una savia applicazione di quel precetto di Ovidio nel suo esiglio « *Crede mihi; bene qui latuit, bene vixit.* »
[2] Prov. XXII, 29.

sto di onore e di ricchezza, era spronato da questo pensiero; quantunque non credessi che mai si sarebbe alla lettera verificato che « sarei stato dinanzi ai Re, » come dipoi veramente mi accadde; che « stetti dinanzi » a *cinque*; ed ebbi anche l'onore di pranzare con uno di loro, quello di Danimarca.

Noi abbiamo un proverbio inglese che dice: « *Chi vuol prosperare, consulti la moglie;* » ed io aveva la fortuna di una moglie attenta ed economica quanto me stesso. Mi assisteva còn ardore nel mio traffico, sempre intenta a piegare e cucire i fogli che si stampavano, a sorvegliare il negozio, a comperar stracci per le cartiere ec. Noi non avevamo chi ci oziasse in casa; la nostra mensa era modesta e semplice; i nostri mobili de' meno costosi. La mia colazione, a cagion d'esempio, fu per lungo tempo pane e latte senza the, e me la mangiava in una ciotola di terra da due soldi, con un cucchiaio di stagno. Però vedi come il lusso entra nelle famiglie e vi progredisce in onta ai principii: un mattino sono chiamato a colazione, e me la trovo in una tazza di porcellana, con un cucchiaio d'argento! Erano stati còmperati per me e a mia insaputa, da mia moglie, ed erano costati l'enorme somma di 23 scellini; pei quali non aveva la buona donna altra scusa da addurre o difesa da fare, se non che ella stimava che *suo* marito si meritasse bene di mangiare con argento, nella porcellana, al pari di qualunque altro. Fu questa la prima volta che si vide in casa nostra argenteria e porcellana: le quali nel giro di alcuni anni, mano mano che la nostra ricchezza aumentava, giunsero sino al valore di parecchie centinaia di sterline.

Io era stato religiosamente educato come presbiteriano; e quantunque taluni dogmi di questa setta, come dire *gli eterni decreti di Dio, l' elezione, la riprovazione,* ec. mi sembrassero inintelligibili, ed alcuni altri dubbi; e presto mi fossi astenuto dal comparire alle pubbliche sue radunanze, perchè la domenica volli riservarla a' miei studi; pure non rinunciai affatto in nessun tempo ad ogni principio religioso. Così non ho mai dubitato della esistenza di Dio; nè della sua creazione e provvidenza; nè che il miglior culto che gli si possa offrire è il far bene ai nostri simili; nè dell'immortalità dell'anima e del premio alla virtù e del castigo al vizio, o qui stesso in terra o in altro mondo. Questi principii io li stimava essenziali ad ogni dottrina religiosa, e trovandoli difatti in tutte quelle che vedeva professate nel nostro paese, tutte le rispettava; quantunque in diverso grado, secondo che le sapeva miste più o meno anche di altri articoli, i quali senza poter inspirare, promuovere o confermare la vera moralità, fosser di quelli che piuttosto sembrano avere per iscopo di dividerci e inimicarci. Questo mio rispetto per tutte le religioni, coll'opinione che anche la meno accettabile reca pur sempre qualche buon frutto, mi traeva ad evitare ogni discorso che potesse scemare l'altrui concetto per la propria credenza; e mano mano che cresceva la popolazione della nostra provincia, e sentivasi il bisogno di nuovi templi, siccome questi generalmente venivano eretti da volontarie contribuzioni, il mio obolo mai non mancava, qualunque fosse la setta che lo implorasse.

Anche delle congregazioni religiose dirò, che, sebbene io poco le frequentassi, nulladimeno le stimava opportune ed utili, sempre che fossero bene ordinate; e regolarmente quindi pagai ogni anno la mia quota per il mantenimento dell'unico ministro presbiteriano che si aveva in Filadelfia. Questo ministro veniva talora da me come amico, e m'invitava a' suoi sermoni; e a quando a quando io mi vi recava; anzi una volta lo feci per cinque domeniche di seguito. Se a mio giudizio lo avessi trovato buon predicatore, forse m'induceva ad ascoltarlo tutte le domeniche, malgrado i miei diletti studi; ma i suoi discorsi erano per lo più od argomenti polemici, od esposizioni delle dottrine speciali della nostra setta; aridume per me, senza ombra d'interesse, senza edificazione, poichè non inculcavano, non fortificavano alcun principio morale; e pareva chè mirassero piuttosto a confermarci presbiteriani che a farci buoni cittadini.

Una volta, infine, questo nostro ministro prese a testo del suo discorso il verso del capo quarto dell'Epistola ai Filippesi, che dice: « *Quant'è al rimanente, fratelli, tutte le cose che sono veraci, tutte le cose che sono oneste, tutte le cose che sono giuste, tutte le cose che sono pure, tutte le cose che sono amabili, tutte le cose che sono di buona fama; se v'è alcuna virtù e se v'è alcuna laude; a queste cose pensate.* » Io credetti che in una predica sopra un testo siffatto, non poteva mancare qualche moralità; ma l'oratore toccò solo di questi cinque punti, che secondo lui l'Apostolo aveva avuto di mira: 1° la santificazione della domenica; 2° la diligente lettura della Bibbia; 3° l'assistenza doverosa ai divini uffici; 4° l'obbligo di accostarsi ai Sacramenti; 5° il rispetto dovuto ai ministri di Dio. Tutte cose belle e buone; ma non eran quelle che mi aspettava dal testo annunciato, per cui, persuaso che non avrei udito mai ciò ch'io desiderava, più non mi lasciai rivedere a quelle prediche.

Già qualche anno prima (cioè nel 1728) io aveva composto per me una breve liturgia, in forma di preghiera, intitolata: *Articoli di Fede ed Atti di Religione;* ritornai dunque dopo d'allora a farne uso, astenendomi dalle congregazioni pubbliche. Questa mia condotta sarà biasimevole; nè io intendo giustificarla: narro fedelmente la mia vita, come ho promesso, e non ne faccio l'apologia.

Verso questo medesimo tempo formai l'ardito e difficile progetto di giungere alla perfezione morale. Io desiderava di passare la vita senza commettere alcun fallo, in nessun tempo; e voleva poter padroneggiare tutto ciò che fosse atto a trascinarmivi: la naturale propensione, la società, o l'uso. Siccome conosceva, o credeva di conoscere, il bene e il male, non vedeva il perchè non potessi sempre far l'uno ed evitar l'altro; ma in breve m'accorsi, che aveva intrapreso un'opera più ardua di quello avessi dapprima immaginato. Mentre poneva ogni cura nel preservarmi da un fallo, cadeva, spesso senza avvedermene, in un altro: l'abitudine prevalevasi di ogni disattenzione, oppure la tendenza era troppo forte appetto alla ragione.

Conclusi in fine che, sebbene uno potesse speculativamente esser persuaso di quanto importi mantenersi virtuoso, questa convinzione era insufficiente a impedirgli di sdrucciolare; che gli bisognava rompere le male abitudini, acquistarne di buone, e fortificarsi in esse prima di poter assicurarsi di saper tenere una costante ed uniforme rettitudine di condotta. Laonde, proponendomi io di giungere a questo, immaginai il seguente metodo.

Nelle serie diverse delle virtù morali, che vedute aveva nelle mie letture, il numero era più o meno copioso, secondo che gli scrittori comprendevano più o meno virtù sotto una stessa denominazione. La temperanza, per esempio, secondo taluni, non riferivasi che al mangiare ed al bere; mentre altri ne estendevano il significato alla moderazione in tutti i piaceri, in tutti gli appetiti, in tutte le inclinazioni, o passioni, del corpo o dell'animo; ed anche fino all'avarizia ed all'ambizione. Io mi proposi per più chiarezza di usare piuttosto un numero maggiore di nomi, comprendendo sotto ciascuno di essi poche idee, che un minor numero, associandovene troppe. Inclusi pertanto sotto tredici nomi di virtù, tutte quelle che io allora riguardava come necessarie o desiderabili; e scrissi accanto ad esse un breve precetto, che dimostrasse pienamente l'estensione che dava al loro significato.

Ecco i nomi delle virtù, col precetto corrispondente:

1° — TEMPERANZA.

Non mangiare sino a sentirti aggravato; non bere in modo, che le tue idee ne siano alterate.

2° — SILENZIO.

Non dire che quello che può essere utile ad altri, o a te medesimo. Evita le conversazioni frivole.

3° — ORDINE.

Che ogni cosa occupi intorno a te il suo posto, e che ciascuno de' tuoi affari abbia il suo tempo.

4° — RISOLUZIONE.

Sii risoluto di fare ciò che devi e fa' esattamente ciò che hai risoluto.

5° — ECONOMIA.

Non fare alcuna spesa, che per altrui o tuo bene; ossia non spender nulla male a proposito.

6° — APPLICAZIONE.

Non perdere il tuo tempo, sii sempre occupato in qualche cosa utile; astienti da ogni azione vana.

7° — SINCERITÀ.

Non tendere insidia mai, di nessuna sorte; che i tuoi pensieri siano innocenti e giusti, e a questi conformi le parole.

8° — GIUSTIZIA.

Non far torto ad alcuno, sia ingiuriando, sia trascurando quel bene, che è tuo dovere.

9° — MODERAZIONE.

Evita ogni eccesso; fa' di non tenerti offeso dei torti altrui, quanto a te sembra di doverlo essere.

10° — NETTEZZA.

Non soffrire alcuna sordidezza sul tuo corpo, sui tuoi abiti, nella tua casa.

11° — Tranquillità.

Non ti lasciar turbare da inezie o da accidenti ordinarii ed inevitabili.

12° — Castità.

13° — Umiltà.

Imita Gesù, e Socrate.

Essendomi proposto di acquistare l'abito di tutte queste virtù, pensai che sarebbe stato bene di non dividere la mia attenzione coll'intraprendere di farne tesoro tutto ad un tratto; ma di fermarla invece sopra di una sola per volta; nè mai prima di averla conseguita passare ad un'altra; e così di seguito, finchè le avessi percorse tutte e tredici. E siccome il far precedere l'acquisto di talune poteva agevolare quello di altre, le disposi, con tale mira, nel modo che ho detto. La *temperanza* era la prima, perchè ci procura la calma e la chiarezza di mente, sì necessarie quando è mestieri di una costante vigilanza contro l'attrazione sempre viva delle antiche abitudini, e la forza delle continue tentazioni.

Ottenuta una volta e consolidata questa virtù, il *silenzio* diveniva molto più facile. Desideroso io di far acquisto di cognizioni, nel tempo stesso in cui mi perfezionava nella virtù, considerai che vi si giunge, conversando, piuttosto coll'aiuto dell'orecchie, che non con quello della lingua; e per troncare quindi l'abitudine, in me già forte, di chiacchierare, di motteggiare, di fare il bello spirito (ciò che solo mi avrebbe dato accesso nelle compagnie frivole), assegnai il secondo posto al *silenzio*.

Sperava col suo mezzo e mediante l'*ordine*, che vien dopo, di acquistar maggior tempo per seguitare il mio proposito ed i miei studi. La *risoluzione*, divenuta una volta abituale, doveva farmi perseverare negli sforzi di ottenere le altre virtù. L'*economia* e l'*applicazione*, liberandomi dai rimanenti miei debiti, e procurandomi l'abbondanza e la indipendenza, dovevano rendermi più agevole la pratica della *sincerità* e della *giustizia*, ec.

Conclusi infine, che, giusta quanto avvertiva Pitagora ne' suoi Versi d'oro,[1] un esame quotidiano era necessario; e per condurlo immaginai il modo seguente. Feci un libriccino, ove ad ogni virtù era data la sua pagina; rigai ciascuna pagina con inchiostro rosso, per modo di averne sette colonne, una per ogni giorno della settimana, e distinsi le colonne con lettere che indicassero questi giorni; quindi le incrociai con tredici linee, segnando il capo di ognuna coll'iniziale di una delle virtù; così che di poi sopra ogni linea, e nella propria colonna, segnare potessi con un punto nero ogni fallo che l'esame della coscienza mi rinfacciasse avere io commesso, in un dato giorno, contro l'una o l'altra delle diverse virtù.[2]

Forma delle pagine.

TEMPERANZA.						
NON MANGIARE SINO A SENTIRTI AGGRAVATO; NON BERE IN MODO CHE LE TUE IDEE NE SIANO ALTERATE.						
	D.	L.	M.	M.	G.	V.	S.
T.							
S.	*	*		*		*	
O.	**	*	*		*	*	*
R.			*			*	
E.		*			*		.
A.			*				
S.							
G.							
M.							
N.							
T.				,	●		
C.							
U.			.				

[1] Sono sentenze morali, così qualificate per la loro eccellenza.
[2] Questo libretto ha la data del 1 luglio 1733.

Determinai di dare una settimana di attenzione rigorosa a' ciascuna virtù successivamente; laonde nella prima settimana presi cura speciale di non offendere la *temperanza*, abbandonando le altre virtù alla sorte loro ordinaria; solamente notava ogni sera i falli del giorno, e se poteva nella prima settimana tener netta la prima linea contrassegnata *T*, considerava l'abito di quella virtù come bastevolmente rafforzato, ed i suoi nemici, le inclinazioni contrarie, abbastanza indeboliti per poter arrischiarmi ad estendere la mia attenzione alla virtù seguente, così da ottenere la settimana di poi due linee esenti da segni.

Procedendo per tal modo fino all'ultima, io poteva farne un corso compiuto in tredici settimane, e quattro corsi in un anno; e come chi avendo un giardino da ripulire non si accinge a sbarbare tutte le cattive erbe in una volta, il che eccederebbe la sua vigilanza e la sua forza, ma si mette intorno prima ad un'aiuola, poi ad un'altra; così io avrei avuto (lo sperava almeno) l'incoraggiante diletto di scoprire su queste pagine il mio progresso nelle virtù, vedendone successivamente sparire i segni dalle linee; sino a che da ultimo, fatte molte ripetizioni, avessi la fortuna di trovare pulito il mio libro dopo un esame giornaliero di tredici settimane.

Questo libricciuolo aveva per epigrafe i seguenti versi del *Catone* di Addisson:

« In questo io voglio perseverare. Se v'ha un Potere al di sopra di noi (e che vi sia, lo proclamano tutte le opere della natura), deve aver diletto della virtù, e render felice colui nel quale si compiaccia. »

Ed anche questa sentenza di Cicerone:

« Oh Filosofia, guida della vita! Oh scrutatrice delle virtù e debellatrice dei vizi!! Un solo giorno trascorso bene è da anteporsi ad una colpevole immortalità.[1] »

---

[1] O vitæ Philosophia dux! o virtutum indagatrix, expultrixque vi-

E questo tratto inoltre dei Proverbi di Salomone, ove parla della saggezza e della virtù:

« Ella ha nella destra mano la lunga vita, nella sinistra le ricchezze e la gloria.

» Belle sono le sue vie, e in tutti i suoi sentieri è la pace.[1] »

Considerando Iddio come la fonte della sapienza, stimai che fosse giusto e necessario d'invocare il suo patrocinio per ottenerla. Composi perciò la seguente breve preghiera, e la collocai in capo alle mie tavole di esame per servirmene tutti i giorni:

« Oh bontà onnipotente, Padre benefico, guida misericordiosa! accresci in me la sapienza che mi faccia conoscere il mio vero bene; fortifica la mia risoluzione di eseguire ciò ch'essa prescrive; gradisci i miei buoni uffici verso gli altri tuoi figliuoli, come il solo atto di riconoscenza che sia in poter mio, pei continui favori che tu mi accordi. »

Io mi giovava pure di questa preghiera, tratta dai poemi di Thompson:

« Padre della luce e della vita, suprema felicità! Deh, mi addita ciò che è buono, rivelami Te stesso! Salvami dalla follía, dalla vanità, dal vizio, da ogni bassezza: ricolma l'anima mia di sapienza, di conscia pace, di pura virtù; sacra, sincera, durevole beatitudine! »

Il precetto dell' *ordine* richiedendo che ogni parte de' miei affari avesse il suo tempo determinato, una

---

tiorum! Unus dies bene et ex præceptis tuis actus, peccanti immortalitati est anteponendus.

[1] Longitudo dierum in dextera ejus, et in sinistra illius divitiæ, et gloria.

Viæ ejus, viæ pulchræ, et omnes semitæ illius pacificæ.

pagina del libriccino conteneva il modello seguente per l'impiego delle ventiquattr'ore del giorno:

	Ore.	
Mattino.	5	Alzarmi dal letto, lavarmi, ed invocare la Suprema Bontà; riflettere intorno agli affari della giornata, e prendere le risoluzioni necessarie; continuar i miei studi; far colazione.
Domanda: Qual bene posso io fare quest'oggi?	6	
	7	
	8	
	9	Lavoro.
	10	
	11	
Mezzodì.	12	Lettura, o esame de'miei conti, e pranzo.
	1	
	2	
	3	Lavoro.
	4	
	5	
Sera.	6	Porre ogni cosa al suo posto. Cena. Musica, o ricreazione, o conversazione. Esame della giornata.
Domanda: Qual bene ho io fatto quest'oggi?	7	
	8	
	9	
	10	
	11	
Notte.	12	Sonno.
	1	
	2	
	3	
	4	

Incominciai ad eseguire questo proponimento dal mio esame; e continuai così per un certo tempo, salvo qualche inevitabile interruzione. Mi recò sorpresa di trovarmi assai più difetti di quello m'immaginassi; ma ebbi anche la soddisfazione di vederli diminuire.

Per evitare la noia di dover rifare il mio libriccino, che col raschiarne i segni dei falli vecchi per sostituirvi i nuovi in un nuovo corso, s'era forato come un crivello; trascrissi le mie tavole e i precetti sopra un libretto di ricordi a fogli d'avorio, con inchiostro rosso; e vi notai i miei falli con matita, di cui agevolmente poteva cancellare le traccie con una spugna inumidita.

Dopo un certo tempo non feci più che un corso durante l'anno, e dipoi un solo in parecchi anni; fino a che omisi del tutto, perchè impedito da viaggi e da molti e diversi affari. Nulladimeno portava sempre il mio libriccino con me.

Il proponimento fatto intorno all'*ordine* fu quello che mi costò maggior pena; e trovai che, sebbene fosse praticabile allorchè gli affari sono di tal natura da lasciar libera la disposizione del tempo; come per esempio sono quelli d'un operaio stampatore; non era il medesimo per un principale, che doveva aver relazione con molti, e ricevere spesso le persone con cui deve trattare nell'ora che più loro conviene. Riconobbi pure difficilissimo di osservar l'ordine nell'assegnare il loro posto a ciascuna cosa, alle carte, ec. Io non era stato accostumato per tempo a ciò; ed avendo una eccellente memoria, sentiva poco l'inconveniente del mancare di metodo. Quest'articolo pertanto mi obbligò a così penosa attenzione, i miei falli in questa parte mi annoiarono talmente, i progressi erano sì deboli e le ricadute sì frequenti, che mi determinai quasi a più non curarmi del difetto. Mi pareva di somigliare a quell'uomo, che, volendo comperare una scure da un ferraio mio vicino, desiderava che avesse tutta la superficie lucida quanto il taglio. Il ferraio rispose che gliel'avrebbe così arrotata s'egli acconsentiva a girare la ruota. Accettò il patto costui e si mise all'opera; ma l'altro premeva di piatto la scure con molta forza, e gli rendeva ben faticoso quel girare. Il compratore ad ogni tratto volea vedere quanto la scure acquistasse; e infine si decise a prendersela così come si trovava, senza faticar più tanto. Ma il ferraio: "No, no," gli diceva, "non ismettete: in breve la vedremo tutta lucida: finora non lo è che qui e qua, e vi appaiono macchie."—"*È vero*, l'altro rispose: "*ma penso che una scure macchiata farà meglio al caso mio.*" E io credo che questo sia stato anche il caso di molti altri, i quali, per non aver voluto far uso dei mezzi che io adottai, all'incontrare delle difficoltà che attraversano sempre la conquista di un bene o la correzione di un abito vizioso, dopo lieve prova cessarono da ogni sforzo, e conclusero che *una scure macchiata faceva meglio al caso loro.* A me pure qualche cosa, che pretendeva essere la ragione, suggeriva di tempo in tempo che questa estrema delicatezza la quale da me stesso esigeva, poteva bene essere una specie di fatuità in morale che mi renderebbe ridicolo se fosse conosciuta; che un carattere perfetto potrebbe avere l'inconveniente di destare invidia ed avversione; e che un uomo benevolente deve saper soffrire in sè stesso qualche neo per non fare vergogna a' suoi amici.

Per verità io era incorreggibile rispetto all'*ordine;* ed ora che sono vecchio e che non ho più la memoria di una volta, ne sento vivamente il difetto; ma pure, anche non arrivato alla perfezione alla quale aveva tanta voglia di giungere ed anzi rimastone ben lontano, i miei sforzi mi hanno reso migliore, e più felice di quello sarei stato, se non avessi formato questo proponimento; in ciò simigliante a colui, che tenta di farsi una mano di scrittura perfetta imitando un esemplare inciso, e che, se non giunge a quella perfezione, ottiene però co' ripetuti sforzi di migliorare la mano, e di poter scrivere in modo netto e leggibile.

Può essere vantaggioso a' miei discendenti il sapere, che a questo agevole artificio, coll' aiuto di Dio, l'antenato loro ha dovuto la costante felicità della sua vita, fino all'anno settuagesimo nono, in cui scrisse queste cose. Gl'infortuni che possono accompagnare il rimanente de' suoi giorni, sono nelle mani della Provvidenza; ma, se ne accadranno, il pensiero della sua prosperità passata lo aiuterà senza dubbio a sopportarli con rassegnazione maggiore. Egli attribuisce alla *sobrietà* la sua lunga e costante salute e quanto gli rimane ancora di una buona complessione; all'*applicazione* ed alla *economia* gli agi che si è di buon'ora procurati, e l'acquisto in seguito della ricchezza, ed anche delle cognizioni, che lo hanno posto in grado di essere un cittadino utile e procacciatogli qualche riputazione tra i dotti; alla *sincerità* ed alla *giustizia*, la fiducia del suo paese e gli onorevoli impieghi di cui è stato rivestito. Finalmente all'azione di tutte queste virtù, per quanto imperfettamente da lui esercitate, ei crede di dovere quella eguaglianza di umore e quella giovialità nel conversare, che fa tuttora ricercare la sua compagnia anche dalle persone meno attempate di lui. Egli spera che taluno de' suoi discendenti seguirà quest'esempio, e se ne troverà del pari soddisfatto.

Quantunque il mio disegno, come si è potuto vedere, non fosse interamente senza rapporti colla religione, non vi si rinvenivano indizii di alcun domma speciale. La qual cosa io aveva voluto pensatamente; perchè, essendo persuaso della utilità e della eccellenza del mio metodo, riputava ch' esser dovesse vantaggioso agli uomini, qualunque fosse la loro fede religiosa; e intendendo un giorno o l'altro di pubblicarlo, non voleva che vi si trovassero appicchi da fargli dei nemici.

Io aveva in pensiero di scrivere un breve commento sopra ciascuna virtù, nel quale avrei fatto vedere l'utilità di possederle, ed i mali che conseguitano i vizi contrari alle medesime. Avrei intitolato il mio libro *L' Arte della Virtù*, come quello che doveva additare i mezzi e il modo di acquistarla; distinguendosi così dalle semplici esortazioni ad esser buoni, che mai però non sanno dirvi come vi si pervenga, e somigliano all'uomo di carità verbosa, del quale parla l'Apostolo,[1] che senza insegnare mai all'ignudo ed all'affamato come debbano procacciarsi vesti o pane, li vuole vestiti e pasciuti.

---

[1] Giacomo, cap. II, vers. 15 e 16.

Ma le cose mie sono andate in modo, che la intenzione di scrivere e di pubblicare questo commento non si è mai potuta adempiere. Di quando in quando, a dir vero, io notava alcuni cenni sui sentimenti, sui ragionamenti ec., che dovevano servirmi all'uopo di materiale, e tuttavia li conservo; ma l'attenzione che mi è bisognato dare nei primi anni della vita agli affari miei personali, ed ai pubblici dipoi, mi hanno costretto a differire siffatto lavoro ad altro tempo; e siccome è unito nella mia mente con un grande e vasto disegno, di cui la esecuzione richiede tutto l'uomo, e di cui una serie impreveduta d'impegni mi ha impedito finora di occuparmi, è rimasto sempre imperfetto.

Mi proponeva di provare in quest'opera, che la sola considerazione della natura dell'uomo ci fa conoscere che le azioni viziose non sono nocive perchè proibite, ma sì proibite perchè nocive; e che quei medesimi, i quali non aspirano se non se alla felicità terrena, hanno interesse ad essere virtuosi. Riflettendo poi, che in ogni tempo vi sono ricchi mercanti, principi, e repubbliche, bisognosi per l'amministrazione de' loro affari di agenti onesti, e che questi son rari; avrei intrapreso di convincere i giovani, che nulla è più capace d'innalzare un uomo povero ad uno stato di agiatezza, di quello sia la probità e la integrità.

La mia lista delle virtù non ne conteneva sulle prime che dodici; ma un quacquero, de' miei amici, avendomi cortesemente avvisato, che io passava generalmente per orgoglioso; che spesso ne dava prove; che nel conversare, non contento di aver ragione, allorquando disputava su qualche punto, voleva anche provare agli altri che avevano il torto, e dava nell'insolente; della qual cosa mi convinse, arrecandomi diversi esempii; deliberai d'intraprendere la guarigione, se era possibile, di questo mio vizio e di questa follìa, contemporaneamente alle altre; ed aggiunsi alla lista l'*umiltà*, dando a questo nome una significazione più larga che non soglia avere.

Non posso vantarmi di un gran successo nell'acquisto reale di questa virtù; ma ho molto guadagnato quanto alla sua apparenza. Mi prescrissi la regola di non mai contraddire direttamente alla opinione altrui, e mi feci divieto di usare di qualsivoglia asserzione positiva in sostegno della mia. Giunsi perfino, conformemente alle antiche leggi della nostra *Junto*, a interdirmi l'uso di espressioni che mostrassero una opinione troppo fissa, come sarebbero *certamente, indubitatamente,* ecc., e adottai invece le parole *penso, sospetto* o *immagino*, che la tal cosa sia così; oppure *mi pare in questo momento* che, ecc. Quando taluno affermava cosa che mi sembrava erronea, io mi guardava dal contraddirlo bruscamente, e di mostrargli a un tratto l'assurdità della sua proposizione; ma nella mia risposta cominciava dall'osservare, che se in certi casi, in certe date circostanze la sua opinione per avventura poteva esser giusta, in quella di cui trattavasi, a me sembrava, che vi fosse qualche differenza, ec.

Conobbi presto la convenienza di tale cambiamento nei miei modi: le conversazioni, alle quali prendeva parte, si resero più gradevoli a me ed agli altri; il tuono modesto col quale esponeva le mie opinioni, procacciava loro un più pronto accoglimento e ne scemava i contradditori; non provava più tanta mortificazione se mi accadeva di aver torto; ed otteneva più agevolmente dagli altri che, riconosciuti i loro errori, a me aderissero, quando io aveva ragione.

Questo metodo, al quale non potei dapprima assoggettarmi senza far violenza alla mia naturale inclinazione, mi divenne da ultimo tanto facile ed abituale, che nessuno, da forse cinquant'anni, ha potuto, credo, accorgersi che mi sia sfuggita una sola espressione in tuono dogmatico. A quest'abitudine (dopo la mia riputazione d'integrità) devo principalmente d'aver otte-

nuto per tempo una grande fiducia da'miei concittadini,
quando ho loro proposte nuove istituzioni, o mutazioni
alle antiche; ed una maggior influenza nelle pubbliche
assemblee, allorchè ne fui membro; non essendo io stato
che un cattivo oratore, senza facondia, spesso esitante,
rare volte corretto nelle mie espressioni; e nullameno
la mia sentenza in generale prevaleva.

Nessuna delle nostre naturali propensioni è per avventura più difficile a domarsi dell'*orgoglio*. Si dissi-
muli pure, si atterri, si soffochi, si mortifichi quanto
uno vuole; è sempre vivo, risorge, fa capolino, si mostra
quando meno te 'l pensi. Voi lo scorgerete senza dubbio
di frequente in questa narrazione medesima, forse nel
momento stesso in cui parlo di soggiogarlo; e potrete
scoprirmi orgoglioso per fino nella mia umiltà.[1]

(*Fino a questo punto fu scritto a Passy, 1784.*)

---

[1] A proposito di orgoglio e di umiltà, Franklin, in una lettera al
dottor Mather di Boston, lasciò scritto di sè medesimo il seguente aneddoto:

« Passy, li 12 maggio 1784.

» REVERENDO DOTTORE . . . . L' ultima volta
che ho veduto vostro padre, fu nel 1724, allorchè mi recai a fargli
visita dopo il mio primo viaggio in Pensilvania; mi ricevè nella sua
libreria, e quando presi da lui congedo, mi additò una via più breve
di quella per cui io era entrato, e ch'era un passaggio angusto, attra-
versato da una trave non molto alta. Egli conversava con me accom-
pagnandomi, ed io mi volgeva di quando in quando verso di lui. Tutto
ad un tratto mi disse: *abbassatevi! abbassatevi!;* ma nol compresi bene,
e col capo urtai nella trave. Vostro padre era un uomo che non lasciava
mai sfuggire il destro di dar qualche buon consiglio; e però in quell'occasione mi disse: voi siete giovine, e dovrete girare il mondo; ricorda-
tevi dunque di sapervi abbassare a tempo, ed eviterete molti guai. — Questo avvertimento mi restò scolpito nella memoria, e mi è stato spesso
utile, ricordandomelo ogni qualvolta ho veduto l'orgoglio umiliato, e la
disgrazia di persone che avevano voluto portare il capo troppo alto.... »

Capitolo Settimo.

Disegno di una Società per propagare l'influenza della Virtù. — Fede in Dio, nell'immortalità dell'anima, e nel premio o nelle pene in una futura vita. — Almanacco del *Povero Riccardo*. — Norme per la direzione di un giornale. — Controversia a proposito di un predicatore. — Franklin studia le lingue francese, italiana e spagnuola. — Sua visita a Boston. — La *Junto*. — Franklin è fatto segretario dell'Assemblea, poi direttore delle Poste in Filadelfia. — Consiglia riforme per la Guardia cittadina. — Forma una Compagnia contro gl'incendi.

(Ora mi accingo a scrivere in casa mia, nell'agosto del 1788; ma non posso avere tutto il sussidio sperato dalle mie carte, chè molte di queste andarono perdute nel tempo della guerra. Pure ho trovato da poter compilare quanto segue.)

Avendo già menzionato *un grande e vasto disegno* da me formato, mi sembra questo il luogo di farlo conoscere. Il suo primo nascere nella mia mente appare in una noterella, per sorte salvatasi, che voglio trascrivere:

Osservazioni che mi venner fatte nelle letture di storia, alla Libreria, addì 19 maggio 1731.

« Che le maggiori cose del mondo, come guerre, rivoluzioni, ec., sono prodotte e condotte da fazioni.

. » Che lo scopo di queste fazioni è il loro presente generale interesse; o ciò che credono tale.

» Che le diverse mire di queste diverse fazioni sono causa di tutte le confusioni.

» Che mentre una fazione attende a un suo generale disegno, ogni uomo cerca il proprio utile privato.

» Che non appena una fazione ha raggiunto il suo scopo generale, ognuno de'suoi membri si getta a procacciare soltanto l'utile proprio; il che attraversando le mire altrui, rompe la fazione in diverse parti, e cagiona maggior confusione.

» Che ne' pubblici affari ben pochi operano pel solo bene del paese, che che vadano dicendo; e quantunque realmente giovino al paese, pure ayevano già calcolato che il loro privato interesse collimava col pubblico; pertanto non agirono mossi da un principio di vera benevolenza.

» Che un minor numero ancora, ne' pubblici affari, hanno di mira il bene dell' umanità.

» A me sembra dunque che possa di presente esser molto opportuno il formare una *Società unita per la Virtù*, ordinando gli uomini più virtuosi di tutte le nazioni in un corpo regolare, da governarsi con buone, savie, acconcie norme; nell' osservare le quali probabilmente sarebbero più unanimi questi prudenti e virtuosi, che non sia la comune degli uomini rispetto alle leggi ordinarie.

» Io son d' avviso che quell' uomo il quale ora volesse fondare questa istituzione, con senno e giustizia, farebbe cosa accetta a Dio e di sicura efficacia.

» B. F. »

Rivolgendo in mente questo disegno, da tentarsi poi quando avrei avuto modo di farlo, scrissi intanto, sopra foglietti volanti, quei pensieri che di quando in quando mi suggeriva. Molti ne andarono perduti; ma trovo una pagina dove è quello che stimava essere la sostanza di un Credo da proporsi, come quello che avrebbe contenuto (almeno io lo pensava) l' essenziale di ogni religione conosciuta, senza poter offendere nessuna fede speciale. È così espresso:

« V' è un Dio creatore di tutte le cose.

» Egli governa il mondo colla sua provvidenza.

» Dev'essere onorato con adorazione, preghiere e rendimenti di grazie.

» Però il culto a Lui più accetto sarà sempre l'amore del prossimo.

» L'anima è immortale.

» Dio vorrà certo premiare la virtù e punire il peccato, o su questa terra, o in altra vita. »

Credeva opportuno allora che questa società si dovesse primieramente formare e propagare tra uomini giovani e celibi; che ogni iniziando non solo ne accogliesse il Credo, ma dovesse prepararsi con quell'esame di tredici settimane e di pratica di virtù, che più sopra ho descritto; che l'esistenza della società si dovesse tenere segreta, infino a che non fosse molto cresciuta, per potervi solo ammettere uomini degni; che però ciascun suo membro cercasse intanto fra i conoscenti se poteva trovarvi giovani capaci e ben disposti, ai quali gradatamente, con cautela, manifestarne il disegno; che i membri s'impegnassero a reciprocamente prestarsi consiglio e favore d'ogni guisa, per promuovere l'uno il ben essere dell'altro; che ci saremmo distinti col nome di *Società dei liberi e spregiudicati.*[1] Sì, veramente liberi, per esserci sottratti al vizio colla pratica e l'abito della virtù; e segnatamente per avere coll'operosità e la frugalità scansato il debito, che priva l'uomo della sua libertà, e ne fa una specie di schiavo de'suoi creditori.

Questo è quanto posso ricordarmi ora di quel disegno; ma ricordo altresì di averlo comunicato in parte a due giovani che lo approvarono con entusiasmo; la strettezza però della mia fortuna, e per conseguenza la necessità che aveva d'attendere con la più grande assiduità ai miei negozi, m'obbligarono a riservarne per altro tempo la piena esecuzione; e dipoi le tante e diverse occupazioni private e pubbliche mi costrinsero a sempre più ritardarla, finchè mi ridussi a questa età senza la forza e l'energia voluta per una tale intrapresa. Però sono sempre di opinione che era cosa praticabile, e avrebbe potuto essere assai utile, se abbracciata da gran numero di cittadini; nè era sgomentato

---

[1] Veramente l'inglese ha *Free* (liberi) *and Easy;* il quale ultimo vocabolo io rendo per « spregiudicati » in considerazione dell'indole della Società di cui trattasi; ma potrebbe essere diversamente tradotto; chè significa *mite, facile, tranquillo, agiato* ecc,

dall' apparente grandezza dell' intrapresa, perchè ho
sempre stimato che anche un sol uomo di mediocre
sagacità può fare assai mutamenti e operare ingenti
cose tra' suoi simili, purchè dapprima formi un buon
disegno, e poi, schivando ogni occasione che lo possa
distrarre dallo scopo che si propone, faccia dell' esecuzione di tale disegno l' unico suo studio, l' unica faccenda.

Nel 1732 io cominciai a pubblicare il mio Almanacco, sotto il nome di *Riccardo Saunders*, ma che d'ordinario era detto l'*Almanacco del Povero Riccardo*; e lo
continuai per venticinque anni, studiandomi sempre di
farlo ameno ed utile, cosicchè ve n' ebbe grande spaccio, intorno a diecimila annualmente; ed io ne cavai di bei quattrini.[1] Osservando poi che aveva tanti
lettori, poichè non v' era angolo nella provincia ove
non si trovasse, lo considerai come un opportuno vei-
colo d' istruzione al popolo, tra il quale forse non cir-
colava altro libro; e pertanto presi a riempire tutti
gli spazi ch' eran lasciati nel calendario, di proverbi e
sentenze; scegliendo principalmente quelle che incul-
cano l' operosità e la frugalità quali mezzi di far fortuna, e così facilitarsi il divenire virtuosi; essendo
molto più difficile ad un bisognoso che a chi non lo è
di agire in tutto onestamente; o, per dirla con uno
di quei miei proverbi, perchè: « *sacco vuoto non sta
ritto.* »

Questi proverbi, frutto della saggezza di molti secoli
e nazioni, io li raccolsi dipoi formandone un discorso
continuato, che posi innanzi all'almanacco del 1757
in guisa di arringa di un vecchio giudizioso alla gente
concorsa a un' asta pubblica. Tutte queste sentenze ora
così concentrate, fecero maggiore impressione; e il di-

---

[1] Il primo annunzio di questo celebre Almanacco si lesse nella
Gazzetta della Pensilvania il 19 dicembre 1732; e quantunque così tardi,
furono fatte ben tre edizioni di quel *primo anno* innanzi la fine del
gennaio.

scorso, universalmente approvato, venne riprodotto in tutti i giornali del continente americano, e ristampato in Inghilterra in un gran foglio da appendersi come un quadro nelle case; inoltre ne furono fatte due traduzioni in francese, e moltissime copie vendute a parroci e gentiluomini, che li distribuirono gratis fra contadini ed altri operai. In Pensilvania poi fu creduto, che quell'inculcare che faceva di astenersi dalle superfluità forestiere, contribuisse non poco a produrre l'abbondanza di denaro, che d'allora in poi, per vari anni, vi si è veduta.

Ed anche della mia gazzetta volli fare un mezzo d'istruzione, e perciò vi ristampava spesso dei brani dello *Spettatore* e di altri moralisti; e a volte anche pubblicava qualche cosarella di mio, stata fatta in origine per esser letta nella nostra Junto. Fu di queste un dialogo socratico, nel quale volli dimostrare che un vizioso non potrà mai esser detto giustamente uomo di buon senso, per quanto pur sia istruito ed abile; ed anche un ragionamento sul sacrificarsi a pro degli altri, ove dichiarava che la virtù non è mai ben solida, finchè non è divenuta un'abitudine il praticarla e non è fatta libera dal contrasto di tutte le inclinazioni contrarie. Si trovano questi scritti ne' primi numeri della gazzetta del 1735.

Io preservava con istudio il mio giornale dalle satire e da ogni personale ingiuria; ciò che in questi ultimi tempi ha fatto sì gran torto al nostro paese. Ogni qualvolta era invitato a pubblicarvi scritti di questa sorta, e che gli autori, come sogliono, invocavano per ismuovermi la libertà della stampa, e asserivano che un giornale è come una vettura, nella quale ogni uomo, pagando, ha diritto di poter sedere; rispondeva che se bramavasi, avrei stampato lo scritto separatamente, dandone all'autore copie in quantità, acciocchè le distribuisse egli medesimo; ma che io non voleva farmi strumento delle sue detrazioni; e che essendomi obbligato

co'miei sottoscrittori di fornir loro materia istruttiva
o amena, avrei mancato al debito mio, se avessi messo nel
giornale private contese, nelle quali essi non avevan nulla
a vedere. Presentemente, invece, molti de'nostri stampatori non hanno uno scrupolo al mondo nel servire le
malizie private con false accuse dei più rispettabili cittadini, e spingere la cosa fino a far nascere duelli; e
inoltre sono tanto indiscreti da pubblicare ben anco
scurrili osservazioni sul governo dei popoli nostri vicini,
ed eziandio sui migliori alleati della nazione; senza
pensare alle gravi conseguenze che ne possono derivare.
Questo io dico per ammonire i nostri giovani tipografi,
che si guardino dal degradare i loro torchi e avvilire
la professione con infami condiscendenze di tal guisa;
ma sappiano rifiutarsi fermamente, giacchè possono dal
mio esempio vedere che nè anche il loro utile ne sarebbe infine scemato.[1]

Nel 1733 mandai uno de'miei lavoranti a Charleston,
nella Carolina del Sud, dove si aveva bisogno di una
tipografia. Gli fornii torchio e caratteri, associandomi
a lui così che avessi a percepire un terzo de'suoi guadagni, pagando un terzo delle spese. Era questi un uomo
istruito e onesto, ma non sapeva tener registri d'affari;
e quantunque mi abbia di quando in quando mandato
delle somme di denaro, non ho mai potuto avere da
lui un solo conto, nè alcuna dimostrazione soddisfacente
dello stato della nostra società.

Ma lui morto, continuò quelli affari la sua vedova; la
quale essendo olandese e stata educata nella sua patria,
dove sento dire che il far di conti sia una parte essenziale dalla istruzione femminile, non solo mi seppe
mandare un prospetto de'nostri affari, il più chiaro ed
esatto che allora le fu possibile, ma in seguito continuò

---

[1] Si vede che qui Franklin ricordava i diffamatori americani che a
lui avevano fatto ingiuria mentre si trovava in Francia; ed anche gl'insulti stampati contro la Francia medesima, nel tempo appunto ch'ella
generosamente soccorreva l'America.

a trasmettermi colla più grande regolarità i conti trimestrali, e condusse tanto bene il negozio, che potè decorosamente allevare e educare la numerosa sua prole; e inoltre al termine della nostra società, comperare da me la stamperia, e stabilirvi uno dei suoi figli.

Ho voluto ciò ricordare, segnatamente perchè fra noi salga in onore la contabilità, come ramo della femminile istruzione; che probabilmente, in caso di vedovanza, a una donna ed a' suoi figli sarà più utile, che non il saper strimpellare delle ariette o ballare una contraddanza; giacchè la metterà in grado di non aver bisogno di amministratori, i quali non sempre sono stinchi di santi; e di continuare il traffico del defunto, forse assai profittevole, e mantenere le corrispondenze, finchè un figlio le sia cresciuto a segno da potergli affidare tutta l'azienda, e così proseguire ed anche aumentare il ben essere della famiglia.

Verso il 1734 capitò fra noi un giovane irlandese, predicatore presbiteriano, il quale si chiamava Hemphill; e che aveva una voce assai grata e sembrava improvvisare eccellenti sermoni; ad udire i quali traevano moltissime persone di sètte diverse, ma che pure unanimi lo ammiravano. Anch'io divenni uno de' suoi più costanti uditori, piacendomi quelle prediche perchè poco davano nel dogmatico, e forte inculcavano la pratica della virtù, o di ciò che in istile religioso dicesi le buone opere. Quelli tuttavia de' nostri correligionari che si tenevano per strettamente ortodossi, non approvavano la sua dottrina; e a loro si aggiunsero anche dei ministri; così che da ultimo lo accusarono al sinodo come infetto di principii eterodossi, onde gli fosse inibito di predicare. Ma io me gli feci caldo partigiano, e non mi diedi posa finchè non gli ebbi assicurato un partito favorevole, che volesse per lui combattere; e per qualche tempo durammo in questo con speranza di trionfo. Si fece un gran scrivere pro e contro; e avendo io trovato che Hemphill, quantunque valente oratore, era un magro scrittore, gli prestai la mia penna, e dettai per lui due o tre opuscoli ed un articolo nella Gazzetta dell'aprile 1735. Questi scritti, come sempre avviene in una viva controversia, furono letti con avidità mentre durava la lotta, ma poi andarono dimenticati; ed ora forse più non se ne troverebbe copia.

Durante la battaglia, una sfortunata combinazione nocque non poco alla causa del nostro eroe. Uno degli avversari avendolo udito predicare un sermone assai lodato, si ricordò di aver egli già letto quello stesso sermone, od una parte almeno; ma non sapeva ricordarsi ben dove. Cerca e cerca tuttavia, gli venne infine trovato in una Rivista inglese il brano che voleva, identico ad un lungo tratto della predica udita; e che era tolto da un discorso del dottor Foster. La scoperta fece disertare molti del nostro campo, e cagionò la nostra finale sconfitta dinanzi al sinodo. Ma io non abbandonai il predicatore neppure allora, sostenendo esser ben meglio ripetere le buone prediche altrui, che farne delle cattive, come tanti del nostro clero. Hemphill di poi mi confessò che neppur una delle prediche da lui dette era farina del suo sacco; poich'egli aveva memoria così tenace, che, udito un sermone anche una sola volta, lo poteva tutto ridire. Dopo la sconfitta, costui ci lasciò, e andò altrove a cercare miglior ventura; ed io mi sciolsi dalla nostra setta, ma pure continuai durante ancora molti anni a pagare pel mantenimento de' suoi ministri.

Aveva nel 1733 incominciato a studiare lingue; e non penai molto ad avanzare così nel francese, da poterne leggere i libri senza stento. Quindi mi volsi all'italiano; ed un amico mio, che nel tempo medesimo stava anch'egli facendo questo studio, mi tentava sovente a fare con lui una partita di scacchi; ma vedendo che il giuoco mi rubava troppo del tempo che aveva destinato all'italiano, determinai di non più giuocare, se non a condizione, che il vincitore di una partita dovesse imporre al vinto o d'imparare a memoria una parte della grammatica, o di fare una traduzione: e che ciò fosse fatto prima di potersi mettere un'altra volta al giuoco. Siccome poi eravamo a un dipresso della medesima forza, così ci battevamo a colpi di lingua italiana. In seguito, con poca fatica, appresi anche di spagnuolo quel tanto da poterne intendere le opere.

Ho già menzionato che solo per un anno fui posto a studiare latino, e ciò mentre era fanciullo, così che in seguito quel poco m'uscì tutto dalla memoria; ma com'ebbi qualche tintura di francese, italiano e spagnuolo, con sorpresa vidi che poteva intendere assai più che non avrei creduto del Nuovo Testamento in latino; il che mi diede animo a riprendere lo studio di questa lingua; nè la cosa mi fu difficile molto, perchè le altre lingue me l'agevolavano.

Dopo questa esperienza mi dovetti convincere che noi non teniamo una buona via nello studio delle lingue. Ci si dice che convien sempre incominciare dal latino, come quello che di poi ci renderà facile l'acquisto degli idiomi da lui derivati; eppure non cominciamo dal greco per facilitarci successivamente il latino.[1] Egli è vero che se tu puoi arrampicarti fino alla cima di una scala senza toccarne li scalini, ti sarà ben facile poi usarne per la discesa; ma pure il modo più ragionevole di salire sarà sempre quello di cominciare dallo scalino più basso. Vorrei dunque che quei signori i quali dirigono le scuole della nostra gioventù considerassero, se non convenga piuttosto cominciare dallo studio del francese, per passare poi all'italiano, e quindi al latino; giacchè avviene che un gran numero di quelli che cominciarono da codesto latino, dopo molti anni e poco profitto lo abbandonano; e così hanno gettato il loro tempo, non avendone imparato quanto possa giovare. Laddove se avessero dapprima studiate le lingue

---

[1] Ma il latino è veramente nato dal greco?

vive, quand'anche poi interrompendo gli studi non fossero giunti al latino, avrebbero pur sempre acquistata una lingua o due, da servirsene utilmente.

Da ben dieci anni non era più stato a Boston; sicchè ora trovandomi in qualche agio, determinai di farvi una visita per rivedere i parenti. Nel ritorno mi fermai a Newport, dove il mio fratello tipografo si era stabilito e aveva una stamperia. Le nostre querele antiche erano dimenticate, sicchè ci rivedemmo con vero affetto. Il pover'uomo era molto gramo di salute, e ogni giorno più declinava; e mi chiese che dopo la sua morte, la quale prevedeva vicina, io avessi a prender meco suo figlio, allora decenne, ed allevarlo per essere tipografo. Questo fedelmente a suo tempo io feci; mandando prima il fanciullo a scuola per alcuni anni. La madre sua continuò a dirigere il negozio finchè egli fu cresciuto abbastanza; e allora io lo fornii di un assortimento di nuovi caratteri, essendo molto consunti quelli che aveva usati suo padre. In tal guisa potei fare ammenda del danno patito da questo mio fratello, quando fu da me lasciato prima del tempo.

Nel 1736 io perdei un figlio, un bel bambino di quattro anni, mortomi di vaiuolo che gli era venuto spontaneo; e lungamente mi dolsi, e mi dolgo ancora, di non averglielo procurato coll'inoculazione.[1]

Il mio esempio faccia cauti quei padri che ommettono l'operazione, dicendo che non avrebbero più bene ove un loro figlio, in conseguenza di questa, avesse poi a morire. Vedano dal caso mio che il dolore può essere il medesimo, qualunque via si prenda; e che val meglio seguire quella che offre meno pericoli.[2]

---

[1] L'inoculazione precedette il vaccino. Credevasi che promovendo artificialmente il vaiuolo in un individuo ben disposto, si scemasse il rischio della malattia. Non era senza pericolo questo metodo.

[2] La perdita di questo suo bimbo afflisse profondamente il buon padre. Nel 1772 egli scriveva ad una sorella: « Cotesto tuo figliuolo mi rinfresca la memoria del mio povero Franceschino. È trentasei anni che l'ho perduto, e non so pensarci ancora senza dolore. » L'editore Parton nella *Vita di Franklin* dà il ritratto del fanciulletto.

Il nostro circolo, la Junto, ci era così utile, ci offriva tali comodità, che parecchi membri desideravano farvi ammettere i loro amici; il che non si poteva senza eccedere quel numero di dodici, che noi già avevamo stabilito essere il più conveniente. È per questo che fin dal principio avevamo voluto che l' istituzione fosse tenuta segreta: ciò che venne osservato. Volevansi evitare le istanze di coloro che forse avrebbero desiderato di farvi parte, senza le qualità che si esigevano; e che ci sarebbe stato difficile di rifiutare. Io era di quelli che non volevano accresciuto il nostro numero; ma feci per iscritto la proposta, che ogni socio separatamente procurasse di formare un altro simile circolo, colle medesime regole rispetto ai quesiti, ec.; e senza rivelare la loro connessione colla Junto. M' aspettava da questo disegno che un buon numero di giovani cittadini si sarebbero migliorati, assumendo le regole della nostra istituzione; che noi avremmo potuto conoscere più facilmente l' opinione generale della città in molti casi, facendo in modo che i diversi membri della Junto proponessero, ciascuno nel rispettivo circolo, i quesiti che potevamo desiderare, e ne riferissero di poi le risposte al circolo centrale; ed oltre a ciò m' aspettava molto utile pei nostri particolari interessi, avendo così raccomandazioni più estese ; e fatta maggiore la nostra influenza sui pubblici affari, non che la capacità di operare il bene, coll' estendere ai molti circoli i sentimenti della Junto.

Il mio pensiero piacque, e conseguentemente ogni membro della Junto procacciò di fondare un proprio circolo; ma non tutti ne vennero a capo: solo cinque o sei ne furono formati completamente, che si nominarono della *Vigna*, dell' *Unione*, del *Vincolo*, ec. Furono utili questi ai loro soci, ed a noi recarono diletto, opportune notizie e istruzione; oltre che non mediocremente corrisposero alla nostra aspettativa di poter dirigere l'opinione pubblica in certe circostanze; del che mi accadrà di citare più di un esempio.

Entrai ne' pubblici affari l'anno 1736, coll' essere eletto segretario nell' Assemblea generale.[1] La scelta in quest'anno non incontrò opposizione: ma nel seguente, quando fui di nuovo proposto (la carica era annuale, come quella dei membri), mi fu fatto contro un lungo discorso, da uno che voleva favorire altro candidato. Fui nondimeno scelto io; cosa che mi andò molto a'versi, giacchè oltre allo stipendio della carica, m'era offerta la migliore opportunità per guadagnarmi l'animo dei membri dell'Assemblea, ed avere così assicurata la stampa delle discussioni, delle leggi, della carta monetata, ed altrettali incombenze per il pubblico, le quali tutte assieme dovevanmi portare un utile considerevole.

M'era pertanto non poco dispiaciuta quell'opposizione statami fatta da uno dei membri; segnatamente che questi era un ricco signore, assai culto e perspicace, tale insomma che avrebbe potuto diventare, come diventò, autorevolissimo nell'Assemblea. Tuttavolta non presi a fargli alcuna servile dimostrazione di rispetto, per guadagnarmelo; ma dopo un certo tempo immaginai quest'altro metodo. Avendo saputo ch'egli aveva nella sua libreria un volume assai raro e curioso; gli scrissi esprimendogli il mio desiderio di poterlo leggere, e che mi avrebbe fatta cortesia grande a prestarmelo per pochi giorni. Me lo mandò senza indugio; e in capo a una settimana io glielo restituii, con altro viglietto, nel quale vivamente lo ringraziava del favore. Quando la prima volta c'incontrammo dopo ciò nella Camera, egli mi volse la parola (il che prima non aveva mai fatto), e con manifesta urbanità; nè dopo d'allora gli si presentò mai occasione di potermi esser utile, che non l'afferrasse; di modo che divenimmo intimi amici, e la nostra amicizia continuò fino alla sua morte. Questo è un altro esempio della verità di certa massima antica, da me imparata non so più dove; la

---

[1] Era questo nelle colonie inglesi il nome del Corpo Legislativo.

quale è la seguente: « *Colui che una volta ti usò cortesia, sarà più disposto a usartene altre, che non sia quegli che fu da te stesso favorito.* »

Questo fatto dimostra, quanto sia meglio di prudentemente far vista di aver dimenticato un torto, che di risentirsene, farne vendetta, e creare una lunga inimicizia.

Nel 1737 il colonnello Spotswood, già governatore della Virginia, ed allora mastro generale delle poste, essendo mal soddisfatto del suo ufficiale in Filadelfia, per negligenze commesse e conti resi inesattamente; gli tolse l'ufficio, e ne fece a me l'offerta. L'accettai senz'altro, e lo trovai molto vantaggioso; perchè, sebbene non vi fosse annesso che poco onorario, facilitava le corrispondenze del mio giornale, ne accresceva i lettori e gli annunzi da inserirvi; mi dava insomma non piccolo guadagno. Nel tempo medesimo poi l'altro giornale, di quel mio competitore antico, declinava proporzionatamente; ed io ebbi la mia rivincita, senza bisogno di rendergli la pariglia del torto che mi aveva fatto quando l'ufficiale della posta era lui, vietando ai corrieri di trasportare il mio giornale. Colui dunque ebbe grandemente a soffrire per la sua negligenza nel render conto; e sia questa una lezione ai giovani che trattano affari altrui, che devono sempre esattamente e con ogni chiarezza presentare i loro conti, e spedire le somme dovute senza indugio alcuno. Tenendo simile condotta, ne avranno la più possente raccomandazione per essere promossi a nuovi impieghi ed avere maggiori incombenze.

Intorno a questo tempo io cominciai a volgere i pensieri anche agli affari pubblici; ma solo a materie di non molta gravità. La guardia cittadina mi parve tra le prime cose da riformarsi. La ordinavano a turno i vari constabili (ufficiali di pace) dei quartieri. Il constabile chiamava un certo numero di cittadini a fare con lui il servizio notturno; ma quelli che volevano sottrarsene, gli pagavano sei scellini all'anno, che dicevasi dovessero servire a stipendiare sostituti; ma in realtà erano più del bisogno, e al constabile ne veniva un benefizio grande; giacchè gli bastava il più delle volte pagare un bicchierino a dei birbaccioni, per formarsi il voluto seguito: e con tale ribaldaglia, certo, gli onesti padri di famiglia non volevano andare a mischiarsi. Trascuravansi anche le ronde assai spesso, e le notti spendevansi in bagordi. Io dunque scrissi intorno a ciò, e lessi nella Junto, facendo notare queste irregolarità; ma soprattutto insistendo sull' ingiustizia della tassa de' sei scellini, avuto riguardo allo stato economico dei paganti; giacchè una povera vedova, che non aveva forse una proprietà maggiore di cinquanta sterline da far invigilare dalla guardia, doveva pagare quanto il più ricco mercante, che aveva tesori ne' suoi fondachi.

Proposi, per avere una guardia più efficace, che si assoldassero degli uomini, i quali costantemente dovessero servire in questa bisogna; e per una più equa ripartizione del carico, che si levasse una tassa proporzionale alle proprietà. Approvatasi questa idea nella Junto, fu comunicata anche agli altri circoli, ma come se fosse nata in ciascuno di essi, e quantunque il disegno non avesse tosto esecuzione, col preparare così il pubblico alla innovazione, si rese facile poi la via alla legge che ne fu fatta alcuni anni dopo, quando i membri dei nostri circoli trovaronsi in grado di dettarla.

In questo medesimo tempo io scrissi anche una memoria (da leggersi nella Junto, ma fu poi stampata) intorno agli accidenti ed alle negligenze che davano origine agli incendi, ed intorno alle precauzioni ed ai mezzi che, secondo me, erano necessari per evitarli. Questa scrittura, della quale si parlò molto, fu stimata grandemente opportuna; e fece nascere subito l' idea di formare una compagnia di cittadini per estinguere gli incendi rapidamente, e per la mutua assistenza nel rimuovere e mettere in salvo la roba minacciata dalle fiamme. Tosto per dar vita a questo pensiero ci mettemmo d'accordo una trentina; obbligandosi ciascuno a provvedersi e tener sempre in buon essere, da poterne usare ad ogni più repentino bisogno, un certo numero di secchie di cuoio e di panieri e sacchi molto forti per riporvi e trasportare quanto occorresse negli incendi; ed inoltre stabilimmo di radunarci una volta al mese a passare insieme una serata, discorrendo dello scopo della compagnia, e comunicandoci quelle idee che potevano essere opportune al nostro assunto.

L'utilità di questa istituzione fu subito riconosciuta: e desiderando farvi parte un numero molto maggiore di persone che non credevasi da noi conveniente per una sola compagnia, consigliammo di farne un'altra, che senza ritardo fu composta. Di poi altre ed altre ancora se ne formarono, a segno che da ultimo quasi tutti i proprietari della città vi appartenevano; e quantunque io stia ciò scrivendo ben cinquant'anni dopo la formazione di quella mia prima compagnia, chiamata *La Unione contro gli incendi*, essa esiste sempre ed è in fiore, mentre tutti i suoi primi membri sono già morti, ad eccezione di me e di un altro, maggiore a me di un anno. Le leggiere penali state pagate da quelli che non intervenivano alle radunanze mensili, servirono alla compra di trombe da incendi, di scale, di uncini ed altri tali arnesi necessari a ciascuna compagnia, e bastarono molto bene; così che non credo vi sia ora al mondo altra città, la quale abbia tanti mezzi da arrestare un incendio; e infatti, dacchè Filadelfia fu così provveduta, non ebbe mai a perdere per fuoco più di una o due case alla volta; e spesso le fiamme furono estinte prima che la casa nella quale s'erano apprese fosse consumata mezza.[1]

---

[1] In America, ed anche in Inghilterra, le case sono di mattoni esternamente, ma nell'interno per lo più di legno; così che gli incendi vi sono e frequenti e funestissimi.

CAPITOLO OTTAVO.

Franklin fa la conoscenza di Whitefield. — Tempio per i predicatori di qualunque religione. — Carattere di Whitefield, sua eloquenza, suoi scritti. — Franklin prende un socio nella sua tipografia. — Propone una società filosofica. — Ha parte attiva nella preparazione dei mezzi di difesa contro la Spagna. — Forma una società per questo scopo. — Opinioni de' quacqueri intorno alla guerra. — Giacomo Logan. — La setta dei *Dunkers*. — Franklin inventa un calorifero.

Nel 1739 capitò fra noi d' Irlanda il reverendo Whitefield,[1] già molto rinomato quale missionario. Ebbe dapprima concessione di predicare in alcune delle nostre chiese; ma il clero ben presto lo avversò, e rifiutatigli i suoi pergami, lo costrinse a predicare all'aperto. Infinita era la moltitudine, d' ogni setta e credenza, che traeva alle sue prediche; ed io, fra questi, meravigliava del grand' effetto che faceva, e dell' ammirazione e riverenza che gli professavano gli uditori, tanto spesso da lui bistrattati: giacchè soleva tacciarli d' essere di natura *mezzo bestiale e mezzo satanica*. Fu prodigioso il miglioramento da lui operato in breve nei costumi dei nostri cittadini. Da una spensierata indifferenza in fatto di religione, sembrava che tutti si fossero volti a pensieri di pietà; e per le vie, di sera, da ogni casa udivasi uscire il canto delle famiglie raccolte a salmeggiare.

Ma troppo malagevole era quel dover assistere alle prediche all' aria aperta, esposti a tutte le inclemenze della stagione; cosicchè non si tardò a proporre la fabbrica di una casa per tali riunioni; e non appena cominciarono persone delegate a circolare domandandone contribuzioni, i quattrini piovvero, e ben tosto s'ebbe con che poter comperare l' area ed alzare un

[1] Whitefield fu coi Wesleys uno de' fondatori del Metodismo; che non era tanto una nuova setta, quanto una fazione evangelica, la quale voleva introdurre maggior severità nella Chiesa anglicana. Oggi i Metodisti sono una delle maggiori comunioni degli Stati Uniti.

edifizio lungo cento piedi e largo settanta, l'ampiezza all'incirca di Westminster Hall; inoltre la fabbrica fu condotta con tanta celerità, che terminossi molto prima che non si pensasse. Casa e terreno furono poi affidati a commissari amministratori, ed espressamente dichiarato che ne avrebbero potuto usare predicatori di qualunque religione, ogni qualvolta loro fosse piaciuto di parlare al pubblico in Filadelfia; lo scopo di questa fondazione non essendo di servire una setta in particolare, ma tutta la città in genere; così che perfino se dal Muftì di Costantinopoli fosse stato mandato un missionario a predicarci l'Islamismo, questo pure avrebbe trovato un pulpito al suo servizio.

Whitefield nel lasciarci si portò nella Georgia, predicando lungo tutto il viaggio. La formazione di questa provincia era molto recente; ma invece di essere stata composta da forti e capaci agricoltori, incalliti al lavoro, i soli uomini che possono dar buon fondamento a una nuova colonia, vi si erano accasate famiglie di mercanti falliti e d'altri tali debitori insolventi, per lo più gente infingarda, molle, rifiuto di prigioni; che, trapiantati ne' boschi, inabili a dissodare, incapaci di sopportare la dura vita cui andavano incontro, perivano a centinaia, lasciando molti infelicissimi orfanelli, senza mezzi e senza guida. La vista di tanta miseria ispirò al cuore pietoso di Whitefield l'idea di fondare colà un ospizio per gli orfani, ove quei fanciulli sarebbero stati ricoverati e allevati.

Ritornò per questo fine a settentrione, e vi predicò annunciando l'opera caritatevole che disegnava eseguire; nè gli si fecero a lungo desiderare i mezzi, perchè la sua eloquenza aveva straordinario potere sul cuore e sul borsellino di quanti lo udivano; del che sono io stesso un esempio.

Io approvava il suo disegno, in massima; però, siccome nella Georgia non v'erano allora nè i materiali nè gli operai che sarebbero stati necessari; e si pensava di mandarvi il tutto dalla Pensilvania, con ingente spesa; io fui di parere che sarebbe stato meglio assai fabbricare qui l'ospizio, e trasportarvi quei fanciulli. Così dunque proposi di fare; ma il predicatore non volle saperne, fermo nel suo primo divisamento; di guisa che io m'era proposto di non contribuirvi in alcun modo. Ma poco appresso mi accadde di trovarmi ad una sua predica, durante la quale fece intendere che l'avrebbe terminata con una questua; e io zitto, ma fermo in cuore che de' miei non ne avrebbe veduti. Aveva in tasca un pugno di monete di rame, tre o quattro dollari d'argento, e cinque pezzi d'oro; ma quanto più egli procedeva nel suo discorso, e più io sentiva la mia avara fermezza vacillare; e cominciai dal dispormi a dargli quel rame. Ma un altro tratto della sua oratoria mi fece sentir vergogna di offrire così poco, e promisi di aggiungervi anche l'argento; finch'egli, terminando, spiegò tanta eloquenza, che mi fu forza dar vento anche all'oro, e rovesciare affatto le scarselle sul vassoio del collettore. A questa predica era intervenuto anche un altro del nostro circolo; il quale essendo del mio parere rispetto a quella fabbrica per la Georgia, e sospettando che sarebbe stata fatta una questua; aveva ad ogni buon conto ben ripulite le tasche prima di uscire di casa. Però verso la fine del discorso cominciò a sentire desiderio di dar egli pure qualche cosa, e pregò un suo vicino che gli prestasse. Ma per sorte era questi il solo uomo, forse, di tutto quell'uditorio ben determinato a non secondare l'oratore; pertanto gli rispose: — " *Amico Hopkinson, in ogni altra occasione sarò disposto ad accomodarti di quanto mi puoi domandare; ma non ora, che non mi sembri in cervello.* "

Vi furono de' maligni, nemici di Whitefield, che vollero far sospettare egli si sarebbe da ultimo pappato per proprio uso tutte quelle collette; ma io che molto bene lo conosceva, poichè ne stampava i sermoni, i giornali, ec. non ho mai avuto il minimo dubbio della sua integrità, e sono anche oggi fermamente d'opinione ch' egli fu in tutte le sue azioni un perfetto *onest'uomo*. A me sembra che la mia testimonianza debba avere in questo tanto maggior peso, quanto meno noi eravamo d'accordo in fatto di religiose credenze. Egli pregò molto per la mia conversione: ma non ebbe mai la gioia di potersi credere esaudito. La nostra non era che una civile amicizia; però sincera in tutti e due, e durò fino alla di lui morte.

Il fatto seguente chiarirà quale fosse quest'amicizia. Era egli una volta ritornato d'Inghilterra a Boston, quando mi scrisse che sarebbe stato ben presto a Filadelfia, ma che non sapeva dove potesse alloggiare, essendo venuto a sapere che il suo vecchio amico ed ospite, signor Benezet, s'era traslocato a Germantown.[1] Gli risposi: « Voi conoscete la mia casa; se volete venirvi a stare, malgrado la sua ristrettezza vi sarete molto cordialmente ricevuto. » Riscrisse, che se io faceva questa cortese offerta per l'amor di Cristo, ne avrei avuto guiderdone. Ma io, alla mia volta, gli replicai: « *Intendetemi bene; io non v'invito per l'amore di Cristo, ma per l'amore di voi!* » ed uno de' nostri comuni amici scherzosamente notò, che sapendo io essere l'uso di questi devoti, quando loro si fa un benefizio, di togliersi dalle spalle il peso della gratitudine per commetterlo al cielo, io aveva voluto fare che stesse su questa terra.

L'ultima volta che vidi Whitefield fu a Londra, e in quell'occasione mi parlò di un suo progetto di mutare in un collegio l'ospizio degli orfanelli da lui fondato.

Aveva costui alta e chiara voce, e pronunciava così spiccatamente da poter essere molto bene udito anche a grande distanza, tanto più che il suo uditorio si teneva sempre nel più rispettoso silenzio. Predicò una

---

[1] Questo signor Benezet, francese d'origine, fattosi quacquero e stabilitosi in America, divenne illustre per essere stato il primo a chiedere la soppressione della tratta e l'abolizione della schiavitù dei negri.

sera dall'alto degli scalini di Court-house, a mezzo di Market-street, a sinistra di Second-street, che lo taglia ad angolo retto; e trovandomi io colà, fra gli ultimi ascoltatori di Market-street, fui curioso di sperimentare fin dove l'avrei potuto udire. Indietreggiai dunque per quella via, verso il fiume; e sentii distinta la sua voce fino quasi a Front-street, dove anche non mi fu coperta che da un romore accidentale. Immaginando quindi un semicerchio, il cui raggio fosse la distanza che passava in quel momento fra me ed il predicatore, e riempiendo idealmente questo spazio di uditori, ognuno dei quali ne occupasse due piedi quadrati, calcolai che poteva essere bene udito da più di trenta mila persone. Questo m'indusse a credere quanto asserivano certi giornali, ch'egli avesse predicato in campagna a ben venticinque mila persone; e a quanto dicono le storie, di generali che arringarono intieri eserciti: cosa di cui fino a quel giorno aveva dubitato.[1]

Coll'udirlo poi ripetutamente, pervenni a distinguere senza fatica le sue prediche nuove da quelle che già nelle varie pellegrinazioni aveva recitate più di una volta. Queste ultime, perfezionatane la declamazione col ripeterle, le produceva in guisa che ogni accento, ogni enfasi, ogni modulazione di voce, era tanto bene acconcia e tanto esattamente appropriata, che uno, anche senza interessarsi al soggetto del suo discorso, non poteva a meno di non essere dilettato, provandone in certa maniera quel piacere che dà una buona musica. Questa è una fortuna che possono solo avere gli oratori ambu-

---

[1] Si narra che questo missionario Whitefield predicava un giorno in un campo, dove anco trovavansi degli ufficiali reclutatori; ed uno dei tamburini del seguito di questi, volendo interromperlo, si diede a battere forte il suo strumento. Al predicatore non fu possibile colla sua voce superare quel maledetto fracasso; per cui si volse a dire al soldato: « Amico, noi serviamo i due maggiori padroni che si conoscano, ciascuno secondo il nostro genio. Voi battete il tamburo per attirare volontari alle bandiere del re; io batto pel servizio di Nostro Signore Gesù Cristo. Facciamo pure l'uno e l'altro la parte nostra; ma in guisa da non darci noia reciprocamente. » Piacque al tamburino quest'apostrofe; e più non lo disturbò.

lanti; poichè a quelli che non girano, non è dato così perfezionarsi col ripetere soventi volte la stessa predica.

Gli scritti e lo stampare frequente di costui davano però buon giuoco a'suoi avversari; espressioni arrischiate, ed anche morali errori, lasciati sfuggire nel caldo del predicare, potevano di poi essere attenuati con un commento, e perfino giustificati col supporre altre idee concomitanti, dalle quali dovevano ritrarre significazione diversa; o infine non era impossibile negare d'averli detti; ma *scripta manent*. Sorsero violenti critici contro a' suoi scritti, e con ragioni così apparenti, da scemare il numero dei suoi seguaci e scoraggire chi stava per seguirlo; così che io penso, che s'egli non avesse mai scritta linea, avrebbe lasciata dietro di sè una ben più numerosa e segnalata setta, e la sua rinomanza si sarebbe accresciuta sempre, anche dopo la di lui morte; chè non vi sarebbe stato nulla di positivo su cui fondare censura, e con cui nuocere al suo carattere, e i proseliti avrebbero avuto libero campo di spacciarlo fornito di tanto eminenti qualità, quanto il loro entusiasmo sapeva immaginare.

Frattanto i miei traffici prosperavano continuamente; e i proventi sempre più s'accrescevano; essendomisi fatto il giornale assai profittevole, anche perchè durante un certo tempo fu quasi la sola gazzetta di questa e delle vicine provincie. Esperimentai altresì la verità del dettato che « *dopo le prime cento lire, non è più difficile metterne insieme altre cento.* » Il denaro è di natura prolifica.

L'accomandita da me fatta nella Carolina avendo prosperato, mi animò a farne altre, ed a promuovere que' miei operai che s'erano meglio diportati, col mandarli tipografi nelle varie colonie, agli stessi patti che aveva formulato per quello della Carolina. Parecchi fra questi fecer bene, e dopo i sei anni della durata della nostra società, trovatisi in grado di comperare i caratteri ch'io aveva loro affidati, continuarono a lavorare a loro esclusivo vantaggio. Formai per tal modo il ben essere di varie famiglie.

Siffatte società finiscono ben sovente con liti; ma io fui tanto fortunato, che le mie procedettero e si compirono tutte amichevolmente; e ciò, credo, segnatamente per avere colla maggiore chiarezza dichiarato nelle scritte ogni obbligo delle parti, così da non lasciare luogo a dispute; e questa precauzione dovrebbero avere tutti coloro che vogliono entrare in accomandite; giacchè non vale che le parti si stimino ed abbiano l'una per l'altra ogni fiducia nel tempo che formano la loro società; potendo sorger sempre invidiuzze e gelosie intorno alla ripartizione degli uffici, le quali guastano l'armonia, e conducono a rompere le più utili amicizie, spesso anche con clamori di legulei ed altre tali molestie.

Nell'insieme aveva ben motivo di dirmi contento d'essermi stabilito nella Pensilvania: due difetti però io vi lamentava: cioè di pubblica difesa, e di educazione completa pei giovani. Non v'era milizia, non v'eran collegi. Io pertanto, nel 1743, misi fuori una proposta per istituire un'accademia; ed essendo allora d'opinione che il reverendo Peters, in quel tempo disimpiegato, fosse persona molto opportuna da mettere alla testa di un tale stabilimento, gli comunicai il mio disegno; ma egli che sperava di poter servire i Proprietari,[1] ciò che gli sarebbe stato molto più utile e che ottenne infatto, si rifiutò alla proposta; ond'è che io, non conoscendo altri a cui potermi rivolgere, lasciai per qualche poco dormire la cosa. Più fortunato fui l'anno appresso, nel proporre e fondare una società filosofica.[2]

---

[1] Già fu detto che i *Proprietari* della colonia erano i discendenti ed eredi del primo suo fondatore, Guglielmo Penn.

[2] Questa Società era da Franklin consigliata « affine di promuovere le utili cognizioni fra i Piantatori inglesi stabiliti nell'America. » La sua proposta comincia dal parlare della grande estensione delle colonie « che hanno climi e terre molto differenti fra loro; sono ricche di ogni maniera di piante, e metalli, e minerali; e sono capaci d'assai miglioramenti, ecc.» Quindi soggiunge: « Le prime difficoltà dello stabilimento delle colonie ora

In quanto alla difesa delle colonie è da ricordare, che essendo stata la Spagna parecchi anni in guerra colla Gran Brettagna, e da' ultimo anche alleata della Francia, noi avevamo corso molto pericolo. Ma l'insistente, infaticabile istanza del nostro governatore Thomas per ottenere dai quaccqueri dell'Assemblea che accordassero una legge sulla milizia e facessero altri provvedimenti per la sicurezza della provincia, non avendo approdato a nulla; io mi risolvetti a tentare se v'era modo di far meglio con una volontaria associazione dei cittadini. Feci precedere il consiglio, per preparare la strada, da un mio opuscolo, che intitolai *Semplice verità*, nel quale descriveva con vive parole lo stato nostro senza difesa, fra tanti nemici; e faceva

---

sono vinte; e più non si è costretti di pensare solo al necessario; v'hanno molti coloni in ogni provincia, che hanno già conseguita una certa agiatezza e sono in condizione di poter coltivare le belle arti e accrescere il patrimonio comune di dottrine. A tali persone, ove appena siano riflessive, molte volte si presenteranno allo spirito idee, accenni, osservazioni, che se fossero ben esaminate, seguite, e accresciute, potrebbero condurre a scoperte molto utili a taluni, o fors'anche a tutti i nostri Piantatori; o benefiche pure a tutto il genere umano.... Ma siccome, per la vastità del paese, tali persone vivono disgiunte, e di rado possono vedersi, conversare, o solo anche conoscersi; così muoiono infruttuose molte buone idee, giacciono senza utilità le scoperte, e gli uomini tutti ne soffrono danno. Per evitare tali inconvenienti in avvenire, è proposto:

» Che si formi una società di quanti, sparsi nelle diverse colonie, amano lo studio; e sia la *Società filosofica americana* ecc. » E qui seguono gli articoli per un primo suo regolamento; di poi sono indicati con minutezza i soggetti di cui la Società avrebbe dovuto occuparsi.... cioè, in breve « ogni filosofico esperimento che possa illuminare intorno alla natura delle cose, tendere all'incremento del potere umano sulla materia, e moltiplicare i comodi od anche i piaceri della vita. »

La circolare proponeva inoltre, che si dovesse corrispondere colle Società reali di Londra e di Dublino, ed annualmente stampare quanto da codesti accademici americani fosse stato prodotto di vantaggioso al pubblico. In fine v'erano descritti gli obblighi del segretario; che dovesse cioè « attendere a tutta la corrispondenza, fare estratti degli scritti diversi e correggerli, ordinarli, ogni qualvolta facesse bisogno e gli fosse comandato dal presidente, dietro l'avviso espresso dalla Società; tenere i registri della Società e l'archivio, e trarre tutte le copie degli scritti da inviarsi ai soci assenti e lontani. » Come si vede, non era poco; ma infine « Beniamino Franklin, autore della proposta, offriva sè stesso quale segretario della nuova Società, finchè non ne avesse trovato uno più capace. »

In questo pensiero si vedono già i lineamenti dell'attuale Società filosofica americama.

sentire quanto ci fosse necessario unirci e disciplinarci
per provvedere noi stessi alla nostra salvezza, giacchè
altri non vi pensava; ed annunziai che avrei in breve
proposta un' associazione, alla quale si dovessero unire
quanti erano persuasi di questo nostro bisogno. L'opuscolo ebbe un rapido e sorprendente effetto; fui stimolato da ogni parte a stendere l'atto della nuova
Società; e come ne ebbi, coll' aiuto di alcuni amici,
fatto un primo disegno, intimai un' adunanza dei cittadini, da tenersi in quel nostro edifizio fabbricato per
i predicatori di tutte le credenze. Venuto il giorno
fissato, la gran sala riboccava di gente: io aveva preparato assai copie stampate dell'Atto d'associazione, e
disposto inchiostro e penne in vari punti del salone;
quindi pronunciai una breve arringa; lessi l'Atto, ne
diedi spiegazione, ne distribuii le copie, invitando a fir-
marle; e furono senza un'ombra di opposizione tutte
rapidamente coperte di nomi.

Scioltasi poi l'adunanza e raccolte le firme, se ne
rinvennero più di mille e duecento; inoltre, essendo state
mandate altre copie per la provincia, se n'ebbero in
fine oltre a dieci mila.

Tutti coloro che così firmarono si provvidero poi,
colla maggiore speditezza, di armi, si formarono in compagnie e reggimenti, si scelsero gli ufficiali: e tutte le
settimane si radunavano per gli esercizi, e per apprendere quanto fa mestieri alla militare disciplina.
Anche le donne ci si aggiunsero, come poterono meglio;
e per sottoscrizioni fra loro ci donarono bandiere di seta,
presentandole esse medesime alle compagnie, ornate di
motti e di emblemi, da me trovati.

Infine gli ufficiali delle compagnie che formavano
il reggimento di Filadelfia, proclamarono me per loro
colonnello; ma io, giudicandomene incapace, declinai
quell' onore, e consigliai di scegliere invece un signor Lawrence, bell'uomo, e persona autorevole, che
fu quindi eletto. Dopo di che io proposi anche una lot-

teria per fabbricare ed armare di cannoni un fortino sotto la città; e questa pure ebbe buono e pronto effetto, e il fortino venne fatto molto prestamente, di tronchi d'alberi e di terra. Comperammo di poi a Boston alcuni cannoni vecchi; ma non bastarono; e scrivemmo in Inghilterra per averne altri, sollecitando nel tempo stesso anche i nostri Proprietari che ci prestassero qualche assistenza, quantunque con poca speranza.

In questo mezzo, il colonnello Lawrence, Guglielmo Allen, Abramo Taylor, ed io, fummo mandati a New York per farci prestare dell'artiglieria dal governatore Clinton. Questi dapprima ce la negò recisamente; ma in seguito, a un pranzo col suo Consiglio, trincando largamente del Madera, come allora colà costumavano, si ammollì non poco, e promise prima di darcene sei pezzi; e dopo alcuni altri bicchieri s'indusse a lasciarne sperare dieci; finchè una maggiore annaffiata lo portò a benignamente assicurarci che ne avremmo avuto diciotto. Furono bei cannoni da diciotto, coi loro carretti, che noi trasportammo subito, e rizzammo sul nostro forte; dove i volontari fecero la guardia ogni notte, finchè durò la guerra; ed io pure cogli altri, e da semplice soldato, quando veniva la mia volta.

Questa mia attività piacque al governatore ed al Consiglio; che posero in me fiducia e mi consultavano in tutte le occasioni che il loro concorso avrebbe potuto esser utile alla nostra milizia. Io proposi loro, per avere anche l'assistenza della religione, che fosse proclamato un pubblico digiuno a fine di riformare i costumi e chiamare la benedizione del cielo sulla nostra intrapresa. Aggradirono questa mozione; ma perchè era la prima volta che nella provincia s'intimasse così un digiuno, il segretario trovavasi impacciato a stenderne la proclamazione: se non che l'essere io stato educato nella Nuova Inghilterra, dove è proclamato un digiuno annuale, giovò alla cosa; chè feci io lo scritto nello stile voluto; il quale fu tradotto in tedesco,[1] stampato nelle due lingue, e divulgato per tutta la provincia. Diede ciò occasione al clero di tutte le sètte di eccitare il loro popolo ad unirsi a noi; e sarebbero accorsi volontari alla nostra milizia da tutte le bande, meno che dal seno dei quacqueri,[2] se non fosse intervenuta presto la pace.

Alcuni amici miei temettero che l'opera mia in quest'affare avesse offesi i quacqueri, e ne venisse quindi pregiudicato il mio interesse nell'Assemblea provinciale, dove costituivano la maggioranza. V'ebbe anche un giovane, che non mancava di fautori nella Camera e avrebbe voluto esservi segretario in luogo mio, il quale venne a dirmi che era stato deciso di togliermi quel posto nelle prossime elezioni; ed egli pertanto credeva di fare buon ufficio, consigliandomi per l'onor mio a prevenire l'affronto del congedo con una spontanea rinunzia. Ma gli risposi, aver io udito, o letto di un uomo pubblico, che s'era posto la regola di non chieder mai nè rifiutare ufficio alcuno; e che io approvava e voleva seguire una tale regola, facendovi anzi un'aggiunta; cioè che in quanto a me non avrei *chiesto*, nè *rifiutato* ufficio alcuno; nè mai *rinunciatovi*. " Se si vuol dare il segretariato ad un altro, converrà che a me sia tolto; perchè io non vorrò mai, col deporlo, rinunciare al diritto di rendere un giorno la pariglia a' miei avversari. " Di ciò nulladimeno non udii più altro; e fui scelto di nuovo, ed ancora unanimemente, nella seguente elezione. È probabile che i quacqueri, non approvando la mia intimità coi membri del Consiglio che avevano parteggiato pel governatore in tutti i dibattimenti per questi preparativi militari, onde la Camera aveva tanto risuonato, non avrebbero veduto di mal occhio che io spontaneamente mi dimettessi; ma

---

[1] Perchè v'erano assai Tedeschi stabiliti nella Pensilvania.
[2] È noto che i quacqueri non vogliono saperne di guerre; aborrono l'armarsi, anche per difesa.

congedarmi essi per quel solo zelo da me spiegato, non ne dava loro l'animo; ed altro motivo non avevano.

Inoltre io m'era dovuto avvedere chè neppure a tutta la setta dispiaceva il nostro pensiero di difenderci; ve n'era tra loro che non l'avversavano, sempre che non fossero chiamati anch'essi a parteciparvi; ed anzi erano assai più che non avrei creduto coloro, i quali pure non approvando affatto una guerra offensiva, ammettevano in genere che la difensiva fosse lecitissima. Furono pubblicati pro e contro molti scritti su questo tema; ed alcuni se ne lessero dettati da buoni quacqueri, che senza ambagi lodavano la difesa; ciò che io credo convincesse molti dei più giovani fra loro.

Una discussione poi, avvenuta nella nostra compagnia contro gl'incendi, mi offrì campo di conoscere anche meglio i loro veri sentimenti. Era stato proposto che si concorresse noi pure all'acquisto dei cannoni, destinando il denaro che avevamo in cassa (all'incirca sessanta sterline) alla compera di biglietti della lotteria; ma pel nostro regolamento non potevasi disporre di alcuna somma, se non nell'adunanza successiva a quella nella quale se ne fosse fatta la proposta; e la compagnia constava di trenta membri, di cui ventidue erano quacqueri, e li altri otto di diverse chiese. Questi otto, com'era da prevedere, si trovarono tutti puntualmente all'adunanza che doveva decidere; ma sebbene sperassimo che de' quacqueri pure si sarebbero messi con noi, non eravamo per nulla sicuri di poter vincere il partito. Vero è che un solo quacquero, Giacomo Morris, vedevamo presentatosi ad osteggiare la proposta: ma disse, già prima che s'incominciasse, dolergli molto che fosse stata accampata, imperciocchè tutti gli *Amici*[1] le erano contrari; il che avrebbe generato nella compagnia tale discordia, da farla sciogliersi. Gli fu risposto che non vedevamo ragione per temere

---

[1] È il nome che i quacqueri si danno.

di ciò: noi eravamo la minoranza; e se gli *Amici* non volevano a nessun patto la cosa, e ci vincevano col numero de' loro voti, noi, come si usa in tutte le società, ci saremmo sottomessi.

Venuta l'ora stabilita, fu proposto di votare: Morris riconobbe che avevamo diritto di farlo, per i nostri regolamenti; ma pure, siccome sapeva di certo che un buon numero di quacqueri intendeva di presentarsi per fare opposizione, così desiderava che si aspettassero ancora qualche poco.

Mentre appunto si stava parlando di questo, un servo entrò ad annunciarmi che due signori chiedevano di me, e mi attendevano di fuori. Uscii, ed erano due quacqueri della nostra compagnia, i quali mi dissero che trovavansi raccolti otto di loro in una vicina osteria; che tutti avevano deciso di presentarsi e votare con noi, se ve n'era il bisogno; ma che speravano non vi sarebbe stato, e ci pregavano dunque di non mandarli a chiamare, qualora potessimo farne senza, giacchè l'opinione che avrebbero manifestata era tale, da metterli in conflitto cogli altri membri della setta. Così, fatto io sicuro di avere la maggioranza, rientrai, e dopo una finta esitazione, acconsentii che si dilazionasse per un'ora. Morris convenne che questa nostra condotta era cortese molto: però nessuno degli Amici, ch'egli aspettava per l'opposizione, si fece vedere, del che fu sorpreso grandemente; e passata l'ora, noi contammo otto voci contro una; e siccome dei ventidue quacqueri, otto erano pronti ad aggiungersi a noi, e tredici mostravano colla loro assenza, che non erano molto disposti di opporcisi, io credetti in seguito di poter stimare la proporzione dei quacqueri veramente contrari alla difesa, come di uno a ventuno; giacchè tutti quelli assenti erano membri molto zelanti della compagnia, erano uomini di assai buon nome nella loro setta, e conoscevano molto bene di che dovevasi trattare in quella seduta.

L'onorevole e dotto Logan, il quale aveva sempre

appartenuto a questa setta, le scrisse una dichiarazione ch'egli approvava la guerra difensiva; e confortò la sua opinione con molti e forti argomenti. Diede a me inoltre sessanta sterline, perchè ne comperassi biglietti della lotteria per i cannoni; e m'incaricò di spendere allo stesso fine anche le vincite che avesse potuto fare. In quest'occasione egli mi narrò il seguente fatto del suo antico maestro Guglielmo Penn, rispetto al difendersi. Era Logan venuto d'Inghilterra, molto giovane ancora, con questo Proprietario, anzi come suo segretario; ardeva la guerra, e la loro nave fu inseguita da un legno armato, che supposero essere nemico. Il loro capitano preparò la difesa; ma disse a Guglielmo Penn e agli altri quacqueri, che non attendeva assistenza da loro; e che avrebbero potuto riparare sotto coperta. Ciò fecero tutti, eccetto Logan, il quale volle restare sul ponte, dove gli venne assegnato un cannone. Il creduto nemico si scoperse poi che era un amico: non vi fu dunque battaglia; ma quando il segretario discese per informare della cosa, Guglielmo Penn gli fece rimprovero severo che avesse voluto stare sul ponte e offrirsi per la difesa, in onta alle dottrine dei fratelli, e segnatamente che dal capitano non era stato richiesto. Questa ramanzina, subíta in presenza di molti, ferì il segretario, che rispose: — "*E perchè essendo io tenuto ad ubbidirti, non m'hai tu comandato di discendere cogli altri? Ma il vero si è che tu pure non poco desideravi io rimanessi con quelli che volevano difendere la nave, finchè la credesti minacciata.*"

Ne' molti anni da me passati all'Asssemblea, dove i quacqueri furono sempre il maggior numero, ebbi a vedere quanto impiccio dava loro il principio di avversare qualunque fatto di guerra, tutte le volte che per ordine della Corona venivano richiesti sussidi per cose militari. Non avrebber voluto nè offendere il governo con un rifiuto riciso, nè i membri della loro setta, coll'approvare ciò che contrastava ai principii di questa;

d' onde una infinità di sotterfugi per non dare il loro consenso, o per poterlo dare quando non era possibile negarlo. Generalmente ne uscivano con questa frase, che accordavano il sussidio *per uso del Re*; senza mai chieder conto di quest'uso.

Che se la domanda non veniva direttamente dalla Corona, la frase allora più non rispondeva a pennello, e se ne doveva cercare un'altra. Così quando vi fu bisogno di polvere da cannone (credo fosse per il presidio di Luisborgo), e il governo della Nuova Inghilterra ne fece richiesta alla Pensilvania; il governatore Thomas di questa sollecitò vivamente la Camera affinchè vi acconsentisse; ma i quacqueri non stanziarono denari per compera di polveri, il che non era loro lecito, trattandosi di mezzi di guerra, sì bene offrirono un soccorso di tre mila sterline alla Nuova Inghilterra, da consegnarsi al governatore, affinchè ne comperasse pane, farine, frumento, o *qualche altro grano*. Alcuni del Consiglio allora, volendo impacciare maggiormente la Camera, esortarono il governatore a non accettare tale provvisione, che non era la domandata; ma rispose: « Lasciate pur fare: io intendo benissimo che si vogliano dire: questi *altri grani* non son che la polvere. » La quale pertanto egli comperò, nè alcuno gliene mosse rimprovero.

E fu alludendo a questo fatto, che, quando nella nostra Società contro gli incendi si temette di non poter fare adottare la lotteria per i cannoni, io dissi ad un amico: " Se non ci si dà retta, chiederemo di poter comperare una *macchina da fuoco:*[1] i quacqueri non potranno opporvisi; e allora se voi nominate me, ed io voi per fare la compera, ci provvederemo un grosso cannone; e non vi sarà chi possa dire che questa non sia una macchina da fuoco. " E l' amico mi rispose:

---

[1] Il testo ha *Fire engine*, che noi, per l'equivoco da Franklin voluto far nascere, abbiamo dovuto letteralmente tradurre « Macchina da fuoco; » ma significa pure *Tromba da incendi*.

" Si vede che avete approfittato del lungo soggiorno fatto nell'Assemblea; la vostra equivoca proposta val bene quella della compera di frumento, o d'*altri grani*. "

Questo impaccio de' quacqueri, per avere stabilito e proclamato che ogni maniera di guerra è illegittima; principio da cui difficilmente potevano poi strigarsi, anche quando la ragione loro lo avesse voluto; mi riduce a memoria la condotta, ch'io giudico più savia, di un'altra setta fra noi esistente, quella dei *Dunkers*. Io conosceva uno dei suoi primi fondatori, Michele Welfare; il quale soleva con me dolersi che i suoi fossero gravemente calunniati dalle altre sètte, e detti seguaci di principii e di pratiche abominevoli, di cui per nulla erano infetti. Gli dissi che sempre questo era il caso di una nuova setta; e che per distruggere la calunnia avrebbero fatto bene a pubblicare gli articoli della loro fede e le regole della loro disciplina. Mi rispose, che infatti questo era stato fra loro proposto, e non ammesso per il seguente motivo: — " Quando noi, " disse, " ci siamo primieramente formati in una società, piacque a Dio di così illuminare le nostre menti, che vedessimo l'errore di certe dottrine, da noi per l'addietro giudicate verità; e la verità di altre credute errori. In seguito Egli di tempo in tempo ne concedette qualche altro suo lume; ed i nostri principii si sono andati per tal modo appurando, e le false credenze scemarono. Ma non siamo ancora sicuri di esser giunti al complemento di questo progresso, e alla perfezione della nostra scienza spirituale o teologica; e temiamo, se avessimo una volta a far pubblica la confessione della nostra fede, di sentirci poi quasi confinati e legati da questa; e per avventura di non attirarci più altri lumi. Il quale ostacolo si farebbe ancora più grave ai nostri successori, che avrebbero in conto di sacro e intangibile il fatto dei loro antichi fondatori. "

Tale modestia in una setta religiosa è un esempio forse unico nella storia del genere umano; imperciocchè ogni altra setta crede vedere, e lei sola, tutta quanta la verità, e giudica immersi nelle tenebre quelli che da lei differiscono. Fanno quindi come uno che viaggi in fitta nebbia, il quale a pochi passi dinanzi e dietro a sè sulla via, e lateralmente ne' campi, non vede che persone annebbiate; mentre gli pare tutto sgombro vicino a lui: quantunque veramente si muova anch'egli nella nebbia al pari degli altri.

Per evitare tutte queste contradizioni che loro s'affacciano, i quacqueri da qualche tempo si vanno gradatamente ritirando dall'Assemblea e dalla magistratura; meglio amando non aver parte nelle pubbliche faccende e abbandonare il potere, che ledere i loro principii.

Per osservare l'ordine dei tempi, avrei dovuto dire prima d'ora, che avendo io nel 1742 inventata una stufa aperta dinanzi, per meglio scaldare ambienti e fare anche risparmio di combustibile, giacchè l'aria fredda si scalda entrandovi;[1] ne donai il modello a Roberto Grace, uno de' miei più antichi amici, il quale, proprietario di una fonderia di ferro, potè fare di bei guadagni colla preparazione delle lastre occorrenti per tale genere di stufe, venute subito in voga. Ma per promuovere ancora maggiormente questa voga, io volli altresì pubblicare un libretto, che aveva per titolo: *Descrizione dei caminetti pensilvani, stati di fresco inventati; ove è partitamente spiegata la loro costruzione e il modo di agire; e dimostratane la superiorità a paragone d'ogni altro metodo di scaldare stanze. Vi è fatta inoltre vittoriosa risposta a tutte le obiezioni che furono immaginate per impedirne l'uso;* ec. Il libretto fece buona impressione; ed il governatore Thomas ammirò talmente la costruzione dell'ordigno descrittovi, che mi fece offerta di una patente di privativa, per averne la vendita io solo durante un certo

---

[1] Sono questi i caminetti o stufe, ancora molto in uso, e fra noi appunto nominate *franclini*, dal nome dell'inventore.

numero d' anni. Ma declinai questo favore, per un principio che sempre in consimili occasioni ebbe gran forza sull' animo mio; cioè: « *Che siccome le invenzioni altrui ci apportano grandi comodità, così noi dobbiamo esser ben contenti quando ci venga fatto di poter servire noi pure gli altri, con qualche nostro bel trovato; e lo dobbiamo fare liberamente, generosamente.* »

Un fabbro ferraio di Londra, però, appropriandosi molta parte del mio opuscolo, ed alterandone il dettato così da farlo passare per un suo proprio scritto; e facendo anche de' lievi mutamenti alla macchina, che la deteriorarono piuttosto che altro, strappò una patente per questa *sua* invenzione; la quale, come mi fu detto, gli produsse un discreto guadagno. Nè questo è il solo esempio di patenti usurpate da altri per mie invenzioni, quantunque non sempre con eguale successo; ma io non ne feci mai querela, siccome non voleva saperne di patenti per me stesso, e fui sempre avverso ai litigi. L'uso delle mie stufe, in molte case di questa e delle vicine colonie, ha portato e apporta di continuo grande economia di legna.

Capitolo Nono.

Proposta per l'istruzione della gioventù. — Sottoscrizione per effettuarla. — Fondazione di un'accademia. — Franklin ne è fatto amministratore. — Si fa socio nel suo negozio David Hall. — Esperimenti sull'elettricità. — Franklin è fatto membro dell'Assemblea, e commissario per un trattato cogl'Indiani. — Ospedale della Pensilvania. — Franklin ne favorisce la fondazione. — Parere dato a Gilberto Tennent. — Disegno per spazzare, selciare e illuminare le vie di Filadelfia. — Proposta per la nettezza di Londra. — Franklin è fatto mastro generale delle Poste d'America. — Gli sono date patenti dalle Università di Cambridge e di Yale.

La pace essendo stata fatta, e per conseguenza cessando il bisogno della milizia volontaria, io ripresi quel mio pensiero di fondare un' accademia per l'istruzione della gioventù. E primieramente mi feci compagni nell'impresa alcuni de' più attivi amici miei, membri quasi tutti della Junto; quindi pubblicai un opuscolo intitolato *Proposte relative all'educazione della gioventù nella Pensilvania*; lo mandai gratuitamente ai principali abitanti; e non appena mi parve di poter supporli sufficientemente preparati da questa lettura, diedi mano ad una sottoscrizione per fondare e mantenere una scuola superiore, o accademia che si voglia dire. La somma richiesta a ciascun sottoscrittore doveva esser pagata, in quote annuali, nel periodo di cinque anni, pensando che, diviso così il carico, la sottoscrizione sarebbe stata più numerosa; nè m'ingannai, essendo salita, se ricordo bene, fino alla somma di cinque mila sterline (125,000 lire).

Nell'introduzione alle *Proposte,* dava a intendere ch'elle venivano fatte, non da me solo, ma da *alcuni amici del bene pubblico*; schivando il più che poteva, conformemente alla regola che mi era fatta, di pormi in vista siccome l'unico autore di un disegno qualunque, che fosse di utile pubblico.

Affine di poter senza indugio mandar ad effetto la fondazione dell'istituto, i sottoscrittori scelsero fra di loro ventiquattro commissari amministratori; e incaricarono me e il signor Francis, avvocato generale, di compilare un regolamento pel governo di quella futura accademia: fatto il quale ed approvato, venne presa a pigione una casa che la contenesse, furono stipendiati maestri, e le classi si sono potute aprire, credo, in quell'anno stesso 1749.

Ma pel rapido aumento degli scolari quella casa fu presto insufficiente; e si stava cercando un'area per fabbricarvene una che rispondesse in tutto al bisogno, quando la Provvidenza ci fece trovare già pronto un grande edifizio, il quale con pochi mutamenti avrebbe potuto essere il caso nostro. Era questo la gran sala di cui già s'è parlato, eretta dagli uditori di Whitefield; e l'abbiamo avuta nel modo che mi fo a narrare.

Le contribuzioni per questo edifizio essendo state fatte da persone di sètte diverse, ebbesi cura, nel nominare li amministratori cui dovea essere affidata la fabbrica e il terreno, che non fosse scelto più di un rappresentante di ciascuna setta, affinchè nessuna avesse a conseguire predominanza sopra le altre, e col tempo appropriarsi esclusivamente la sala in onta alle intenzioni che l'avevano fatta edificare. Così la commissione fu composta di un anglicano, di un presbiteriano, di un fratello moravo ec.; e in caso di morte, i sopravviventi dovevano con altra nomina riempire il vuoto. Ora avvenne che essendo morto il fratello moravo, il quale non era piaciuto a'suoi colleghi, questi non vollero più fra loro persone di quella setta. Ma come fare a non aver così due di una stessa chiesa?

Molte proposte state fatte, per questa ragione non accontentarono; finchè vi fu chi volle parlare di me, proponendomi siccome un galantuomo, che non apparteneva a nessuna setta speciale; e questa considerazione indusse effettivamente a scegliermi. Il grande entusiasmo che aveva fatto por mano alla fabbrica, da molto tempo era svanito; e la commissione amministratrice più non sapeva trovar denaro per pagare l'affitto del terreno ed estinguere altri debiti ancora vivi. Trovandomi dunque io a un tempo nelle due commissioni, cioè della fabbrica e della nuova accademia, ebbi ottima occasione per negoziare con l'una e con l'altra; e le trassi infine a questo accomodamento: la fabbrica sarebbe stata ceduta dalla sua amministrazione a quella dell'accademia, a patto che questa ne pagasse i debiti, destinasse in perpetuo nella fabbrica stessa un salone per gli eventuali predicatori, secondo l'intento che le aveva dato origine, e mantenesse una minore scuola gratuita per i fanciulli poveri. Ne furono stese le scritte; e la commissione dell'accademia, saldati i debiti, entrò in possesso del fabbricato; ove dividendo in due piani la immensa sala, e praticandovi in alto e in basso diverse aule per le classi; ed aggiungendovi inoltre qualche pezzo di terreno attiguo, che fu comperato, s'ebbe in breve quanto abbisognava al proposito; e gli scolari furono qui traslocati. La cura e le brighe di procacciarsi i muratori e gli altri operai, di far acquisto de' materiali, e di sorvegliare l'opere, caddero sopra di me; pure me le addossai di buona voglia, non essendo più costretto ad avere tanti pensieri, come in passato, per il mio negozio; giacchè l'anno prima io aveva preso un abile, attivo e onesto socio, il signor David Hall, da me già molto bene conosciuto, per averlo avuto quattro anni come operaio. Costui s'incaricò di condur egli la stamperia, e mi pagava puntualmente la mia quota di guadagno. Questa nostra società continuò diciott'anni, con utile non piccolo per ambidue.

La commissione amministrativa dell'accademia dopo alcun tempo ebbe dal governatore una Carta (cioè fu riconosciuta come corpo morale, capace di fare acquisti), i suoi fondi si accrebbero di contribuzioni raccolte in Inghilterra e di terreni donati dai Proprietari, e in seguito altresì di considerevoli aggiunte fattevi dall'Assemblea: e questa è l'origine della presente Università di Filadelfia. Dal suo primo sorgere infino ad oggi, pel corso di quasi quarant'anni, io sono sempre stato de' suoi amministratori; ed ebbi il piacere grandissimo di vedere parecchi giovani, usciti da lei, segnalarsi per la loro dottrina, e utilmente servire ed ornare la patria.

Quando mi sciolsi, come ho narrato, dai pensieri del negozio, io sperava che per la modesta sì, ma pure a me sufficiente fortuna che già mi era procacciata, avrei avuto campo d'allora in poi, e per tutto il resto della mia vita, di darmi allo studio ed agli ameni esperimenti della Fisica. A questo fine comperai tutti gli apparati del gabinetto del dottore Spence, ch'era venuto d'Inghilterra per insegnare fra noi; e mi diedi con ardore a sperimentare intorno ai fenomeni elettrici. Ma il pubblico, il quale ora mi considerava come un uomo disoccupato, dispose di me per il suo servizio; ogni ramo del nostro governo civile, quasi in uno stesso tempo, mi addossò qualche incarico: il governatore mi volle giudice di pace; il corpo municipale mi elesse de' suoi consiglieri, e subito dopo aldermano;[1] mentre la cittadinanza mi mandava a rappresentarla nell'Assemblea. Quest'ultimo dovere fu il più accetto per me; chè già cominciava a seccarmi quell'obbligo di dover sedere nella Camera e udirvi, siccome segretario, senza mai aprir bocca, tutte le discussioni, spesse volte così noiose, che, per non cascare dal sonno, io era obbligato intanto di baloccarmi, disegnando sul foglio che mi trovava dinanzi quadrati e cerchi e strane figure; e inoltre pensavo che, membro dell'Assemblea, avrei avuto maggiori mezzi di fare del bene. Non dirò tuttavia che la mia vanità non fosse un cotal poco solleticata da tanti onori; lo era di certo; infatti non era piccola cosa per uno che si era mosso da tanto umili principii, ottenere, senza ombra mai di sollecitazione da parte sua, così spontanee e moltiplicate testimonianze di pubblica stima.

Mi provai nell'ufficio di giudice di pace, coll'assistere qualche volta a' giudizi e sedervi ad ascoltare litiganti; ma presto accortomi che per farvi buona figura v'era duopo di maggiori cognizioni giuridiche che io non avessi, a poco a poco me ne rimossi, colla scusa che l'esser membro dell'Assemblea non me ne lasciava tempo. A questa eminente funzione di legislatore poi, io venni rieletto per dieci anni consecutivi, senza che mai ne richiedessi un elettore, o significassi in altro modo, più o men chiaro, desiderio di essere nominato. Eletto io dell'Assemblea, ne fu fatto segretario mio figlio.

L'anno di poi si ebbe a fare un trattato cogl'In-

---

[1] L'*Alderman* corrispondeva, se non erro, al nostro *Assessore municipale.*

diani a Carlisle; e il governatore invitò la Camera a scegliere alquanti de' suoi deputati, che, unitamente ad alcuni membri del Consiglio, dovessero quali commissari portarsi a formolarlo. La Câmera scelse il suo presidente, signor Norris, e me; che pertanto, investiti della commissione, andammo a Carlisle, dove gl'Indiani ci attendevano.

Siccome questi poveri selvaggi sono propensissimi ad ubbriacarsi e così diventano indisciplinati e turbolenti, noi vietammo assolutamente che loro fossero venduti liquori; e perchè ne facevano lamento, promettemmo, che se avessero saputo mantenersi in cervello durante la discussione del trattato, avrebbero dipoi avuto quanto rhum volevano. Vi si accomodarono, e tennero parola, credo perchè non fu loro possibile di violarla; di modo che il trattato venne condotto con ordine, e concluso a soddisfazione delle due parti.

Dopo ciò fu chiesto e dato il rhum promesso: era già passato il mezzogiorno; e que' selvaggi, che ascendevano ad un centinaio circa, uomini, donne e fanciulli, se lo portarono dove avevano rizzate delle capanne posticcie, in un quadrato, appena fuori della città. Sulla sera, udendosi colà un diavoleto, noi commissari uscimmo per vedere che fosse. Avevano i selvaggi acceso un enorme falò nel mezzo del quadrato; e tutti intorno, briachi del pari maschi e femmine, vi si azzuffavano. Quel parapiglia illuminato dalle fiamme, quei bruni corpi mezzo ignudi che si inseguivano e con accesi tizzi battevansi l'un l'altro, urlando come anime dannate, presentava una scena tale, che l'inferno non dev'essere fatto altrimenti. Non era possibile cosa acquetare quella tregenda; e così, senza nulla tentare, noi ci ritirammo ne' nostri alloggi. Ma verso mezza notte, eccoti un branco di quelli spiritati che irrompono tempestando alle nostre porte, per avere altro rhum: noi non ce ne demmo per intesi.

Ma consci all'indomani di averci con quei loro modi

fatta ingiuria, ci mandarono tre degli anziani a chiedere perdono. L'oratore delegato confessò la colpa, ma l'appose al rhum, industriandosi nel tempo istesso di scusarlo con questo fiore di argomento: « *Il grande Spirito* (ricordo le sue parole) *che fece ogni cosa, le fece tutte per qualche uso; e non può essere a meno che una cosa non serva all'uso a cui fu destinata. Ora quando gli piacque di fare il rhum, disse: Che questo serva ad ubbriacare gl'Indiani; e così dev'essere.* » E in verità, se fosse disegno della Provvidenza di estirpare questi selvaggi per dar luogo ai coltivatori della terra, non potrebbe usare mezzo più appropriato del rhum; il quale a quest'ora ha già estinte le tribù tutte che una vólta coprivano la spiaggia marina.

Nel 1751 un mio caro amico, il dottore Tommaso Bond, formò il disegno di fondare un ospedale in Filadelfia (pensiero beneficentissimo, che a me fu attribuito, ma devesi veramente a lui): in questo stabilimento si sarebbero accolti e curati tutti i poveri infermi, così della provincia, come stranieri. Fu egli zelante molto e attivo per trovare contribuenti; ma la era proposta nuova in questi paesi, e sulle prime non fu bene apprezzata; di modo che il dottore non riusciva gran fatto.

Da ultimo egli pensò di chiedere la mia cooperazione; e venne da me facendomi questo complimento, che s'era dovuto convincere non essere possibile di fare adottar una proposta di pubblico bene, se io non vi aveva mano. "Quasi sempre," mi disse, "coloro i quali invito a sottoscriversi, chiedono se di questo disegno Franklin è informato; e che ne pensa. Ma rispondendo io, che non gliene ho fatta parola, perchè mi sembrava cosa che non lo potesse riguardare; non ne fanno nulla, e dicono di volerci prima riflettere." Io volli bene esaminare la natura e la probabile utilità dell'impresa; e avutane dall'autore molto soddisfacente spiegazione, non solo mi sottoscrissi alla sua lista, ma di tutto cuore gli promisi di assecondarlo, come feci. Però non mi mossi prima di avere, secondo il mio costume, predisposte le menti del pubblico, scrivendo intorno a questo soggetto nei giornali; alla qual cosa il dottore non aveva pensato.

D'allora in poi le sottoscrizioni furono più numerose e di maggior rilievo; e, quando cominciarono a scemare, e ch'io vidi che si aveva una somma insufficiente, dichiarai che v'era necessità di ricorrere anche all'Assemblea, e lo feci io stesso. Ma i deputati della campagna dapprima non accolsero bene la proposta, obiettando che l'ospedale non sarebbe stato utile che alla città, e che pensasse questa a farselo: ed oltre a ciò dubitavano che neppure ai cittadini in generale piacesse un tale istituto. Allora io mi feci ardito di asserire, che anzi era talmente bene accetto, da aversi la certezza che si raccoglierebbero per la sua fondazione non meno di due mila sterline in tanti doni volontari:[1] il che parve alla Camera una esorbitante e affatto impossibile supposizione.

Ma in questa appunto io mi fondava: e chiesta licenza di proporre una legge per incorporare in una società i sottoscrittori, come ne facevano istanza, assegnando loro l'obbligo di una somma, da lasciarsi per ora in bianco; mi fu conceduta, perocchè si pensava, che la Camera avrebbe potuto sempre non approvare la legge, ove non le fosse piaciuta. Stesi quindi la mia proposta, e in guisa, da lasciare la clausola importante come condizionale. Così mi espressi.... « Ed è decretato dalla detta autorità, che, quando i detti sottoscrittori avranno scelto i loro amministratori e il tesoriere, e *portato il capitale delle loro sottoscrizioni a sterline....* (di cui l'interesse annuale dovrà servire al mantenimento dei poveri infermi nel detto ospedale, al suo servizio, ai medici ed alla farmacia); *e che sarà stato*

---

[1] Lire 50,000.

ciò fatto noto al presidente dell'Assemblea, e da lui approvato; allora possa il detto presidente, con ogni legalità, e debba firmare un ordine sul tesoro provinciale, per il pagamento di due mila sterline in due rate annuali, da consegnarsi al tesoriere del detto ospedale; affinchè sieno applicate alla fondazione, alla edificazione ed al compimento dell'istituto medesimo. »

Questa condizione fece passare la proposta; avendola favorita quei membri pure, i quali non volevano che dallo Stato fosse conceduto soccorso, imperciocchè si lusingavano di poter così farsi nome di caritatevoli, senza alcuna spesa. Ma io e gli amici miei, sollecitando per avere sottoscrizioni, facemmo valere assai questa condizionale promessa della legge, siccome un nuovo e forte motivo per esser larghi di doni, giacchè sarebbero di poi stati raddoppiati; così della clausa usando al nostro intento coll'una parte e coll'altra. Le sottoscrizioni, in fatti, rapidamente superarono la somma voluta, di modo che noi reclamammo il pubblico sussidio, che si dovette accordare, e fummo in grado di eseguire il nostro disegno. Fu eretto in poco tempo un bello e ben adattato edifizio; e la istituzione chiarita poi utilissima dall'esperienza, non ha mai cessato di fiorire; ed io non mi rammento di nessuna mia diplomatica operazione, condotta a bene, che mi abbia dato tanto piacere quanto questa, o di cui più facilmente sappia a me stesso perdonare di avervi usato un po' di astuzia.

Fu di questi giorni all'incirca, che un altro progettista, il reverendo Gilberto Tennent, venne a pregarmi gli prestassi l'opera mia affinchè potesse trovare i fondi per erigere una nuova cappella. Doveva servire per una congregazione da lui formata di presbiteriani stati originariamente discepoli di Whitefield; ma non volli assolutamente saperne, chè non credeva mi fosse lecito di così spesso dar assalto alle tasche de' miei concittadini. Il reverendo allora chiese che gli dessi una lista di quelle persone le quali per esperienza conosceva più generose e inclinate a giovare al pubblico; ma neppur questo volli fare, chè non mi sembrava discrezione, in mercede di averle trovate cortesi alle mie domande, l'addittarle ora ad altri accattatori. Infine, non potendo aver altro, desiderò che almeno lo consigliassi. — "Oh questo sì;" gli risposi. "Voi primieramente dovete presentarvi a coloro che siete certo non sapranno rifiutare; quindi a quelli della cui buona volontà foste in dubbio, e a questi mostrare la lista dei doni già fattivi; e infine non trascurare neppur quelli dai quali vi sembrasse di non aver nulla da aspettarvi, giacchè potreste bene intorno a qualcuno di loro esservi ingannato." — Rise, mi ringraziò, e disse che avrebbe seguito quest'avviso; come fece e se ne trovò contento; imperocchè, andato a questuare da *tutti*, ne trasse molto più che non sperava; e potè fare quell'ampia ed elegante cappella che ammiriamo in Arch-street.

La nostra città, quantunque di bella pianta regolare e di vie larghe, diritte, che s'incrociano ad angoli retti, per lunghi anni non ebbe selciato, od altro sodo pavimento; così che nelle giornate piovose le ruote dei carri pesanti le solcavano profondamente, facendone tutto un pantano assai malagevole a passarsi; mentre all'opposto, in tempo asciutto, vi era un polverìo che accecava. Io aveva abitato vicino al luogo detto Mercato di Jersey, e veduto con pena la gente costretta a infangarsi, mentre faceva le provvisioni giornaliere. Finalmente una striscia di terreno nel mezzo del mercato venne coperta di mattoni, così che, postivi i piedi, uno si trovava sul sodo; ma non vi poteva giungere che diguazzando prima nel piaccichiccio. Mi diedi dunque a scrivere e a parlare dello sconcio incomodo, e tanto feci che anche questa la spuntai; e la via fu selciata di mattoni fra il mercato e i marciapiedi, che dai due lati correvano lungo le case. Così per qualche tempo si potè giungere senza insudiciarsi là dove il mercato aveva quel poco di pavimento; ma poi, venendo i carri dal resto della via ch'era pur sempre tutto fanghiglia, e lasciandosi dietro di quel fango sul nuovo selciato, in breve l'ebbero affatto coperto; giacchè non ne veniva rimosso, non avendo ancora la città neppur uno spazzìno.

Anche a codesto io volli che si mettesse riparo; e mi venne trovato un povero diavolo, che ben volentieri si assumeva di ripulire quel selciato due volte la settimana, e di rimuovere la spazzatura da tutte le porte di quel vicinato, pel salario di sei pence al mese,[1] che gli fosse dato da ciascuna di quelle case. Allora stampai uno scritto, per dimostrare la comodità che si poteva ritrarre da così modica spesa; quanto più agevole sarebbe stato il mantener pulite le case, più non entrandovi scarpe fangose; quanto benefizio ne sarebbe derivato ai negozi, che per il facilitato accesso avrebbero veduti maggiori compratori, e nelle giornate di vento evitata la polvere, che soleva tutte coprire le loro mercanzie, ec. ec.; e mandai copia dello scritto in tutte quelle case; quindi, passato un giorno o due, andai attorno per vedere chi voleva pagare i sei *pence*. Tutti unanimemente vi acconsentirono; e per un certo tempo si ricordarono dell'impegno preso. La cittadinanza vide con gran piacere netta la strada che portava a quel mercato, e ne apprezzò il comodo generale; il che fece nascere desiderio che fosse selciata la intera città, e dispose viepiù gli animi a sopportarne la tassa.

Nè andò molto che io formolai anche la proposta di una legge per questo scopo, e la presentai all'Assemblea: era in quei giorni che mi disponeva a partire per l'Inghilterra, nel 1757; ma non passò che nella mia assenza, e mutata alquanto, nè in bene, a mio giudizio, intorno al modo di ripartire la conseguente

---

[1] Dodici soldi.

imposta; però coll' aggiunta di un articolo per illuminare altresì le vie, il che non era piccolo miglioramento. Fu un privato, il signor Giovanni Clifton, che primieramente seppe far nascere il pensiero che la città si dovesse pur anche illuminare, coll'aver appeso un lampione dinanzi alla propria casa, e così praticamente dimostrata l'utilità della innovazione. Si volle ascrivere a me anche il merito di questo benefizio; ma, lo ripeto, è dovuto a quel cittadino: io non ho fatto che seguire il suo esempio, e solo ebbi il felice pensiero di consigliare miglior forma per i lampioni, differente da quelli a globo che dapprima ci vennero mandati da Londra. In questi l'aria non penetrando di sotto, impediva l'uscita al fumo, che, appannato il globo, ne diminuiva la luce; e inoltre dovendosi ogni giorno di necessità ben ripulirli tutti, vi era pericolo sempre che qualcuno ne fosse rotto. Io dunque consigliai che si facessero con quattro lastre di vetro, e con un tubo per attirare in su il fumo; e vi si lasciasse modo all'aria di entrare di sotto. Infatti così non s'insudiciano e non si appannano in poche ore, come quelli di Londra, ma si mantengono lucenti fino a giorno; e un colpo casuale non ne spezza ordinariamente che un vetro solo, facile a cambiarsi.

I cittadini di Londra vedono pure al loro Vauxhall de' lampioni a globo, che hanno dei buchi nel fondo per cui si mantengono puliti; e mi fa meraviglia come non pensino a forare similmente i fanali delle loro vie. Ma quei buchi essendo stati fatti allo scopo di comunicare in un subito la fiamma al lucignolo, per mezzo di fili di lino che giù ne pendono, sembra che non si sia riflettuto all'altro uso, dell'aria che vi può così circolare; e quindi poche ore dopo che i fanali sono stati accesi, le vie della città appaiono ben scarsamente illuminate.

Il ricordo fatto di queste innovazioni, me ne riduce alla memoria una ch'io, essendo in Londra, proposi al dottore Fothergill; il quale fu de'migliori uomini da me conosciuti, e gran promotore di utili novità.

Io aveva osservato che in tempo asciutto le vie di Londra non venivano mai spazzate, ma vi si lasciava accumulare la polvere, finchè la pioggia ne facesse mota; la quale, dopo esser rimasta alquanti giorni e fattasi tanta che non v'era più modo di attraversare una strada, se non là dove dei poverelli spazzando colle loro granate vi facevano dei sentieri; si faceva poi non senza fatica ammucchiare e si trasportava in certi carri a culle, che ad ogni scossa la venivano seminando di nuovo con molestia grande dei passeggieri. Dicevano che non conveniva spazzare quando il tempo era asciutto, per non alzare nuvoli di polvere, che avrebbero invaso botteghe e finestre.

Ma il caso mi chiarì quanto poco ci voglia per avere netta una via. Un mattino trovai dinanzi alla mia porta, in Craven-street, una povera donna che ne ripuliva il limitare con una granata di betulla; era pallida e spossata: vedevasi che era uscita di fresco da una malattia. Le chiesi chi l'avesse mandata a far quel servizio.

"Nessuno," mi rispose; "ma io sono talmente miserabile, che ho pensato di spazzare dinanzi alle case degli agiati, sperando che vorranno pur darmi qualche cosa." — Le dissi che facesse il medesimo lungo tutta la via, e le avrei dato uno scellino.

Erano allora le nove del mattino; a mezzodì venne per lo scellino. Io non poteva credere che avesse, così debole, potuto fare quel lavoro tanto presto; e mandai il mio domestico a verificare; e questi mi riferì che infatti era stata, e molto bene, ripulita tutta la via, e la polvere gettata nel rigagnolo che scorreva nel mezzo. Di qui poi la prima pioggia venuta la portò via; e il selciato, ed anche il canaletto, restarono completamente puliti.

Da ciò conclusi allora, che se una donnicciuola, in

quello stato, aveva potuto spazzare una strada così lunga in tre sole ore, un uomo robusto e attivo poteva ciò fare in metà di tempo. E qui lasciatemi notare quanto convenga meglio avere un solo rigagnolo nel mezzo delle vie non molto larghe, anzi che due ai lati, rasente i marciapiedi; perchè se la pioggia che cade sopra una via, può raccogliersi e scorrerle nel mezzo, forma quivi una corrente la quale ha forza di menare con sè tutto il pattume che trova; ma se deve scompartirsi in due canali, troppe volte non vale a ripulire nè l'uno nè l'altro; e il fango, solo stemperato, viene di nuovo dalle ruote e dai cavalli schizzato sulla via sdrucciolevole, non che sui passeggieri.

Adunque la proposta che al buon dottore io comunicai, era questa:

« Per la maggiore nettezza delle vie di Londra e di Westminster, si consiglia che venga affidato alle varie guardie municipali la cura di tenere durante il tempo asciutto spazzate dalla polvere, e nel piovoso dal fango, quelle vie che ciascuna ha in sua custodia; e per questo fa duopo che siano loro fornite granate e altri utensili necessari, da riporsi nei loro casotti, per essere consegnati alla povera gente che vorranno impiegare a tale servizio.

» Che negli aridi mesi estivi, della polvere siano fatti monticelli a convenienti distanze; e ciò prima dell'ora che porte e botteghe si sogliono aprire. Quindi facciasi portar via in carrette coperte e ben chiuse.

» Che quando il fango sarà ammucchiato, non sia lasciato così sulle vie, per esservi di nuovo disperso dai carri e dalle bestie; ma che gli spazzaturai abbiano dei carrettoni senza ruote, a modo di tregge, e col fondo a graticcio; il quale, con uno strato di paglia, possa trattenere il fango che vi sarà gettato e lasciar sgocciolare l'acqua, da cui è reso pesante. Questi carrettoni particolari si tengano fermi a certe distanze, e la spazzatura vi si porti con carriole; poi quando l'acqua ne sia tutta scolata, vengano cavalli a portarli via. »

Considerai però in seguito che forse non sarebbe stato possibile sempre di mettere in pratica l'ultima parte di questa mia proposta; non tutte le vie essendo larghe abbastanza per potervi trattenere quelle tregge senza incomodo di chi passa; ma per il restante, che cioè la polvere sia tolta dalle vie prima dell'apertura delle botteghe e delle porte di casa, sono sempre d'opinione che possa farsi benissimo d'estate, quando sono quei giorni così lunghi. Io rammento che passando un mattino, alle sette, per lo Strand e per Fleet-street,[1] non vidi aperta una sola di quelle botteghe, quantunque già da tre ore il sole fosse sull'orizzonte; chè a Londra amano molto di vegliare al lume di candela e dormire a quello del sole; e poi vi senti spesso lamentarsi della imposta sulle candele e dell'alto prezzo del sego.

Vi sarà forse chi giudichi essere materie queste che non vale occuparsene nè tampoco parlarne: e certo che un poco di polvere negli occhi a un galantuomo, o in una bottega, quando tira vento, non è il finimondo; tuttavia il rinnovarsi spesso tale molestia in una città popolosa merita che qualcuno ci pensi, e non sono da biasimare coloro che almanaccano per far cessare incomodi che in apparenza leggieri, in fatto non lo sono punto. Il ben essere degli uomini non è tanto l'opera dei segnalati favori della fortuna, i quali sono rarissimi sempre, quanto delle modeste comodità quotidiane. Così se tu insegni a un giovinetto di primo pelo come debba radersi e ben conservare il suo rasoio, può essere che tu cooperi al bene della sua esistenza più che se gli donassi mille ghinee; le quali troppo facilmente vanno in fumo, di sè lasciando solo il rodimento del mal uso che se n'è fatto; mentre nell'altro caso il tuo giovane non sarà condannato alla noia mortale di dover

---

[1] È il quartiere più mercantile di Londra.

ogni giorno aspettare il comodo di un barbiere e sopportarne que' ditacci, il fiato che non sempre sa di rosa, e il rasoio a sega. Egli invece si raderà quando ne avrà tempo e voglia; e sempre col piacere che reca il servirsi di un buon istrumento. Con questa mira ho arrischiato le poche pagine precedenti, sperando che possano offrire nozioni, le quali un giorno o l'altro abbiano a portare giovamento a una città che amo, avendovi dimorato per molti anni, e sempre bene; od anche ad alcuna delle nostre città americane.

Essendo io stato impiegato alcun tempo dal mastro generale delle Poste d'America, come suo ispettore per regolare diversi uffici e sindacare i registri degli ufficiali; alla sua morte, accaduta nel 1753, venni, con lettera del mastro generale delle Poste d'Inghilterra, destinato a succedergli, ma in compagnia del signor Guglielmo Hunter. Infino allora le poste d'America non avevano nulla fruttato all'Inghilterra; e a noi furono assegnate seicento sterline all'anno,[1] da spartire fra noi due, purchè avessimo saputo cavarle dai guadagni che avesse avuto l'ufficio. Per ottenere ciò v'era bisogno di non poche riforme, alcune delle quali in principio dispendiose; di maniera che ne' primi quattro anni l'ufficio contrasse debito con noi di oltre novecento sterline. Ma presto cominciò a ripagarci; e prima ch'io ne venissi rimosso per una stranezza del ministro, come narrerò a suo tempo, l'avevamo ridotto a produrre alla Corona il triplo della rendita netta, che per questo ramo le dà l'Irlanda. Dopo l'imprudente congedo a me dato, più non le fruttò un picciolo!

Gli affari della Posta mi costrinsero in quell'anno a visitare la Nuova Inghilterra; dove il collegio di Cambridge[2] spontaneamente mi onorò della patente di dottore in belle lettere e filosofia; titolo che parimenti il collegio di Yale, nel Connecticut, mi aveva

---

[1] Lire 15,000.
[2] *Collegio* qui equivale ad *Università*.

già da qualche tempo accordato. Così, senza ch'io avessi potuto mai studiare in nessun collegio, venni a conseguirne gli onori; i quali mi furono conferiti per le scoperte da me fatte e i miglioramenti introdotti in quella parte della Fisica che indaga i fenomeni elettrici.

CAPITOLO DECIMO.

Franklin, deputato dalla Pensilvania, assiste alla convenzione generale di Albany. — Vi propone un disegno d'unione delle Colonie, che viene accolto. — Si trova col generale Shirley a Boston. — Discorre delle cose di Pensilvania col generale Morris. — Franklin spalleggia M. Quincy, perchè sia soccorsa la Nuova Inghilterra. — Visita l'esercito del generale Braddock nel Maryland. — Procura cavalli e carri pel servizio di quest'esercito. — Ottiene il bisognevole agli ufficiali. — Carattere di Braddock. — La battaglia di Monongahela. — Braddock scrivendo al Governo loda i servizi resi alle sue truppe da Franklin. — A questi servizi è corrisposto male.

Temendosi nuovamente nel 1754 di aver guerra colla Francia, ordinarono i Lordi del Commercio che si tenesse ad Albany un congresso di commissari delle diverse colonie; affine di avvisare, coi capi delle Sei Nazioni,[1] intorno ai mezzi di difendere così il loro come il nostro territorio. Ricevuto quest'ordine, il governatore Hamilton lo comunicò alla Camera; chiese che venissero forniti doni opportuni da offrirsi in questa occasione agli Indiani, com'è l'uso; e disse di voler scegliere il signor Norris presidente e me, che dovessimo col signor Tommaso Penn e il segretario, signor Peters, essere i commissari della Pensilvania. La Camera approvò le nomine e provvide i doni, quantunque non amasse trattare fuori della sua provincia; e noi commissari ci radunammo cogli altri ad Albany, verso la metà di giugno.

Mentre si viaggiava colà diretti, io formai il di-

---

[1] Le *Sei Nazioni* erano una confederazione di tribù indiane, che soggiornavano fra il Canadà e le colonie del Nord.

segno, e lo misi in iscritto, di una unione di tutte le colonie, sotto un solo governo, per quanto importa alla comune difesa e ad altri maggiori affari di generale interesse: e siccome dovevamo attraversare New York, colsi quest'occasione per farlo vedere colà ai signori Giacomo Alexander e Kennedy, due uomini sommamente pratici di pubblici affari; dai quali essendomi stato approvato, mi feci animo di presentarlo al Congresso.

Vidi allora che vari altri commissari avevano pensato il medesimo, e preparatine gli scritti. Si domandò innanzi tutto se conveniva stringere una unione, e ne venne riconosciuta unanimamente la necessità; per la qual cosa si formò una commissione, di cui ogni colonia fornì un membro, per esaminare le diverse proposte. Avvenne che la mia fosse prescelta; e pertanto, con lievi mutamenti, fu portata dinanzi al Congresso.[1]

Secondo questo mio disegno, il governo dell'Unione doveva essere amministrato da un Presidente generale, scelto e stipendiato dalla Corona; e inoltre da un grande Consiglio, eletto dai rappresentanti del popolo delle singole colonie, nelle rispettive loro assemblee.[2] Fu molto discusso un tale progetto, mentre pur anche si trattava l'affare degl'Indiani, e trovò parecchi oppositori: ma da ultimo tutte le difficoltà furono vinte e unanimamente venne adottato e se ne mandarono copie al ministero ed alle varie Assemblee delle provincie; dove ebbe sorte singolare, imperciocchè non piacque alle Assemblee, sembrando a tutte che concedesse alla Corona soverchia *prerogativa*, mentre a giudizio del ministero, aveva un'aria troppo *democratica*. Neppure in Inghilterra venne dunque approvato, e in conseguenza non fu sottoposto all'approvazione di

---

[1] Questa proposta di Franklin è notevole, per aver data origine al primo tentativo di unione fra le Colonie, ed essere stata in certa guisa il primo germe degli Stati Uniti.

[2] È questa la forma d'elezione ch'è di presente applicata al Senato degli Stati Uniti.

Sua Maestà; e formarono invece un altro disegno, che si credeva potesse meglio rispondere allo scopo medesimo: pel quale i governatori delle provincie, con alcuni dei loro consiglieri, dovevano avvisare al reclutamento delle truppe, all'edificazione dei forti, ec. e trarre i mezzi di queste spese dal tesoro della Gran Bretagna; il quale poi si rimborserebbe con una tassa posta sull'America da un atto del Parlamento.

Il mio disegno, colle sue ragioni esplicative, può vedersi fra le mie opere politiche date alla stampa.

Nell'inverno di poi essendo io in Boston, ebbi occasione di parlare a lungo di questi due sistemi col governatore Shirley; ed anche una parte di questi nostri ragionamenti io l'ho stampata nelle dette opere. Le ragioni diverse e contrarie, dalle quali fu combattuto il mio disegno, m'inducono a credere che fosse veramente il più opportuno, fosse il punto di mezzo fra i due estremi: e sono sempre di opinione che sarebbe stato il meglio pei due paesi, se l'avessero adottato. Le colonie unite, come io proponeva, sarebbero state capaci della propria difesa; non v'era quindi più ragione perchè l'Inghilterra vi mandasse suoi soldati; e non poteva nascere quella pretesa di tassare l'America, che si dovette ribattere con tanto sanguinosa lotta. Ma pur troppo la storia è piena di errori di questa sorta, commessi da principi e da repubbliche.

« Cerca pure tutta la terra abitata: quanti pochi » vi troverai che sanno conoscere il loro meglio, o co- » nosciutolo, procaccino di conseguirlo! »

Chi è posto al governo di un paese, avendo molto da fare, non ama in genere di dover studiare e mettere in essere nuovi disegni; così avviene che di rado i migliori provvedimenti pubblici siano abbracciati con previdente saggezza; ben più frequentemente essi vengono imposti dalla necessità.

Mandando il governatore della Pensilvania all'Assemblea la mia proposta, la lodò « come concepita, a suo giudizio, con assai chiarezza e vigore di raziocinio; laonde credeva di doverla raccomandare come degna della maggiore attenzione. » Tuttavia la Camera, pel maneggio d'uno de' suoi membri, aspettò che io fossi assente per trattarne, ciò che mi parve sconveniente; e senza punto considerarla, la respinse, con mia grande mortificazione.

Nel portarmi a Boston in quest'anno, trovai a New York, giunto allora d'Inghilterra, il nostro nuovo governatore signor Morris, del quale io era molto amico. Veniva a sostituire il signor Hamilton, il quale, stanco delle brighe a cui lo esponevano continuamente le istruzioni de' suoi Proprietari, si era dimesso. Il signor Morris mi domandò se io credeva ch'egli dovesse aspettarsi una amministrazione così fastidiosa, com'era stata quella del suo predecessore. —"No," gli risposi; "potrete anzi trovare la carica molto agevole, purchè evitiate di bisticciare coll'Assemblea." — Ed egli, scherzando, soggiunse: — "O, come potete voi, caro amico, esortarmi a ciò? Sapete pure che io amo le dispute; e ci ho sempre trovato un gusto matto. Nulladimeno, perchè vediate quale conto io faccia de' vostri consigli, vi prometto di scansarle, se mi sarà possibile." — Aveva ragione egli di amare le dispute, essendo uomo eloquente e acuto argomentatore; e perciò gli era facile di trionfare in queste battaglie di parole. Era uso a questo fin da fanciullo; chè, a quanto ho udito dire, suo padre trovava diletto desinando, giunti alle frutta, di far tra loro disputare i figliuoli: ma non istimo savio un tale costume, perchè ho dovuto avvedermi che questi cavillatori, pronti sempre a contraddire, a confutare, non sogliano poi valere gran che nella condotta dei loro affari. Trionfano sì a volte, ma non guadagnano mai l'altrui simpatia, che sarebbe molto più utile vittoria.

Ci dividemmo, andando Morris a Filadelfia, io a Boston.

Al mio ritorno poi, in quella stessa New York, trovai un resoconto dell'Assemblea; e vidi che il nuovo governatore, malgrado la fatta promessa, era già, e vivamente, alle prese colla Camera; e in seguito, fin che durò in carica, fu un continuo battibecco fra loro. A me pure ne toccò la mia parte; giacchè non appena ritornato al mio posto nell'Assemblea, dovetti essere di tutte le commissioni incaricate di rispondere a' suoi discorsi e *messaggi;* e queste risposte sempre a me era commesso di dettarle; ed erano, al pari de' suoi *messaggi,* il più delle volte agre e non di rado perfino impertinenti. Egli sapeva molto bene chi le aveva stese; e potevasi credere che ci dovessimo, incontrandoci, prendere pel collo; ma pure tanto era in fondo una buona pasta d'uomo, che non se la prese mai con me; ed anzi fummo spesso a pranzare insieme.

Un dopo pranzo, mentre più ardeva questa contesa pubblica, incontratomi nella via, mi disse: — " Franklin, dovete venire da me stasera; vi troverete una compagnia di vostro genio; " — e presomi per un braccio mi menò a casa sua. Quivi poi conversando dopo cena allegramente, col bicchiere in mano, egli uscì a dire, che aveva sempre trovato giudiziosa quell'idea di Sancho Panza; il quale, quando fu proposto di dargli il governo di una provincia, chiese che fosse in paese di *negri;* affinchè, se non riusciva ad accordarsi co' suoi amministrati, li potesse vendere.

Allora uno del crocchio, che mi era vicino — " Franklin, " mi disse, " perchè persistete voi a stare con questi diavoli di quacqueri? Non sarebbe meglio che li vendeste? So che vi sarebbe qualcuno disposto a pagarveli bene. " — Ma risposi: — " Il governatore non li ha saputi ancora far *negri* abbastanza. " — Aveva egli per verità usato ogni potere per annerire l'Assemblea, con que' suoi *messaggi;* ma sempre questa s'era lavata, e la patina l'aveva a più doppi restituita a lui sul muso; di modo che infine, vedendo che correva piuttosto rischio di esser fatto negro lui, anch' egli, come già il signor Hamilton, si stancò di quel perpetuo contendere, e rinunciò al governo.

Tutti questi contrasti nascevano dall' avarizia dei Proprietari, i quali per eredità avevano diritto di governarci; ed ogni qualvolta dovevasi stanziare una spesa per difendere le loro provincie, con incredibile vigliaccheria ordinavano ai loro delegati di non approvare atto alcuno per mettere le tasse necessarie, a meno che non vi fossero dichiarati esenti da ogni partecipazione a quei carichi i loro vasti poderi; ed avevano altresì voluto garanzie da codesti delegati, per assicurarsi che si sarebbero attenuti strettamente alle istruzioni. Per ben tre anni le Assemblee propulsarono l' ingiustizia; ma da ultimo dovettero subirla. Pure finalmente il capitano Denny, succeduto al governatore Morris, si arrischiò a non ubbidire agli ordini avuti: come ciò avvenisse, sarà narrato più innanzi.

Ma io tiro via troppo in fretta con questa mia storia: v' hanno alcune altre cose da ricordare, le quali accaddero essendo governatore il signor Morris.

Potendosi oggimai dire cominciata la guerra colla Francia, il governo di Massachusetts Bay pensò di fare un colpo di mano contro Crown Point, e mandò il signor Quincy in Pensilvania, e il signor Pownall, che fu dipoi governatore, a New York, per averne assistenza.

Il signor Quincy, mio paesano, sapendomi dell' Assemblea e che ne doveva conoscere l' umore, venne da me a chiedere che usassi per lui della mia influenza e gli dessi appoggio: io gli dettai il discorso che doveva fare, il quale fu molto ben accolto; e fu stanziato un aiuto di diecimila sterline per provvigioni. Ma il governatore protestò di non poter acconsentire alla proposta (la quale includeva pure altre somme accordate alla Corona), se non vi si dichiarava che i beni dei Proprietari non ne avrebbero patito carico alcuno; e l' Assemblea non sapeva che cosa fare, sinceramente

desiderosa com'era di soccorrere la Nuova Inghilterra,
e d'altra parte non volendo a nessun patto sottomettersi
alla dichiarazione che le era imposta. Il signor Quincy
stava intorno al governatore, sollecitandolo in ogni guisa
per condurlo a dare l'assenso; ma non ne veniva a capo.
Io allora suggerii un modo di fare quello che si voleva,
senza bisogno del governatore; e fu di emettere, come
se ne aveva legale facoltà, delle cedole sull'ufficio dei
Prestiti. A dir vero, quest'ufficio allora non aveva in
cassa quasi nulla; ma proposi che le cedole fossero da
pagarsi entro un anno, e fruttassero intanto il cinque
per cento; fiducioso che questo provvedimento sarebbe
bastato al nostro scopo. L'Assemblea adottò la mia proposta, quasi senza esitazione; le cedole furono tosto
impresse, ed io fui de'commissari che le dovettero firmare e porre in circolazione. A fondi per estinguerle
destinaronsi gl'interessi della carta monetata ch'era
stata data in prestito nella provincia, e il provento della
tassa sulle bevande spiritose; il che sapendosi più che
sufficiente, quelle cedole ebbero tosto molto credito, e
non solo furono ricevute per le decretate provvigioni,
ma comperate da capitalisti, che avevano denari da
impiegare, perchè vantaggiosissime, come quelle che o
davano un buono interesse, o potevansi spendere come
denaro sonante. Furono dunque tutte premurosamente
acquistate, e in capo a poche settimane più non v'era
modo di averne. Io ebbi così la fortuna di condurre a
fine questa importante faccenda; il signor Quincy ringraziò con un bello scritto l'Assemblea, tornò a casa
soddisfattissimo dell'esito della sua missione, e d'allora
in poi ebbe sempre per me la più sincera e affezionata
amicizia.

Non avendo voluto il governo inglese acconsentire
all'unione delle colonie, com'era stata proposta ad Albany, e permettere che da sè provvedessero a difendersi; perchè già le erano sospette, e non amava che
vi si destassero spiriti militari e venissero a conoscere

le proprie forze; mandò fra noi il generale Braddock, con due reggimenti di regolari truppe inglesi. Sbarcò questi ad Alessandria nella Virginia, d'onde marciò fino a Frederictown nel Maryland; ma quivi dovette fermarsi per difetto di carri. Allora la nostra Assemblea, che sapeva di essere da quel generale creduta avversa ad ogni servizio pubblico, desiderò ch'io andassi a mettermi al suo fianco, non quale di lei deputato, ma nella mia qualità di mastro generale delle Poste; offerendomi di concertare seco lui come doversi con celerità e sicurezza trasmettere i dispacci che sarebbero corsi fra lui e i governi delle diverse provincie, coi quali di necessità avrebbe dovuto continuamente corrispondere; servizio di cui l'Assemblea stessa intendeva di fare le spese. Mio figlio mi fu compagno in questo viaggio.

Trovammo il generale a Frederictown, che impazientemente aspettava il ritorno di coloro che aveva mandati verso il Maryland e la Virginia per farvi incetta di carri. Mi trattenni con lui parecchi giorni, sempre pranzando seco, ed ebbi ogni opportunità di togliere dall'animo suo tutte le sinistre prevenzioni, coll'informarlo di quanto innanzi al suo arrivo l'Assemblea aveva fatto, e di quanto ora intendeva di fare per agevolare le di lui operazioni. Ciò fatto, io mi disponeva al ritorno, quando gli vennero condotti i carri che aveva mandato a cercare; ma non se n'erano potuti trovare più di venticinque, e neppur tutti servibili. Fu grande la sorpresa del generale e degli ufficiali; e dichiararono che della spedizione, con quei mezzi, non se ne doveva più parlare; tempestando contro i ministri che ciecamente li avevano mandati per tanto mare, in paese dove non dovevano trovare con che trasportare i viveri, i bagagli ec., cosa per cui erano indispensabili almeno cento cinquanta veicoli.

Mi venne detto allora ch'era peccato non fossero approdati nella Pensilvania, dove quasi ogni agricoltore ha il suo carro; e il generale subitamente afferrate queste mie parole, disse: "Quand'è così, voi che siete colà un uomo autorevole, potrete forse procurarci quanto ci è necessario; e vi prego di incaricarvene." Gli chiesi quali patti intendeva fossero proposti ai proprietari dei carri; ed egli commise a me di stabilirli. Scrissi dunque come stimai più giusto, e fu da lui pienamente approvato; quindi mi vennero date le credenziali e le istruzioni necessarie: e quali fossero questi patti si può vedere nell'Avviso che pubblicai non appena giunto a Lancaster; il quale per aver prodotto un grande e pronto effetto, piacerà forse che qui sia inserito, e quindi lo reco per intiero:

« AVVISO.

> Lancaster, 26 aprile 1755.

» Essendovi bisogno di centocinquanta carri, tirato ciascuno da quattro cavalli; e di mille e cinquecento cavalli da sella o da soma, pel servizio delle truppe di S. M. riunite ora a Will's Creek; e S. E. il generale Braddock avendo graziosamente conferito a me il potere di contrattare per procurarglieli; io do notizia che a quest'oggetto mi fermerò in Lancaster da oggi fino a mercoledì sera; e in York dalla mattina del successivo giovedì fino alla sera del venerdì; dove riceverò le offerte dei carri coi loro cavalli, o dei soli cavalli, alle condizioni seguenti: — 1° Saranno dati, per ogni carro a quattro buoni cavalli e con un carrettiere, 15 scellini al giorno; per ogni buon cavallo con sella o bardella, 2 scellini al giorno; e per ogni cavallo a dorso nudo, 18 pence al giorno. — 2° La paga correrà dal giorno dell'arrivo al campo delle truppe a Will's Creek, ma non dovrà essere più tardi del 20 maggio prossimo: sarà data inoltre una conveniente indennità per l'andata a Will's Creek, e pel ritorno, cessato che sia il servizio. — 3° Ogni carro colle sue bestie, ogni cavallo da sella o da carico sarà stimato da arbitri, scelti dai proprietari e da me: e nel caso di perdite avvenute per il servizio, l'ammontare di questa stima sarà pagata. — 4° Non appena fatto l'accordo, ogni proprietario dei carri o dei semplici cavalli potrà avere da me, in contanti, la paga anticipata di sette giorni; il rimanente gli sarà sborsato dal generale, o dal pagatore dell'esercito, finito il servizio, o in diverse rate, come più vorrà. — 5° Non si potrà in nessun caso pretendere dai conduttori dei carri o dei cavalli che servano da soldati; nè che faccian altro all'infuori di condurre i carri e aver cura delle bestie. — 6° L'orzo, il grano turco, ed ogni foraggio che sarà portato al campo da carri o da cavalli, oltre il bisogno per la sussistenza di questi, sarà ceduto all'esercito ad un prezzo ragionevole.

» *Nota* — Mio figlio, Guglielmo Franklin, potrà fare simili contratti con qualunque uomo del Cumberland.

» B. FRANKLIN. »

« *Agli abitanti delle contee di Lancaster, York e Cumberland.*

» AMICI E CONCITTADINI,

» Trovatomi per caso pochi giorni sono al campo di di Frederic, vidi che il generale e gli ufficiali erano molto irritati per non aver potuto procurarsi i carri e i cavalli che si aspettavano da questa provincia, siccome quella ch'era meglio in grado di fornirne; ma pei contrasti sorti fra il nostro governatore e l'Assemblea, non furono votati i fondi necessari, nè preso altro provvedimento a questo scopo.

» Era stato proposto di subito mandare molta gente armata in queste contee, per requisirvi quel numero di carri e di cavalli che sono indispensabili; non·che gli uomini per guidarli e governarli.

» Io temetti che la venuta di soldati inglesi in queste terre e con simile intenzione, segnatamente coll'animo mal disposto che hanno, potesse recare disturbi e danni e anche pericoli agli abitanti; quindi molto vogliosamente mi assunsi di vedere innanzi tutto quello che si potesse ancor fare con modi equi e pacifici.

» Gli abitanti di queste contrade si sono lagnati ultimamente coll'Assemblea per la scarsità del denaro che circola; ed ora vi si offre l'occasione di ricevere e tra voi dividere una somma considerevolissima, perchè se il servizio di questa spedizione durerà, come è più che probabile, il tempo che si calcola esserle necessario, cioè centotrenta giorni, il nolo dei detti carri e dei cavalli produrrà oltre trentamila sterline;[1] le quali vi saranno pagate in tanta bella moneta d'oro e d'argento del regno.

» Il servizio non sarà grave nè difficile, perchè i soldati marceranno tutto al più dodici miglia al giorno; e siccome i carri e i cavalli da soma porteranno cose quotidianamente necessarie, dovranno accompagnarli sempre, non precederli; ed essere, così nelle marcie come nell'accampamento, nel posto più sicuro.

» Se voi siete realmente, come vi credo, buoni e leali sudditi di S. M., potrete rendere un servizio molto utile, e nel tempo stesso a voi profittevole; giacchè anche quelle persone che non fossero in grado di fornire da sè sole, per averne bisogno sulle loro terre, un carro a quattro cavalli e col carrettiere, potranno unirsi ad altri, e dare chi il carro, chi le bestie, chi l'uomo; e di poi dividersi il guadagno: ma se non renderete spontaneamente questo servizio al re ed al paese, ora che vi si offrono condizioni tanto eque, e così buona paga, cadrete in sospetto di poca lealtà; mentre ad ogni modo il servizio dovrà pure aver luogo: tanti bravi soldati, venuti da così lontano a difendervi, non possono starsi inoperosi per la vostra ritrosia a fare ciò che si avrebbe ogni motivo di attendere da voi. Questi carri e cavalli

---

[1] Lire 750,000.

devonsi avere ; e se non d'amore, sarà di forza; e allora sarete ridotti a cercare la ricompensa ove potrete, e forse a non trovare nè compassione nè riguardi.

» Io non ho in questa faccenda altro particolar interesse, che di fare del bene; all'infuori di questo non mi toccheranno che fatiche e pensieri. Se il modo che propongo per avere carri e cavalli non vi persuade, ho l'obbligo di darne avviso al generale fra quattordici giorni; e allora credo che sarà mandato senz'altro a requisirli sir Giovanni St. Clair, l'ussaro, con una buona mano di que' suoi soldati; cosa che molto mi dorrebbe, imperciocchè sono sinceramente vostro amico e vi auguro ogni bene.

» B. FRANKLIN. »

Io ebbi dal generale forse ottocento sterline per pagare in anticipazione a chi prestava carri ec.; ma era somma insufficiente, e dovetti anticiparne all'incirca altre duecento di mio; e per tal modo in due settimane furono in pronto ed avviati al campo i centocinquanta carri, con duecentocinquantanove cavalli da tiro. Ma avendo nel mio Avviso promesso che, se si fossero perduti cavalli o carri, sarebbero stati pagati secondo una stima fattane, i proprietari di questi, adducendo che non conoscevano il generale Braddock, e pertanto non potevano sapere quanto fosse da fidare in lui, vollero che dessi anche la mia cauzione; e la diedi.

Una sera che al campo io cenava cogli ufficiali del reggimento del colonnello Dunbar, questi mi disse ch'era in qualche pensiero per i suoi subalterni;[1] i quali di consueto non avevano che la loro paga; e in questo paese di viveri molto cari, malamente potevano provvedersi quanto era loro pur necessario per le lunghe marcie da farsi attraverso contrade selvaggie e prive di tutto. Mi commosse il caso di questi poveri ufficiali, e risolsi

---

[1] Sotto il nome di ufficiali subalterni qui si comprendono luogotenenti e capitani.

di adoperarmi affine di venir loro in aiuto. Non ne dissi però nulla al colonnello, ma il mattino di poi scrissi al comitato dell' Assemblea (che poteva disporre di certi pochi denari pubblici), caldamente raccomandando alla sua considerazione questi ufficiali, e proponendo fossero mandate loro in dono delle provvisioni più necessarie. Mio figlio, che aveva qualche pratica della vita militare e de' bisogni di un campo, fece per me la lista degli oggetti che più sarebbe stato a proposito di spedire; e io la inclusi nella mia lettera. Il comitato approvò molto la mia proposta; e mise ad assecondarla tanta premura, che quei doni, condotti da mio figlio, giunsero al campo nel tempo stesso dei carri. Erano venti balle, ciascuna delle quali conteneva:

6 Libbre di zucchero in pane.
6 Libbre di zucchero non raffinato.
1 Libbra di thè verde.
1 Libbra di thè bohea.
6 Libbre di caffè macinato.
6 Libbre di cioccolata.
Mezza cassa del miglior biscotto bianco.
Mezza libbra di pepe.
1 Quarto [1] di aceto bianco.
1 Cacio di Gloucester.
20 Libbre di burro in vaso.
24 Bottiglie di madera vecchio.
2 Galloni [2] di rhum della Giamaica.
1 Fiasco di polvere di mostarda.
2 buoni presciutti.
6 Lingue affumicate.
6 Libbre di riso.
6 Libbre di uva passa.

Queste venti balle, molto bene ammagliate, furono poste sopra altrettanti cavalli, e destinato in dono ogni

---

[1] Due litri circa.   [2] Quasi cinque litri.

cavallo col suo carico ad un ufficiale. Furono ricevuti con molta riconoscenza, e con lettere a me dirètte i colonnelli dei due reggimenti ne resero grazie amplissime. Anche il generale mi si dimostrò grato assai di avergli procurati i carri e il resto; e subito mi fece rimborsare di quanto aveva io dato, raccomandandomisi vivamente nel tempo stesso di continuare ad assisterlo, e mandargli dietro i viveri. Io presi a fare anche questo, attendendovi con ogni attività, fino alla nuova della sua sconfitta.

Anticipai per tale servizio, de' miei denari, più di mille sterline; e gliene feci avere il conto, il quale, per buona sorte, gli capitò alcuni giorni prima della battaglia, e subito egli mi spedì un ordine di rimborso per la somma tonda di mille sterline, al pagatore dell'esercito, riservando il resto a una prossima occasione. Io devo considerare come una fortuna tale pagamento; perchè di quel resto non ho potuto più riavere un soldo, come in seguito mi accadrà di narrare.

Io ritengo che questo generale fosse un valent'uomo e che guerreggiando in Europa avrebbe potuto farsi onore; ma per l'America aveva troppo grande fiducia di sè, troppo alta opinione della validità delle sue truppe regolari, e troppo bassa degli Americani e degli Indiani.[1] Giorgio Croghan, il nostro interprete indiano, lo raggiunse in una marcia, conducendogli un cento di selvaggi, che gli avrebbero potuto rendere molto servigio come guide, esploratori, ec., se li riceveva cortesemente; ma non ne fece conto alcuno, anzi mostrò disprezzarli, di modo che essi, l'un dopo l'altro, lo lasciarono.

Un giorno conversando con me, egli mi descriveva le operazioni che intendeva di fare, e disse: — " Una volta che abbia in mia mano il forte Duquesne,[2] voglio

---

[1] Le milizie americane servivano colle truppe regolari in queste spedizioni contro i Francesi del Canadà.

[2] Dove sorgeva questo forte, venne di poi eretta la città di Pittsburg.

andar difilato a Niagara; e presa anche questa, portarmi a Frontenac, se la stagione lo permetterà; e lo credo, perchè Duquesne non mi può arrestare più di due o tre giorni; dopo di che non vedo impedimento alla mia marcia fino a Niagara." — Ma io intanto andava considerando in me stesso la lunga linea che i suoi soldati avrebbero dovuto formare in una strada molto angusta, impediti da boschi e macchie; e mi rammentava altresì di aver letto come una volta furono rotti mille e cinquecento Francesi, che invadevano il territorio degli Irochesi; così che mi sorgevano dubbi e timori sull'esito di questa campagna, che al generale si presentava tanto agevole. Tuttavia non osai di rispondere altro, se non questo: — " Certamente che se voi giungete senza ingombri dinanzi a Duquesne, con questi vostri soldati e questa artiglieria, la piazza non ancora ben fortificata, e a quanto si dice poco fornita di presidio, non potrà fare probabilmente che una debole resistenza. La sola cosa che temo possa attraversare la speditezza delle vostre marcie, è che gl'Indiani vi tendano agguati; ciò ch'essi, per la gran pratica, sanno fare con incredibile ardimento e destrezza; e la linea troppo sottile, di forse quattro miglia, nella quale il vostro esercito dovrà stendersi, può esporlo ad essere assalito di fianco all'improvviso, e tagliato come un filo in varie parti, che distanti fra loro, non potrebbero darsi reciprocamente aiuto." —

Egli sorrise della mia dabbenaggine, e soggiunse: — "Questi selvaggi possono ben essere nemici formidabili per le vostre americane milizie, che non hanno scuola: ma sono ben poca cosa ai soldati regolari e disciplinati del re." — Io non aggiunsi altro, sentendo che non mi stava bene disputare di questa materia con un militare esperimentato.

Avvenne poi che il nemico non approfittasse di quella lunga linea di marcia che io credeva pericolosa ai soldati inglesi, ma li lasciò procedere quietamente fino a nove miglia dal forte; e là, mentre s'affoltavano (chè avevano guadato allora un fiume, e la fronte s'era fermata per lasciar tempo al resto di arrivare), in una parte del bosco più sgombra di quante avevano passate, ne assalì con vivissimo fuoco la vanguardia, coperto dai tronchi e dai cespugli; e fu questo il primo indizio di nemico vicino che il generale avesse. Il quale vedendo disordinarsi questa sua vanguardia, spingeva innanzi il corpo della battaglia affinchè l'appoggiasse; ma ciò facevasi confusamente, fra l'impaccio dei carri, delle salmerie e del bestiame. E intanto anche il fianco gli veniva assalito; e gli ufficiali a cavallo erano i primi a servire di mira alle fucilate, e cadevano senza posa;[1] mentre i soldati si addossavano fitti gli uni agli altri, senza comando o non udendone, e così stando esposti ai colpi, fin che ben due terzi ne furono uccisi; il rimanente allora si diede alla fuga.

I carrettieri staccarono ciascuno un de'loro cavalli, e via con quello; esempio che gli altri non furono tardi ad imitare; così che tutti i carri, le munizioni, le proviande, le artiglierie furono abbandonate al nemico. Il generale ferito, venne trasportato a gran stento fuori di quello sbaraglio; il suo segretario, signor Shirley, gli era stato ucciso al fianco: di ottantasei ufficiali, sessantatrè furono uccisi o feriti; di soldati, sopra mille e cento se ne perdettero settecentoquattordici.

Questi mille e cento erano stati scelti in tutto l'esercito; il resto, sotto il colonnello Dunbar, rimasto indietro, doveva seguire colla porzione più grave delle salmerie, dei viveri e delle munizioni; ma i fuggiaschi, senza essere inseguiti, corsero fino al di lui campo e vi portarono il terror panico che li cacciava. Tutti allora ne furono presi, anche il colonnello; di modo che, sebbene si trovasse ancora forse un migliaio d'uomini, e il nemico che aveva sbaragliato il generale non eccedesse

---

[1] Di tutti gli aiutanti di campo del generale Braddock, un solo uscì illeso da quello scontro: e fu il maggiore Giorgio Washington!

al più quattrocento fra Indiani e Francesi, invece di procedere e riacquistare alquanto dell'onore perduto, diede ordine si distruggesse ogni munizione e il resto degli impedimenti, per avere maggiori cavalli alla sua fuga verso le colonie, e minori ingombri.

Giunto quivi, fu dai governatori della Virginia, Maryland e Pensilvania, esortato a fermare le sue truppe sulla frontiera, per difesa degli abitanti; ma egli, sordo, continuò a marciare, a fuggire, attraverso al paese, e non si tenne sicuro se non giunto a Filadelfia, dove quei cittadini potevano spalleggiarlo.

Questi fatti a noi Americani fecero per la prima volta balenare il sospetto, che la grande idea che avevamo della prodezza invincibile dei soldati regolari dell'Inghilterra non avesse poi fondamento molto solido.

I famosi soldati, che vedevamo ora così scappare, avevano già, non appena sbarcati alle nostre rive e attraverso a tutte le colonie, messo a ruba campi e case, ruinando affatto molte povere famiglie; ed insultando altresì, battendo, imprigionando quanti osavano far rimostranza. Era bastante questo per isvogliarci di simili difensori, se anche ne avessimo avuto realmente bisogno. Quanto diversamente si diportarono i Francesi nostri amici nel 1781; i quali in una marcia di quasi settecento miglia, dove il territorio è più popoloso, da Rhode Island alla Virginia, non destarono il minimo reclamo per un maiale, per un pollo, e neppur per una mela.

Il capitano Orme, uno degli aiutanti del generale, ch'era stato gravemente ferito e trasportato con lui, e che era con lui rimasto fino alla sua morte avvenuta poco appresso, mi narrò che questi, durante il primo giorno, non aveva aperto bocca, e solo al farsi della notte esclamato: "Chi l'avrebbe pensato?" Poi fu silenzioso di nuovo il giorno seguente; finchè disse in fine: "Un'altra volta sapremo meglio come s'ha a fare con costoro;" e in capo a pochi minuti spirò.

Essendo cadute nelle mani de' nemici tutte le carte

del segretario, e gli ordini, le istruzioni, le corrispondenze del generale, ne scelsero e voltarono in francese un certo numero, stampandoli di poi per far note pubblicamente le intenzioni ostili che la Corte inglese aveva nudrite, anche prima della dichiarazione di guerra. Fra queste carte io vidi lettere del generale al ministero, ove parlava con riconoscenza dei molti servizi da me resi all'esercito, e mi raccomandava. Ed anche David Hume, che fu qualche anno appresso segretario di Lord Hertford quand'era ambasciatore in Francia, e di poi del generale Conway, segretario di Stato; anch'egli, dico, m'informò di aver veduto nelle carte dell'ufficio lettere di Braddock, altamente in mio favore. Ma, l'impresa andata a male, anche de'miei servigi pare non fosse fatto gran caso; perchè quelle raccomandazioni non mi valsero mai nulla.

Al generale stesso poi, in ricambio, non chiesi io che un favore; e fu di ordinare a' suoi ufficiali che più non arrolassero i servi da noi comprati, e liberassero i già arrolati. Me lo accordò all'istante, e molti servi pertanto furono restituiti per mezzo mio ai loro padroni. Non così generoso fu Dunbar, quando il comandare toccò a lui. Essendo egli a Filadelfia nella sua ritirata, o fuga piuttosto, io gli mossi preghiera affinchè sciogliesse i servi di tre poveri agricoltori della contea di Lancaster, che aveva arrolati; ricordandogli quali ordini il generale aveva già dato a questo proposito; ed egli mi promise che se quei padroni lo avessero raggiunto a Trenton, dove presto sarebbe arrivato marciando verso New York, colà avrebbe loro rilasciato i detti servi. Questi agricoltori si portarono dunque a Trenton, con incomodo e spesa; ma ivi giunti, il colonnello non volle ricordarsi la promessa fatta, con grande loro danno e meraviglia.

Non appena si seppe dei carri e dei cavalli perdutisi, tutti quelli che li avevano forniti mi furono addosso perchè rifacessi loro la perdita, ·come mi era

obbligato. Ciò mi dava il più gran pensiero: nè valeva
che li assicurassi, il denaro occorrente esser già pronto
nelle mani del pagatore dell'esercito, ma che non si
poteva riscuoterlo se prima non ne dava ordine il generale Shirley; e che io ne aveva scritto a questo generale, ma trovandosi egli molto lontano, la sua risposta
non poteva giungere così presto e bisognava aver pazienza. Volevano il fatto loro, ed alcuni senz'altro indugio m'intentarono processo. Finalmente però il generale Shirley mi trasse d'impaccio, nominando commissari
per l'esame delle domande e ordinando i pagamenti;
i quali ammontarono a poco meno di ventimila sterline;[1] e se doveva pagarle io, rimaneva in piana terra.

Poco prima che si sapesse di questa disfatta, i due
dottori Bond vennero a trovarmi con una proposta di
sottoscrizione per le spese di un grande fuoco d'artifizio,
col quale intendevano festeggiare la prima notizia che
si avrebbe avuto della presa del forte Duquesne. Io risposi loro seriamente, che mi pareva si avrebbe avuto
ben tempo di pensare alle allegrezze, quando l'occasione fosse nata; ma stupirono di questa mia titu-
banza.—"Che diavolo!" disse uno di loro, "supporreste
per avventura che il forte non sarà preso!"—"Non suppongo nulla io," risposi; "ma so che non vi è cosa più
incerta degli eventi di una guerra."—Quindi loro manifestai le ragioni del mio dubitare: la sottoscrizione
fu lasciata da banda; e i due progettisti evitarono il
pericolo di avere preparato i razzi per una così bella
vittoria. Uno di questi due Bond in appresso ricordan-
dosene in certa occasione, ebbe a dire, che non amava
sentire Franklin profetizzare.

---

[1] Lire 500,000.

Capitolo Decimoprimo.

Franklin è fatto commissario per sorvegliare le spese e le opere necessarie alla difesa della colonia. — Fa una proposta per formare una milizia, e viene adottata dall'Assemblea. — Gli è affidata la difesa dei confini, e fabbrica una linea di forti. — Marcia alla testa di un corpo di soldati. — Descrizione di questa marcia. — Operazioni militari a Gnadenhut. — I moravi di Bethlehem. — Franklin di ritorno a Filadelfia. — È fatto colonnello. — Viaggia nella Virginia. — Non acconsente al governatore, che lo vorrebbe alla testa di una spedizione contro il forte Duquesne. — Le sue scoperte elettriche. — È fatto membro della Società Reale di Londra. — Gli è aggiudicata la medaglia di Copley.

Il governatore Morris, il quale prima della sconfitta di Braddock aveva assalita l'Assemblea con *messaggi* sopra *messaggi,* per trarla a decretare imposte onde poter difendere la provincia, ma senza aggravarne i beni dei Proprietari; e che aveva respinti tutti i decreti di lei perchè non vi era tale clausola esclusiva; raddoppiava gli attacchi con maggior speranza di successo ora che il pericolo e la necessità erano più forti. Tuttavia l'Assemblea tenne fermo, credendo che la giustizia fosse dal canto suo; e che avrebbe rinunciato ad un grande suo diritto, se permetteva al governatore di metter le mani nelle sue leggi di finanza. Per una di queste, delle ultime proposte, con cui si volevano ottenere cinquanta mila sterline, egli, per verità, non desiderò che il mutamento di una singola parola. La legge diceva: « Che tutti i beni, reali e personali, sarebbero stati tassati, *non* eccettuati quelli dei Proprietari. » Il governatore proponeva l'emendamento di *solo* in luogo di *non;* piccola alterazione! Nulladimeno, quando giunsero in Inghilterra le notizie della disfatta, gli amici nostri colà, ai quali avevamo sempre mandate le risposte fatte dall'Assemblea ai *messaggi* del governatore, alzarono la voce contro questi Proprietari, per la bassezza e la ingiustizia di dare tali istruzioni al loro governatore; e s'udirono alcuni dichiarare perfino, che coll'avere impedita così la difesa della provincia vi avevano perduto ogni diritto. Impauriti essi da tali clamori, dieder ordine al proprio ricevitore generale, di aggiungere del loro cinquemila sterline a qualunque somma fosse stata votata dall'Assemblea per questa difesa.

Notificatosi ciò all'Assemblea, fu accettato in luogo della loro quota in una generale tassazione; e venne quindi formolata e adottata una nuova proposta di legge, colla clausola che li esentava. L'atto medesimo poi nominò me a far parte della Commissione che doveva disporre della somma di sessantamila sterline che si sarebbe ottenuta. Io aveva presa molta parte nel formolare questa legge e nel procurarne il buon successo; e nella medesima occasione aveva proposta altra legge per formare e disciplinare una milizia di volontari, la quale passò anch'essa, e senza difficoltà, perchè m'era dato pensiero di lasciare in piena libertà i quacqueri. Affine poi di promuovere il concorso necessario alla formazione della proposta milizia, io volli scrivere anche un *dialogo*; dove risposi anticipatamente a tutte quelle obiezioni che immaginava si sarebbero potute fare a tale novità. Stampato il dialogo, ebbe, io credo, non poca efficacia.

Mentre si formavano ed istruivano le diverse compagnie della milizia nella città e nella campagna, il governatore m'indusse ad assumere la difesa della nostra frontiera di nord-ovest, la quale era infestata dal nemico, e a provvedere alla sicurezza di quelli abitanti col levar truppe e fabbricare una linea di forti. Mi addossai anche queste faccende militari, quantunque non mi credessi molto da ciò; ed egli mi diede poteri, e brevetti in bianco di ufficiali per accordarli a chi mi pareva: nè trovai difficoltà nel levar gente, e presto ebbi al mio comando cinquecento e sessanta armati. M'era aiutante di campo, e molto utile, mio figlio stesso, il quale aveva militato come ufficiale nella precedente guerra del Canadà.

Ed ora per fondarvi il primo forte, ne parve sito

opportuno quello dove già sorgeva Gnadenhut, un villaggio ch' era stato fondato dai fratelli moravi,[1] e che gl' Indiani, trucidatine gli abitanti, avevano dato alle fiamme. Disponendomi dunque a portarmi colà, raccolsi le mie compagnie a Bethlehem, il maggiore stabilimento di quei settari; e fui sorpreso di trovare questo luogo in buonissimo stato di difesa: la sventura toccata a Gnadenhut era stata una severa lezione per i suoi vicini. Si era costrutta una forte palizzata intorno ai principali edifizi, si erano fatte venire da New York molte armi e munizioni, e si erano ammucchiati ciottoli sui davanzali delle finestre delle alte case di pietra, acciocchè a un bisogno anche le donne potesser rompere la testa agli Indiani che avessero tentato penetrarvi. Inoltre i fratelli, armati, vi facevano guardia, avvicendandosi colla regolarità che si suol usare nelle città presidiate. Trovatomi col loro vescovo Spangenberg, gli manifestai la mia sorpresa di ciò; perchè m' era noto che avevano ottenuto per atto del Parlamento di non essere obbligati ad alcun militare servizio nelle colonie, e credeva fosse uno dei principii della setta di non trattar armi. Mi rispose che questo veramente non era uno de' loro principii fondamentali; ma che, quando pregarono per ottenere quell'atto, credevasi da molti di loro che lo fosse; cosa di cui ebber luogo di ricredersi, non appena vi fu bisogno di difesa, chè videro allora quanti pochi erano devoti a quel principio. Sembra dunque che intorno a ciò o s' ingannassero essi medesimi, o volessero ingannare il Parlamento: tuttavolta io son d' avviso che debba avvenire non di rado che il senso comune trionfi di opinioni storte, quando gli avvenimenti e i pericoli parlan chiaro.

Era il principio di gennaio quando noi mettemmo mano a fabbricare questi forti. Mandai un distaccamento verso il Minisink per alzarvene uno a protezione di quel

---

[1] Queste colonie morave erano state stabilite dal celebre conte Zinzendorf, di Sassonia.

paese nella parte superiore, e un altro nella parte bassa; e mi portai io stesso col restante dei soldati a Gnadenhut, dove appariva più urgente il bisogno di fortificare. I fratelli moravi mi fornirono cinque carri pei nostri utensili, e per le provvisioni, i bagagli, ec.

Mentre di poi stavamo per lasciare Bethlehem, undici piantatori, che un'orda d'Indiani aveva cacciati dai loro terreni, vennero a me, pregandomi che dessi loro armi da fuoco, con cui poter ricuperare il loro bestiame. Consegnai a ciascuno un fucile con munizione sufficiente.

Messici in via e fatte poche miglia, cominciò a coglierci la pioggia; la quale continuò a cadere fitta per tutto il giorno, nè trovammo un tetto sul nostro cammino dove poterci riparare; solo sul far della notte giungemmo alla casa di un Tedesco, nella quale, e sotto le attigue tettoie e capanne, ci potemmo stipare, fradici fino all'ossa. Buon per noi che nella marcia il nemico non ci diede molestia; giacchè, oltre ad essere armati di fucili poco buoni, non ci era stato possibile di tenerne asciutti gli acciarini. Gli Indiani vi riescono molto destramente, ma noi non sappiamo imitarli; e appunto in questo giorno essi incontrarono quelli undici piantatori, dei quali ho dianzi parlato, e ne uccisero dieci. Quel solo che potè scamparne, raggiuntici, narrò che nè il suo fucile nè quelli de' suoi compagni avevano potuto far fuoco, per la pioggia che li aveva inumiditi.

Il giorno vegnente fece bel tempo, e ci rimettemmo in via, marciando fino al desolato Gnadenhut. V'era là vicino una sega ad acqua, intorno a cui erano state lasciate varie cataste di tavole, delle quali ci facemmo alla meglio delle capanne; cosa per noi tanto maggiormente necessaria, che in quei giorni del più inclemente inverno non avevamo tende. Fu però nostro primo pensiero di compiere il seppellimento dei molti morti che là giacevano, stati appena coperti di poca terra dalla gente del paese.

Al mattino del domani disegnammo e tracciammo

sul terreno il forte, della circonferenza di quattrocento cinquantacinque piedi; laonde v'era bisogno di altrettanti pali, che quelli alberi ci dovevano fornire, l'uno per l'altro del diametro di un piede. Furono subito all'opera le settanta scuri che avevamo; ed essendo i nostri uomini molto pratici di siffatti lavori, in breve il taglio fu eseguito. Vedendo cadere quelli alberi con tanta celerità, io fui curioso di consultare l'orologio non appena due lavoratori si furono posti intorno ad un pino: in sei minuti l'ebbero atterrato, ed era del diametro di quattordici pollici. Ogni pino ci diede tre pali lunghi diciotto piedi, e appuntati dall'un de' capi; e mentre una parte degli uomini attendeva a prepararli, altri scavavano circolarmente un fosso, fondo tre piedi, per ficcarveli. Tolti quindi i piani ai nostri cinque carri, e disgiunte le sale delle loro quattro ruote, ne facemmo dieci carriaggi, con due cavalli ciascuno, per trasportare i pali dalla foresta al posto designato; e una volta qui ben piantati, i nostri legnaioli fecervi internamente un rialto di sei piedi, tutto di panconi, stando sul quale i fucilieri potessero sparare dalle feritoie. Avevamo poi un cannone di campagna, che ponemmo ad uno degli angoli; e al quale subito si diede fuoco, per avviso agli Indiani, se ve n'era in quelle vicinanze, che avevamo anche un tale arnese. Così il nostro forte (se si può dare nome tanto superlativo a una povera palizzata) in una settimana fu in piedi, sebbene un giorno sì e uno no fosser caduti tali rovesci di pioggia, che non si poteva lavorare.

Ho potuto in quest'occasione osservare che gli uomini occupati sono i più contenti; giacchè vedeva i nostri, che quando lavoravano erano mansueti e allegri, e colla coscienza di aver ben impiegate le ore del giorno, spendevano poi le sere festosamente. Ma nei giorni d'ozio non avevano disciplina, erano litigiosi, non trovavano mangiabile nè il pane nè la carne porcina dei ranci ec., e regnava la musonerìa: laonde vidi che aveva tutte le ragioni quel capitano di mare, il quale per regola costante non voleva mai vedere oziosa la ciurma; e un giorno che un ufficiale era venuto a dirgli che gli uomini avevano eseguito quanto era stato loro comandato, e più non v'era da far nulla in tutta la nave: — " *Or bene,*" egli rispose, " *che si mettano a forbire le ancore.*" —

I forti del genere di quello che noi avevamo fatto, quantunque siano ben povera difesa, bastano però contro Indiani che non hanno cannoni. Ora, dunque, trovandoci noi messi al sicuro, e con un posto da ritirarvisi a un bisogno, ci arrischiammo a scorrere la campagna attorno in vari drappelli. Non ci venne incontrato mai nessun Indiano, ma scoprimmo sui poggi vicini le traccie del loro esservisi appiattati a spiare le nostre opere. Avevano preparati questi loro luoghi di vedetta con tale un'arte, che merita di essere descritta: non potevano far senza fuoco, perchè eravamo nel pieno inverno; ma un fuoco de' soliti, alla superficie del terreno, li avrebbe col chiarore indicati ai lontani. Che fecero dunque? scavarono delle buche nel suolo, di forse tre piedi di diametro e un poco più profonde; e staccato colle accétte il carbone da' ceppi che avevano già nella foresta fatti ardere, se ne fecero tanti focherelli in quelle buche. Noi trovammo giacenti alla foresta queste legne, nella parte carbonizzata delle quali erano palesi i colpi delle scuri; e si vedevano l'erbe intorno alle buche state pigiate dai loro corpi; perchè vi si erano seduti e sdraiati, coi piedi penzoloni sul fuoco, solendo essi aver cura speciale di tenersi calde le piante, il che fatto, più non temono d'altro. Tali fuochi non potevano tradirli, nè collo splendore, nè colle scintille, nè col fumo. Appariva inoltre non essere stato grande il loro numero, e che non s'erano perciò arrischiati di affrontarci.

Il nostro cappellano, signor Beatty, ministro presbiteriano di molto zelo, un giorno meco si lamentava che i soldati non volevano attendere alle funzioni religiose, ed io trovai modo di riparare allo scandalo. Questi uomini s'erano obbligati a servire dietro promessa di avere, oltre la paga e i viveri, un *gill* al giorno di rhum;[1] che fu loro dato puntualmente mattina e sera, in due metà, come puntualmente sempre essi trovavansi tutti presenti a riceverlo. A ciò pensando io dunque, dissi al signor Beatty: — " Forse non è del vostro decoro farvi soprintendente del rhum; ma se voleste incaricarvi di distribuirlo dopo la preghiera, sono certo che ve li attirereste intorno tutti." — Approvò il pensiero, accettò l'uffizio; e aiutato da altri nel misurare il liquore e dispensarlo, fece la cosa con sodisfazione di tutti; e non vi furono mai funzioni ecclesiastiche tanto frequentate, quanto d'allora in avanti le sue: di modo che io stimo sia questo un metodo preferibile all'altro di castigare gli uomini che non attendono a' divini uffizi, come certe leggi militari impongono.

Aveva appena terminata questa faccenda, e provveduto il mio forte del necessario, quando ebbi lettera dal governatore, che mi annunciava di aver radunata l'Assemblea, e m'invitava a recarmivi, se le cose della frontiera me ne lasciavano libertà.

Anche gli amici che io aveva nell'Assemblea me ne scrivevano, sollecitandomi ad andarvi, se m'era possibile; sicchè trovandomi oramai di aver piantati i tre forti che disegnava fare, e vedendo gli abitanti rassicurati, chè sotto la protezione di questi forti più non dubitavano di stare sulle loro terre, risolsi di partire. Ciò feci anche tanto più di buon animo, che acconsentiva a surrogarmi un ufficiale della Nuova Inghilterra, il colonnello Clapham, uomo esercitato alla guerra contro gli Indiani, e che per caso era venuto a visitare il nostro nuovo stabilimento. Gliene diedi la commissione in iscritto, e raccolto il presidio, la lessi

---

[1] Un decilitro circa.

dinanzi a tutti, presentando il nuovo comandante come un ufficiale, che per la sua nota abilità nelle cose militari molto meglio di me poteva stare alla loro testa: quindi fatta ai soldati una breve esortazione, e salutatili, me ne andai. Vollero però scortarmi fino a Bethlehem, dove mi fermai alcuni giorni per riposarmi della faticosissima vita che aveva fatta. La prima notte che dopo sì lungo tempo mi sono trovato in un buon letto, non ho potuto quasi chiudere occhio; tanto era differente questo, da quel giacere sul nudo terreno nella capanna di Gnaden, avvolto solo in una o due coperte.

Poi ch' era a Bethlehem, volli conoscere un poco meglio gli usi di quei fratelli moravi, che mi furon larghi sempre di ogni cortesia, ed alcuni de' quali mi avevano eziandio accompagnato. Seppi che mettevano in comune i frutti del loro lavoro; li vidi cibarsi tutti a un modo e avere i letti in vasti dormentori, nei palchi de' quali avevano praticati, molto giudiziosamente a parer mio, de' fori qua e là pel rinnovamento dell' aria. Nella loro chiesa mi fu dato udire buona musica; essendovi l'organo accompagnato da violini, corni, flauti, clarini, ec. M' informarono che le loro prediche non solevano essere fatte indifferentemente a tutto il popolo; come avviene da noi, che vi andiamo insieme uomini e donne, vecchi e fanciulli; ma che alcune volte congregavano gli uomini maritati, altre volte le loro mogli, altre i giovani celibi o le fanciulle, o i bambini maschi e femmine; ogni classe di persone a parte. Fui anche a una predica per i fanciulli, i quali entrarono nella chiesa tutti in fila, e così vennero fatti sedere: i maschietti sotto la sorveglianza di un adolescente, e le fanciulline sotto quella di una giovane. Il discorso poi era adattatissimo alla loro età e intelligenza, e recitato in tono piacevole, famigliare, che li esortava con gentilezza ad esser buoni. Quest'uditorio si comportò molto lodevolmente; ma v'erano tra loro assai visini pallidi e malaticci, il che m'indusse a sospettare che siano tenuti troppo in casa e non lasciati scorrazzare, quanto è necessario, all'aria libera.

Volli in quell'occasione chiarirmi s'egli era vero, come ho sentito dire, che i matrimoni nella sètta dei moravi si facciano a sorte, e non secondo le inclinazioni. Mi fu risposto che ricorrevasi alla sorte in certi casi speciali; che generalmente, quando un giovane vuole ammogliarsi, ne fa parola agli anziani della sua classe, i quali ne consultano le donne attempate cui sono date in custodia le giovinette. Questi seniori de' due sessi, conoscendo assai bene l'indole e tutte le qualità dei loro allievi, possono giudicare meglio che mai quali siano da accoppiare; e tale giudizio suol essere seguito; ma se avviene per caso che due o tre delle ragazze siano trovate egualmente convenire ad un giovane, allora si ha ricorso alla sorte. Parve a me che matrimoni così fatti, senza la mutua scelta delle parti, possono alcune volte riuscire infelici. "Codesto può accadere," mi fu risposto, "anche quando due si siano liberamente scelti essi medesimi:" il che è vero pur troppo.

Ritornato a Filadelfia, trovai che la milizia vi si formava egregiamente; quasi tutti i cittadini non quacqueri vi si erano inscritti, e avevano composte le compagnie, nominati i capitani, i luogotenenti ec. secondo la nuova legge. Il dottor B. venne a trovarmi, e m'informò del gran pensiero che s'era dato per far comparire accettabilissima la legge e a queste sue cure ne attribuiva segnatamente il buon effetto; ma la mia vanità mi susurrava che invece fosse tutta opera del *Dialogo* ch'io avevo mandato fuori; nulladimeno mi tacqui, e lo lasciai godere della sua opinione, potendo anche essere che non avesse torto: e la condotta che allora tenni, la credo la più savia in ogni simile caso. Gli ufficiali, radunatisi per la scelta del colonnello, nominarono me; e questa volta credetti di poter accettare. Più non ricordo quante compagnie si avessero; ma passai in rassegna intorno a mille e duecento uomini, tutti di bell'aspetto;

e una compagnia di artiglieri, fornita di sei pezzi da
campagna, in bronzo, cui sapevano scaricare ben dodici
volte al minuto; tanto destri si erano già fatti.

Dopo la mia prima rivista, il reggimento volle accompagnarmi a casa e là salutarmi con una scarica generale; ma ne furono scossi e rovesciati i vetri del mio
apparecchio elettrico, ed alcuni andarono in pezzi. Nè
più solidi furono i miei nuovi onori; perchè tutti questi
gradi militari dovettero cessare ben presto, essendo stato
in Inghilterra abrogata la legge della nostra milizia.

Nella breve durata di quell'ufficio di colonnello, essendomi nata necessità di portarmi nella Virginia, gli
ufficiali del reggimento credettero del loro dovere scortarmi fuori della città, fino allo scalo inferiore; così che,
mentre stava per mettermi a cavallo, me li vedo venire
alla porta in numero di trenta o quaranta, in sella e
coll'uniforme. Se l'avessi potuto prevedere, l'avrei impedito, essendo per natura nemico di queste pompe:
non potei dunque mostrarmene lieto; ma come oramai
interdir loro che mi accompagnassero? E la cosa diventò
poi anche più grave, che non appena si cominciò la
marcia, essi snudarono le spade e così cavalcarono per
tutta la via. Di ciò ne fu scritto al Proprietario, che
se ne tenne grandemente offeso: tanto onore a lui, quando
si trovava nella provincia, non era mai stato fatto; e
neppure a' suoi governatori. Diceva che queste erano
cose da principi reali; e sarà forse vero, chè io di questa
sorta d'usi non me ne intendeva, come non me n'intendo neppur oggi.

Questa sciocchezza tuttavolta aumentò il rancore
ch'egli già mi portava e che non era poco, perchè nel-
nell'Assemblea, sempre che si toccasse dell'esenzione
de' suoi territori dalle tasse, io sorgeva ad oppormi caldamente, non risparmiando gravi parole alla bassezza
e all'ingiustizia di tale pretesa. Mi accusò dunque al
ministero, siccome il maggiore ostacolo che incontrava
il regio servizio; asserendo che nell'Assemblea io tro-

vava sempre modo d'impedire che le leggi di finanza fossero adottate nella forma più conveniente; e inoltre denunziò questa mia parata cogli uffiziali quale una prova che io mirava a togliergli di mano per forza il governo della provincia.

Tentò anche con sir Everardo Fawkener, mastro generale delle Poste, di farmi perdere l'impiego; ma non ottenne altro che di indurre sir Everardo a farmi una lieve ammonizione.

Malgrado le continue discordie fra l'Assemblea e il governatore, discordie nelle quali io aveva molta parte, fra me e questo gentiluomo vi fu sempre buona amicizia; e io credo che il non avere egli tenuto conto, o ben poco, delle risposte acerbe ch'erano fatte a' suoi *messaggi,* e che non ignorava essere opera mia, fosse abitudine della sua professione: da quel giureconsulto che era, uso alle dispute legali, considerava non essere noi che avvocati alle prese per i loro clienti; egli per i Proprietari, io per l'Assemblea. Ond'è che a volte perfino chiedesse amichevolmente il mio parere in casi difficili; ed anche, ma non sempre, lo seguisse.

Noi fummo d'accordo in tutto quando si trattò di provvedere all'esercito di Braddock; e al giungere della triste nuova della sua sconfitta, mi mandò a cercare in gran fretta, perchè avvisassimo insieme al modo di prevenire la diserzione delle contee del paese inferiore. Ora non ricordo il consiglio da me dato; ma credo fosse che si dovesse scrivere a Dunbar, per indurlo, s'era possibile, ad arrestare le sue truppe sulla frontiera affine di guardarla, finchè rinforzi delle colonie lo avessero posto in grado di continuare la spedizione: e dopo il mio ritorno da quella medesima frontiera, avrebbe voluto che assumessi, con truppe provinciali, di prendere io il forte Duquesne, essendo Dunbar co' suoi soldati occupato ad altro, se io acconsentiva, egli mi avrebbe fatto generale. Ma io non credeva essere quell'uomo di guerra ch'egli diceva reputarmi; o probabilmente pensava anch' egli meno che non dicesse, e solo giudicava la mia popolarità dovesse facilitare il reclutamento di nuovi uomini, e l'influenza della quale io godeva nell'Assemblea, la concessione dei mezzi per pagarli; fors'anche senza aggravare le terre dei Proprietari. Trovatomi dunque restìo alle sue vedute, della spedizione più non si fece parola; e poco appresso egli abbandonò il governo, essendogli succeduto il capitano Denny.

Prima che io proceda a narrare la parte da me presa ne' pubblici affari durante l'amministrazione di questo nuovo governatore, sarà bene che riferisca qualche cosa del nascere e del progredire della mia riputazione di scienziato.

Trovandomi nel 1746 a Boston, vi conobbi un dottor Spence, arrivato di fresco dalla Scozia, il quale mi fece assistere ad alcuni esperimenti elettrici. Non furono troppo bene eseguiti, ch'egli non era molto esperto; ma, nuovi affatto per me, mi sorpresero e dilettarono grandemente. Di poi, non appena fui ritornato a Filadelfia, avvenne che la nostra biblioteca ricevesse in dono dal signor P. Collinson, della Società reale di Londra, una macchina elettrica, con qualche istruzione sul modo di servirsene. Io colsi con ardore questa occasione per ripetere ciò che m'era stato mostrato a Boston; e divenutone molto abile, fui presto in grado di fare anche altri esperimenti di cui riceveva notizia dall'Inghilterra, non che dei nuovi da me pensati. Aveva acquistato pratica per la gran gente che traeva alla mia casa, curiosa di vedere queste elettriche meraviglie.

Per scemare poi questa folla che mi si faceva intorno e spartirla cogli amici miei, procurai che nella nostra fabbrica di vetri venissero fatti alcuni altri tubi da macchine elettriche, e li distribuii fra quelli che sapeva capaci di servirsene; di modo che si ebbero in breve molti esperimentatori. Il più abile di questi fu il signor Kinnersley, un mio vicino, uomo d'ingegno, al quale, poichè s'era ritirato dagli affari, io persuasi che si fa-

cesse pagare per la dimostrazione de' suoi esperimenti;
e stesi per lui due lezioni, nelle quali erano ordinati
gli esperimenti per modo, e metodicamente dimostrati,
che i precedenti sempre facilitassero l'intendere i seguenti. Egli si fece fare per questo proposito un elegante apparato, nel quale tutte le macchinette ch'io
aveva rozzamente fabbricate per mio uso, erano state
assai bene rifatte da esperti operai. Alle sue lezioni
accorsero molti, e ne ebbero gran piacere; e dopo qualche tempo egli volle anche girare per le colonie, e ripeterle in ogni capoluogo; così che fece quattrini. Però
nelle Antille, per la generale umidità di quell'aria,
trovò difficile molto l'esperimentare.

Volendosi poi significare al signor Collinson la nostra
riconoscenza per il suo dono, a me parve una buona
maniera quella d'informarlo dell'uso che ne avevamo
fatto; e gli mandai varie mie lettere ov' erano descritti
i nostri esperimenti. Egli volle leggerle alla Società
reale, ma non vi furono sulle prime giudicate degne
di far parte delle *Transactions* che vi si stampavano.[1]
Anzi una mia nota sulla identicità del fulmine e del-
l'elettrico, che aveva scritta pel signor Kinnersley, e che
mandai all'amico mio dottor Mitchel, membro di quella
Società reale; letta in una delle adunanze di questa, fu
dagli uomini che si credevano intendenti trovata ridicola.
Tuttavolta in seguito essendo stata posta sotto gli occhi
del dottor Fothergill, e con essa anche quell'altre mie
lettere al signor Collinson, a lui parvero non indegne di
vita, e consigliò di stamparle in qualche modo. Allora il
signor Collinson le diede a Cave, perchè le inserisse
nel suo *Gentleman's-Magazine*;[2] ma questi giudicò più
conveniente stamparle a parte in un opuscolo, del
quale il signor Fothergill stesso dettò la prefazione. E
sembra che Cave la pensasse bene; giacchè di poi colle

---

[1] Queste *Transactions* sono le Memorie di quella Società; raccolta
di molto rilievo per le scienze fisiche.
[2] Giornale assai diffuso ed accreditato.

aggiunte che vi fece di altre lettere da me in 'seguito mandate, potè anche trasformare l'opuscolo in un volume in quarto, che ebbe cinque edizioni, e pel quale non dovette pagare un soldo al suo autore.

Però questi scritti non ebbero buon successo in Inghilterra se non dopo qualche tempo dalla prima pubblicazione, e per i fatti che mi accingo ad esporre. Essendone capitata una copia nelle mani del conte de Buffon, scienziato meritamente stimatissimo in Francia, anzi in tutta Europa, procurò che fossero dal signor Dalibard voltati in francese; e vennero così stampati a Parigi. Ma questa pubblicazione dispiacque all'abate Nollet, maestro di fisica della famiglia reale, abile esperimentatore, ed autore di una teoria dell'elettricità che era allora universalmente seguita. Non voleva credere che una tale opera fosse veramente di un Americano, e si ostinava a dire che doveva essere una trappoleria fatta in Parigi da' suoi nemici, per screditare il suo sistema. Ma in seguito avendo pur dovuto convincersi che realmente esisteva un tale Franklin a Filadelfia, il quale s'impacciava di fisica, scrisse e diede alle stampe un volume di lettere, quasi tutte a me dirette, in difesa della sua teoria, e contro la verità de' miei esperimenti e le conclusioni ch'io ne aveva tratte.

Mi venne il ticchio una volta di rispondere al signor Abate, e stesi anche parte della risposta; ma poi considerando che le mie lettere stampate contenevano descrizioni di esperimenti che ognuno, a mio credere, poteva ripetere e verificare, e che se non era possibile verificarli, neppure sarebbe stato il difenderli; o v'erano osservazioni dietro le quali non si dogmatizzava, ma solo congetturavasi, e che pertanto non mi correva obbligo alcuno di sostenerle; e riflettendo inoltre che una disputa fra due scrittori in lingue diverse, poteva anche essere molto protratta per colpa di traduttori inesatti, che impedissero all'uno di bene intendere il pensiero dell'altro (e infatti una delle lettere di questo signor Abate era basata sopra un errore di traduzione); conclusi essere il meglio che i miei scritti facessero da sè medesimi la loro apologia, e che io spendessi il tempo che mi restava libero dai pubblici affari nell'eseguire nuovi esperimenti, in luogo di sciuparlo disputando intorno ai già fatti. Tacqui dunque, e non ebbi da pentirmene; imperciocchè un mio amico, il signor Le Roy, membro dell'Accademia reale delle scienze, prese egli in mano la mia causa, e confutò l'Abate; mentre d'altra parte il mio libro venne tradotto in italiano, in tedesco, e in latino; e la dottrina che conteneva fu mano mano adottata da tutti gli studiosi d'Europa, piuttosto che quella del francese; il quale prima di morire si trovò essere il solo della sua setta scientifica, ove si eccettui il signor B*** di Parigi, suo *élève* e immediato discepolo.

Ciò che diede a questo mio libro una molto più rapida e generale celebrità, fu il buon esito d'uno degli esperimenti propostivi, per attirare il fulmine dalle nuvole, ottenuto dai signori Dalibard e De Lor a Marly. Questo fatto destò la pubblica attenzione in ogni culto paese; e il signor De Lor, che aveva un gabinetto di apparati per la fisica, da lui pubblicamente insegnata, si diede a ripetere quelli ch'egli chiamava *Esperimenti di Filadelfia*; i quali dopo che furono eseguiti sotto gli occhi del re e della corte, divennero di moda, come suole accadere, e furono scopo alla curiosità di tutta Parigi. Ma io non voglio qui descrivere quell'esperimento capitale, e neppure far parola dell'infinito piacere ch'io medesimo provai eseguendolo poco appresso in Filadelfia, con un di quei balocchi da fanciulli, che sono detti aquiloni:[1] queste le sono cose che oggimai si possono leggere in tutte le storie dell'elettricità.

---

[1] Franklin aveva dapprima imaginato di piantare sopra un'eminenza, e in una base di resina che la isolasse, una verga di ferro appuntata, avvisando che le nubi cariche di elettricità nel passarle di sopra gliene avrebbero ceduta una parte; il che dovevasi far manifesto con scintille scoppianti dalla verga stessa all'appressarvi di una chiave, delle nocche della mano, o d'altro buon conduttore. Ma poi non trovato

Il dottor Wright, medico inglese, essendo a Parigi, scrisse ad un amico suo, che era della Società reale, del gran caso che facevano gli scienziati stranieri dei miei esperimenti, e del loro meravigliarsi che a' miei scritti fosse stata data in Inghilterra così poca attenzione. La Società, di ciò informata, volle riudire que' miei fogli che già le erano stati letti; e l'illustre dottor Watson compilò un sommario così di questi come d'ogni altro scritto ch'io avessi mandato in Inghilterra intorno a tale argomento; e gli piacque accompagnarlo di qualche lode all'autore. Questo sommario fu di poi stampato nelle *Transactions* della Società; alcuni membri della quale in Londra, e segnatamente il distintissimo signor Canton, avendo inoltre verificato l'esperimento di attirare il fulmine dalle nuvole col mezzo di una verga di ferro appuntata; quelli accademici, come lo seppero, fecero tosto più che onorevole ammenda della poca attenzione primieramente data a' miei scritti. Senza ch'io osassi manifestare il minimo desiderio di tanto onore, mi

---

in Filadelfia luogo opportuno a tale esperimento, pensò di alzare verso le nubi una punta di ferro, col mezzo di un aquilone da fanciulli; ma in luogo di carta, vi stese una pezzuola di seta, affinchè non fosse disfatto dalla pioggia; e nella stecca che doveva restare superiore, confisse la punta metallica. Usò poi ad innalzarlo di un filo usuale di canapa, meno che per l'estremità che doveva restargli in mano, la quale era di seta; e fra questa e la canapa annodò una chiave di ferro.

Con tale apparato, non appena vide coprirsi il cielo di nuvoloni, uscì ne' campi, solo accompagnato dal figlio, e tenendo ben segreto il suo pensiero ad ogni altro; per tema di esser beffato ove l'esperimento non avesse corrisposto all'aspettazione.

Giunti nell'aperta campagna, dunque, che già balenava, il padre e il figlio alzarono quell'aquilone e dopo qualche poco videro i peluzzi sciolti del filo agitarsi e rizzarsi. Allora Franklin, appressate le nocche alla chiave, con immensa gioia ne fe spiccare una lunga scintilla. Ciò avvenne nel 1752; ed a questo trionfo della teoria sono dovuti i parafulmini che subito appresso il grande uomo imaginò.

Tosto che fu divulgata la notizia dell'esperienze, colle quali l'Americano aveva dimostrato non essere il fulmine altro che elettricità, molti studiosi in ogni paese diedersi a ripeterle e a meditarvi sopra; e noi qui ricorderemo almeno il piemontese Padre Beccaria, come quello che più di ogni altro aggiunse a questo ramo della fisica; e Giorgio Guglielmo Richmann, professore a Pietroburgo, per essere stato (nel 1758) colpito dal fulmine ch'egli medesimo, esperimentando, attirò con una verga di ferro.

elessero del loro numero, mi esonerarono dalle tasse
consuete, che avrebbero sommato a venticinque ghinee; [1]
e sempre di poi mi spedirono gratis le loro *Transactions*.[2] Nè ciò basta, chè mi aggiudicarono anche la
medaglia d'oro di sir Goffredo Capley per l'anno 1753;
e pel conferimento di questa, lord Macclesfield presidente della Società pronunciò un discorso, nel quale io
veniva altamente encomiato.

Capitolo Decimosecondo.

Colloquio col governatore Denny. — Franklin è dall'Assemblea mandato
in Inghilterra con una petizione al re, e per agirvi quale rappresentante della Pensilvania. — Incontra a New York lord Loudoun.
— Aneddoti intorno a questo personaggio. — Franklin s'imbarca
a New York. — Incidenti del viaggio. — Arrivo in Inghilterra.

La medaglia conferitami dalla Società reale mi fu
portata dal nuovo nostro governatore, il capitano Denny;

---

[1] Lire 625.

[2] B. Franklin parla più a lungo della sua nomina a membro della
Società reale di Londra, in una lettera al figlio; della quale questo è
un estratto:

« Londra, 19 dicembre, 1767.

» ... Avendo avuto opportunità di esaminare i registri di questa
Reale Società, fui curioso di vedere in qual modo io venni eletto a farvi
parte, cosa di cui non era mai stato ben chiarito. Dovete dunque sapere
che non si usa ammettervi chi non abbia fatto dichiarazione di desi-
derarlo; e vuole il regolamento che in favore del candidato sia previa-
mente presentato alla Società un certificato di raccomandazione, colle
firme almeno di tre de' suoi membri; nel quale dicasi, che colui am-
bisce l'onore e che ne è degno. Ma non avendo io mai chiesto nè
aspettato simile favore, fui curioso, come dico, di vedere in qual modo
la cosa avvenisse; e trovai che il certificato per me, steso con forma inso-
lita e con molte lusinghiere espressioni, era stato firmato dal presidente
lord Macclesfield, da lord Parker e da lord Willoughby; che l'elezione era
stata unanime, e poichè l'onore m'era spontaneamente conferito, la
Società stimò che non sarebbe conveniente chiedere o da me ricevere
l'usuale pagamento; e così il mio nome venne registrato, con un voto
del Consiglio ch'io non fossi sottoposto ad alcuna tassa; e pertanto
nulla mai non mi fu chiesto. Quelli che sono nominati nel consueto
modo, pagano per l'ammissione cinque ghinee, e due e mezza per annua
contribuzione, o venticinque una volta tanto. Dunque nel caso mio, col-
l'onore mi venne accordato anche un favore molto sostanziale. »

il quale me la presentò in una festa che a lui dava la città, accompagnando l'atto con molto cortesi espressioni della stima in cui già diceva tenermi, come quello che mi conosceva per fama da lungo tempo. Dopo il pranzo, mentre gli altri convitati erano intenti a trincare, come allora usava; egli mi trasse da parte in una vicina stanza, e mi confidò che da' suoi amici in Inghilterra era stato consigliato a coltivare la mia amicizia, poichè mi stimavano capace di dargli in ogni occasione i migliori avvisi, e poteva assai contribuire a rendere agevole la sua amministrazione; laonde egli vivamente desiderava di intendersela meco, e mi assicurava che in ogni cosa, ove potesse, avrebbe procacciato sempre di essermi utile, come io meglio bramassi. Dopo questo esordio aggiunse molte parole della buona disposizione del Proprietario verso la provincia, e del vantaggio comune, e mio in particolare, se una buona volta fosse cessata quell'opposizione a' suoi provvedimenti, che da sì lungo tempo si persisteva a fare, e cominciasse a regnare migliore armonia fra lui e il suo popolo: a produrre il qual effetto sapevasi che nessuno poteva meglio di me contribuire; ed io avrei dovuto aspettarmi riconoscenza e premio proporzionati al servizio, ec. I bevitori non vedendoci più ritornare a tavola, ci mandarono un fiasco di madera; che il governatore non lasciò in ozio, e quanti più bicchieri mandava giù, tanto più largo diveniva di sollecitazioni e di promesse.

Gli risposi che il mio stato economico, grazie a Dio, era tale che poteva far senza dei favori altrui; del resto, io membro dell'Assemblea, non avrei potuto in nessun caso accettarne; che però non nutriva alcuna personale avversione al Proprietario; il quale anzi avrebbe trovato in me il più zelante patrocinatore delle sue proposte, ogni qualvolta queste collimassero col bene del popolo; essendo stata fino allora la mia opposizione da null'altro suscitata che dall'aver veduto i provvedimenti che si erano raccomandati all'Assemblea solo intesi all'utile di quel Proprietario, senza curare che portavano grande pregiudizio al pubblico. Mi dissi dunque molto obbligato a lui, signor governatore, per la stima che si era compiaciuto di mostrarmi; e che si tenesse pur certo d'ogni mio sforzo per agevolargli quest'amministrazione che fra noi assumeva, in quanto che io sperava egli non avesse portate seco le infelici istruzioni che avevano impacciato il suo predecessore.

Intorno a questo non volle allora spiegarsi; ma di poi, non appena ebbe a fare coll'Assemblea, apparve che non aveva ordini diversi; quindi le dispute rinnovaronsi, ed io più che mai a gettarmi nell'opposizione, prestandole sempre la mia penna; dapprima per chiedere ci fossero comunicate quelle istruzioni che dal Proprietario erano state ingiunte, e in seguito per criticarle; come può vedersi ne' processi verbali di quel tempo e nella Rivista storica [1] che in appresso io stampai. Pure fra me e questo governatore non sorse mai ombra di personale inimicizia; che anzi io amava di trovarmi con lui, essendo egli uomo di lettere, assai pratico del mondo, ove molto aveva veduto, e nella conversazione parlatore ameno ed istruttivo. Fu da lui ch'io ebbi la prima notizia che quel mio vecchio amico Giac. Ralph viveva ancora, e ch'era tenuto in Inghilterra per uno de' migliori scrittori politici: era stato adoperato nella contesa fra il Re e il principe Federigo, ed aveva avuto una pensione annuale di trecento sterline.

Però mi disse pure che come poeta non era stimato una buccia, e che Pope nella *Dunciad* [2] aveva messo in ridicolo i suoi versi. Solo come scrittore di prosa aveva credito, e questo non era piccolo.

Infine, vedendo l'Assemblea che il Proprietario osti-

---

[1] *Rivista storica della costituzione e del governo della Pensilvania.* Londra, 1759.

[2] Satira che in italiano potrebbe dirsi *La rassegna degli sciocchi:* il Poeta vi passa in rivista tutti quelli coi quali era in guerra letteraria. È a questa satira che si allude nella nostra nota a pag. 50.

natamente persisteva a vincolare i suoi deputati con istruzioni contrarie non solo ai privilegi del pubblico, ma perfino al servizio della Corona; decise di mandarne al re una querela, e scelse me quale suo commissario, per andare in Inghilterra a presentarla e farla valere. Aveva dato il tratto alla bilancia l'avere la Camera trasmesso al governatore una proposta di legge, per accordare sessantamila sterline alla Corona (di cui diecimila dovevano essere poste all'ordine di lord Loudoun, ch'era generale in quel tempo), e l'essersi egli rifiutato di sanzionarla, per le istruzioni che glielo vietavano.

Io m'era accordato col capitano Morris, che viaggiava tra New York e l'Inghilterra, per fare con lui questo tragitto; e aveva già mandate a bordo le mie provvisioni, quando arrivò a Filadelfia lord Loudoun; espressamente, come mi disse, per tentare di mettere d'accordo il governatore e l'Assemblea, onde non ne fosse impedito il servizio di Sua Maestà. Pregò dunque me e il governatore di andare da lui, affinchè egli potesse giudicare delle nostre differenze.

Riunitici, si espose da una parte e dall'altra le rispettive ragioni. In favore dell'Assemblea io parlai nella guisa che può vedersi dai pubblici fogli di quel tempo, i quali furono da me compilati e si stamparono insieme ai processi verbali dell'Assemblea stessa; mentre dall'altra parte il governatore allegava le istruzioni avute, la garanzia data per obbligarsi ad osservarle, e la sua ruina se avesse mancato a questa promessa: vedevasi però che non sarebbe stato impossibile smuoverlo, ove appena lord Loudoun avesse voluto pregarnelo. Ma questo signore non volle nulla tentare, quantunque da me esortato, per modo che credetti un momento di avernelo persuaso: preferì invece di sforzarsi a guadagnare l'accondiscendenza dell'Assemblea, pregando me di fare ogni opera a questo fine; e promettendo che, assecondato, dal canto suo non avrebbe risparmiati i soldati del re per la difesa delle nostre frontiere; le quali, se noi non acconsentivamo di continuare le spese a ciò necessarie, sarebbero restate alla mercede dei nemici.

Io dunque feci noto alla Camera quanto era stato detto nella conferenza; e le proposi nel tempo stesso una serie di risoluzioni da me formulate affine di poter uscire da quel bivio; cominciando però dalla dichiarazione dei nostri diritti, e che non intendevamo punto rinunciarvi, quantunque ne sospendessimo pel momento l'esercizio, costrettivi dalla *forza*, ma protestando altamente contro simile violenza; così che fu persuasa, e acconsentì finalmente a non dar seguito a quella sua prima proposta e a farne un'altra che s'accordasse colle istruzioni del Proprietario. Il governatore naturalmente non si fece pregare per dare a questa la sua sanzione; e allora io mi trovai libero pel mio viaggio. Ma nel frattempo la nave sulla quale, come dissi, aveva già mandate le mie provvisioni, era partita; e io le perdetti, mentre d'altra parte non ottenni per ricompensa che i ringraziamenti di lord Loudoun; al quale fu poi tutto attribuito l'onore di questo maneggio.

Egli ripartì per New York prima di me; e siccome a lui toccava di assegnare il tempo della partenza delle navi corriere, e allora se ne trovavano due in porto, una delle quali, mi diss'egli, doveva salpare al più presto; lo pregai d'informarmi del giorno preciso, affinchè potessi giovarmene e non perdere anche questa occasione.—" A dire il vero," mi rispose, " io ho fatto annunziare che salperà sabato; ma a voi confido, che se arrivate lunedì mattina, sarete ancora in tempo a imbarcarvi; non più tardi però." — Ma io, avendo dovuto perdere delle ore al tragitto di un'acqua, non giunsi che dopo il mezzogiorno del lunedì; temeva quindi che la nave se ne fosse andata, chè anche soffiava buon vento; ma tosto potei tranquillarmi, venendo a sapere ch'era ancora in porto, e che avrebbe dato alle vele soltanto il giorno dopo. Ora dunque si dovrebbe credere che io fossi alla vigilia della mia partenza per l'Europa; e io pure lo credeva, ma non conosceva bene ancora il carattere di questo signor generale, tratto precipuo del quale era l'*indecisione*. Ne voglio qui riferire degli esempi.

Fu nel principio d'aprile ch'io giunsi a New York, e credo non si salpasse prima della fine del giugno. Nel porto v'erano due navi corriere già pronte da lungo tempo alla partenza; ma erano ritenute per i dispacci di Sua Signoria, i quali sempre dovevansi consegnare al domani. Giunse poi una terza nave; e questa pure fu ritenuta; e prima che noi partissimo, una quarta doveva sopravvenire. La nostra sarebbesi mossa per la prima, come quella che da più lungo tempo aspettava; ma v'erano già de' viaggiatori anche per tutte quelle altre navi, ed alcuni impazientissimi di andarsene; inoltre i negozianti erano in pena per le loro lettere e per le assicurazioni fatte delle mercanzie, essendo tempo di guerra: ma la loro ansietà a nulla serviva; le lettere di mylord non erano in pronto. Eppure quanti andavano da lui, lo trovavano allo scrittoio, colla penna in mano: dovevasi credere pertanto che facesse un gran scrivere.

Essendomi portato io medesimo un mattino per riverirlo, trovai nella sua anticamera un certo Innis, corriere di Filadelfia, giunto allora e mandato espressamente con un plico del governatore Denny pel generale. Costui portava anche per me delle lettere di miei amici; ed io, ricevutele, gli chiesi quando sarebbe ripartito e dove alloggiava, chè voleva consegnargliene io pure. Mi disse che gli era stato ordinato di tornare domattina alle nove per la risposta del generale al governatore; e che subito dopo si sarebbe messo in via.

Io pertanto credetti bene di portargli le mie lettere quel giorno stesso.

Passati poi quindici giorni, mi avvenne d'incontrare di nuovo il corriere in quell'anticamera:

"Oh, già di ritorno, Innis!" esclamai vedendolo. — Ed egli:

"Che ritorno, se non sono ancora partito!"

"E come ciò?"

"Come? è la bellezza di due settimane consecutive, che mi si ordina di essere qui ogni mattina per avere le lettere di questo signor generale; e che mai non sono leste."

",Possibile! ma se non fa altro che scrivere! chè io lo trovo sempre a quel suo tavolino!"

"Sarà; ma egli è come san Giorgio nelle pitture: *sempre a cavallo, e non dà mai un passo.*"

Pare che la osservazione del corriere fosse giudiziosa; giacchè seppi in Inghilterra che Pitt, quando rimosse questo generale per sostituirgli Amherst e Wolfe, dichiarò che lo faceva, *perchè il ministro non riceveva mai notizia alcuna da lui, e non poteva saper nulla de' fatti suoi.*

Mentre aspettavasi così ogni giorno di poter partire, le tre navi corriere portaronsi a Sandy Hook, per raggiungervi la flotta; e noi viaggiatori credemmo prudente di salire a bordo, per non correr rischio che un ordine repentino facesse mettere alle vele, e noi restassimo a terra. Ma dimorammo là così imbarcati, e sempre in aspettativa, ben sei settimane; nel qual tempo dovemmo consumare le provvisioni che ciascuno di noi aveva fatte, e procurarcene dell'altre. Finalmente la flotta sciolse, per trasportare a Louisburg tutte le milizie, col loro generale, che doveva porvi assedio e impadronirsene; e le nostre navi pure ebber ordine di tenere lor dietro, per poter ricevere i famosi dispacci, quando sarebbero stati pronti. Consumammo così altri cinque giorni prima di poter avere una lettera, e licenza di andarcene; e allora una buona volta noi lasciammo la flotta, diretti per l'Inghilterra. Ma altre due navi stettero con lui ancora per un buon poco; e le condusse ad Halifax, ove si fermò qualche tempo ad esercitarvi i soldati con finti assalti di fortézze posticcie: quindi mutò pensiero, e in luogo di cingere Louisburg, se ne ritornò con tutti gli uomini a New York, traendosi pur dietro le corriere coi loro viaggiatori.

E intanto nella sua assenza Francesi e selvaggi presero il forte San Giorgio, ai confini di questa provincia; e molti di quel presidio, malgrado la capitolazione, furono dai selvaggi trucidati.

Io ho trovato in seguito a Londra il capitano Bonnell, che comandava una di quelle navi corriere; e seppi da lui, che dopo essere stato ritenuto un altro mese, dovette far noto al generale, che nella sua sentina i fondacci eransi di tanto accumulati, da scemare, se non vi si riparava, la velocità della nave, cosa di molta conseguenza per una corriera; e ch'era indispensabile pertanto gli fossero accordati alcuni giorni, affine di poterla mettere in carena e ripulirla. Domandò Sua Signoria quanto tempo sarebbe stato necessario:—" Tre giorni," fu la risposta. — " È troppo," soggiunse egli; " non posso accordarlo; se vi dà l'animo di farlo in un giorno, bene, altrimenti non ne fate nulla; perchè dovete immancabilmente mettere alla vela doman l'altro." — Così gli negò di far cosa tanto essenziale; eppure lo ritenne tuttavia, d'oggi in domani, per altri tre mesi.

In Londra pure incontrai anche uno de'viaggiatori della nave di Bonnell; ed era tanto invelenito con lord Loudoun, per essere stato così a lungo da lui deluso, e trattenuto prima a New York, poi tirato ad Halifax, quindi menato indietro di nuovo, che protestava di volergli intentare una causa per rifacimento di danni. Se poi lo facesse o no, non ho potuto saperlo; ma certo è che, a quanto egli diceva, le sue perdite per quell'indugiare furono considerevoli.

Io trasecolava allora che a un così solenne tentennone fosse stata affidata faccenda di tanto peso, com'è la condotta di un esercito; ma di poi avendo meglio conosciuto il gran mondo, e quali mezzi vi abbiano per attrappare i maggiori impieghi, e quali motivi per concederli, la mia meraviglia cessò. A mio giudizio il generale Shirley, cui era devoluto il comando dell'esercito dopo la morte di Braddock; se fosse stato lasciato a quel posto, avrebbe fatto nel 1757 ben altra campagna, che non fu quella di Loudoun, frivola, dispendiosa, e d'obbrobrio alla nazione oltre ogni dire.

Quantunque Shirley non avesse avuta educazione veramente militare, era però uomo accorto e di molta intelligenza, sapeva apprezzare un buon consiglio, e avrebbe concepito giudiziosi piani ed eseguitili colla necessaria speditezza; laddove Loudoun invece di difendere con tutti que' suoi soldati le colonie, le lasciò totalmente scoperte, per potersi baloccare in quel modo che abbiamo detto ad Halifax: in conseguenza di che fu perduto il forte San Giorgio. Inoltre egli disordinò tutte le nostre operazioni mercantili, e nocque non poco al grande commercio, col lungo embargo messo all'esportare le provvisioni, sotto pretesto d'impedire che passassero nel campo nemico; ma in realtà per isvilirne i prezzi a benefizio dei fornitori; degli utili de' quali si susurrava, forse a torto, ch'egli avesse la sua parte. Quando poi da ultimo codesto embargo venne levato, per non averne il generale mandata notizia a Charlestown, fu causa che la flotta della Carolina venisse trattenuta in quei paraggi quasi tre mesi più del necessario; di modo ch'ebbe le chiglie tanto danneggiate da' vermi, che una parte delle navi nel ritorno andò sommersa.

Io credo che Shirley fosse contentissimo di vedersi liberato da un così gran peso, com'esser doveva quello di comandare un esercito per un uomo che non era consumatissimo nelle faccende militari. Io fui degli invitati alla festa che la città di New York diede a lord Loudoun quando venne a prendere il comando; ed eravi anche Shirley, sebbene fosse il surrogato. Grande era il numero degli ufficiali, cittadini e forestieri presenti, così che s'era dovuto cercare sedie in prestito, e ve ne aveva d'ogni sorta.

A Shirley n'era toccata una molto bassa; e io che gli sedeva vicino, ciò vedendo, gli dissi:

"A voi, signore, hanno assegnato un seggio troppo basso."

"Meglio così, signor Franklin," mi rispose; "io trovo che un *seggio di questa fatta* è il più comodo."

Mentre dovetti trattenermi a New York, come ho narrato, potei mettere insieme tutti i conti delle provvisioni ec., ch'erano state da me fornite a Braddok; alcuni de'quali conti non m'era venuto fatto prima d'allora di ottenere dalle diverse persone ch'io aveva adoperate in questo affare. Non appena dunque ne fu completo il numero, li presentai a lord Loudoun, affinchè mi facesse pagare la parte dovutami; ed egli li trasmise a un ufficiale di ciò intendente, per essere esaminati; e come questi, confrontato ogni articolo colle note corrispondenti, li ebbe dichiarati esattissimi; promise che m'avrebbe dato un ordine di pagamento per la cassa militare; però, secondo il suo solito, rimettendo la cosa da un giorno all'altro, e facendomi chiamare ogni tanto, ma sempre inutilmente, quell'ordine benedetto non lo vedeva mai. Da ultimo, e proprio mentre io stava per partire, mi dichiarò, che il tutto ben considerato, s'era deciso a non voler mischiare i propri conti con quelli de'suoi predecessori. — "Quando sarete in Inghilterra," disse in conclusione, " vi sarà facilissimo farvi pagare, solo che presentiate le vostre partite alla regia tesoreria." Addussi, ma senza pro, come una buona ragione perchè mi fosse ridato il fatto mio senza ulteriore indugio, la grande e imprevista spesa che aveva dovuto fare per essere stato trattenuto a New York tutto quel tempo; e avendo aggiunto che non era giusto mettermi così in angustie e ritardarmi tanto il rimborso di una somma da me anticipata senza alcun mio profitto; egli ebbe la fronte di rispondermi: — " Eh, signor mio, a chi volete voi dare a intendere di non averci il vostro guadagno? Noi queste faccende le conosciamo, e sappiamo bene che ogni persona la quale abbia mano, come che sia, nell'approvvigionare soldati, trova anche mezzo di approvigionare nella stessa occasione il suo borsellino."—Gli asserii vivamente, che tale non era punto il caso mio; ch'io non mi aveva intascato un picciolo; ma vidi bene che non lo credeva: e per verità, seppi di poi esser solito infatti che si facciano grandi fortune in codeste operazioni di fornitori di eserciti. Ma del mio credito infino ad oggi io non ho ancora veduto un soldo: e dovrò riparlarne più a lungo in seguito.

Il capitano della nave sulla quale io viaggiai, prima che ci movessimo, aveva molto vantata la celerità del suo legno; ma, entrati in mare, sventuratamente si trovò il più tardo di novantasei velé ch'eravamo; caso che assai lo mortificò. Se non che, dopo molte congetture per trovarne la causa, essendoci noi accostati a un altro legno quasi lento quanto il nostro, ma che pure ci vinceva; il capitano volle che tutti, ciurma e viaggiatori, si portassero all'indietro, il più possibilmente vicino alla poppa. Eravamo una quarantina di persone; e appena fattolo, la nave cominciò a correr meglio, e in breve si lasciò dietro l'altra; onde si vide chiaro, ciò che il capitano sospettava, essere stata caricata soverchiamente da prora. Tutte le botti dell'acqua erano state poste sul davanti; egli le fece rimuovere, e portare indietro, dopo di che la nave riprese le sue qualità e mostrossi infatti la miglior veliera della flotta.

Asseriva il capitano che questa sua nave una volta aveva filato perfino tredici nodi, che equivale a tredici miglia all'ora; ma v'era con noi un certo Kennedy, capitano della regia marina, il quale diceva essere cosa impossibile questa; che nessuna nave non aveva mai corso tanto, e che doveva esservi stato errore nella divisione della corda del loche, o nel gettarla. Ne nacque una scommessa fra i due capitani, da decidersi non appena soffiasse vento sufficiente. Kennedy esaminò attentamente la corda del loche, e trovatala esatta, dichiarò volerla gettare egli stesso. In conseguenza di ciò, alcuni giorni appresso, sentendosi vento opportuno e fresco, il nostro capitano, Lutwidge, disse che gli pareva la sua nave corresse allora ben tredici nodi: Kennedy esperimentò, e dovette confessare ch' era così veramente, e pagaré la scommessa.

Io volli ricordare questo fatto, per farvi sopra la seguente riflessione. Fu notato come un gran difetto nell' arte di costruire navi, il non potersi mai accertare se un nuovo legno sarà buon veliero, prima di averlo esperimentato in mare; imperciocchè, siasi pure nel costruirlo avuto dinanzi per modello e fedelmente copiato altro legno velocissimo, accadrà non di rado che invece se ne faccia uno assai tardo. Io credo che in parte ciò provenga dalle diverse opinioni che hanno gli uomini di mare sul modo che convenga tenere con una nuova nave nel caricarla, nel corredarla, nel disporne le vele : ognuno ha un proprio sistema, e lo stesso vascello allestito secondo le idee di un capitano potrà correre più o meno che quando lo sia da altri.

Non avviene inoltre quasi mai che una nave sia costruita, allestita pel mare e guidata da una medesima persona; uno per lo più ne fabbrica il corpo, un altro pensa alle vele, alle sarte ec., un terzo la carica e la conduce; e nessuno di questi conosce interamente le idee degli altri o possiede l' istessa pratica: quindi non può dedurre giuste conclusioni per l' armonia del tutto.

Anche nel semplice esercizio di far uso delle vele in mare, ho veduto spesso un ufficiale di quarto comandare, collo stesso vento, in diverso modo di un altro: l' uno vuole più tese le vele, quando un altro le fa allentare; sembrami dunque che non siano guidati da regole ben certe. Pure, a mio credere, sarebbe utile molto che si facesse una serie di esperimenti; innanzi tutto per ben determinare la forma più conveniente ai diversi legni; quindi per le migliori dimensioni, il posto degli alberi, la foggia delle vele, il loro numero e il modo di spiegarle secondo i venti; e da ultimo, per la disposizione del carico. Sono anzi persuaso che non tarderà molto qualche perito in quest'arte a fare tali ricerche; e fin d'ora io gliene auguro il maggior successo.

Durante il viaggio noi fummo messi in caccia più volte, ma nessuna vela ha mai potuto competere colla nostra velocità; così che in capo a trenta giorni si potè gettare lo scandaglio. Furono fatte diligenti osservazioni, e il capitano giudicò fossimo così vicini al porto di Falmouth, al quale si tendeva, che se durante la notte si avesse avuto buon vento, potevamo al mattino vederne l'entrata: oltre di che il celere viaggio notturno ci avrebbe tolto alla vista dei corsari nemici, incrociati spesso all'entrata del Canale. Vennero in conseguenza spiegate quante più vele si poteva, e spinti da buon vento facemmo assai cammino. Aveva il capitano, secondo i suoi calcoli, diretta la nave nel modo che giudicava più spediente ad evitare gli scogli detti le Scilly; ma sembra che nel canale di San Giorgio regni talvolta una rapida corrente che inganna i marinari; e si crede anzi che questa cagionasse la perdita della squadra di sir Cloudesley Shovel. La quale corrente fu probabilmente causa pure di quanto avvenne a noi in quel paraggio.

Avevamo posto un uomo di guardia sul davanti della nave, e gli si gridava spesso: — *attento; badate bene al mare, dinanzi a voi.* — Ed egli — *Sì, sì* — rispondeva; ma forse, insonnolito, aveva gli occhi più chiusi che aperti, come avviene di queste guardie che sogliono rispondere macchinalmente; imperciocchè non vide un lume proprio a noi dinanzi, cui il timoniere e le altre guardie non potevano scorgere per le vele interposte;

e solo un accidentale sbiecare della nave lo fece d'improvviso e con isgomento di tutti scoprire, che già gli eravamo assai vicini e appariva largo quanto una ruota di carro. Era la mezzanotte, e il nostro capitano dormiva sodo, credendo di non dovere aver pensieri; ma il signor Kennedy balzato sul ponte e veduto quel pericolo, comandò egli di virar di bordo, sotto tutte le vele; una manovra che poteva schiantarci gli alberi, ma che riuscì bene e fu causa che scampassimo da perdita inevitabile; imperciocchè si navigava a golfo lanciato verso gli scogli che portavano quel lume; il quale non era altro che un faro. Questo accidente mi persuase ancora più dell'utilità di tali lanterne; e proposi, se la vita mi sarebbe bastata, di promuoverne in America la costruzione di un numero assai maggiore, che non ve ne aveva.[1]

Al mattino, collo scandagliare, fu trovato ch'eravamo presso al nostro porto, ma una fitta nebbia impediva la vista della terra; se non che verso le nove cominciò ad alzarsi dal pelo dell'acqua, come un sipario da teatro, scoprendoci al di sotto Falmouth, il suo porto stipato di vascelli, e le campagne che lo circondano. Vista a noi giocondissima, che da tanti giorni non avevamo avuto altro prospetto che l'uniforme deserto dell'Oceano; e ci fece anche maggior piacere, perchè ci dichiarava liberati finalmente da quell'ansietà che lo stato di guerra aveva in noi mantenuto.

Io partii subito per Londra, con mio figlio; e solo ci fermammo un poco ad ammirare Stonehenge nella

---

[1] In una lettera alla moglie, da Falmouth il 17 luglio 1757, Franklin, dopo averle descritto il suo viaggio, il pericolo corso e lo sbarco, aggiunge: « La campana della chiesa suonava mentre noi ponevamo piede a terra; e seguendo il suo invito, entrammo subito in quel tempio, dove riconoscentissimi rendemmo grazie ferventi a Dio per la visibile protezione che ci aveva accordata. Se io fossi cattolico romano, forse in questa occasione voterei una cappella a qualche santo; ma non essendolo, se facessi un voto, sarebbe invece di far costruire un faro. »

pianura di Salisbury,[1] e la villa e i giardini di lord Pembroke a Wilton, dove ha raccolto oggetti antichi sommamente curiosi. Giungemmo a Londra il 27 di luglio 1757.[2]

CAPITOLO DECIMOTERZO.

Franklin in Londra visita prima il dottor Fothergill. — Suo colloquio con lord Granville, presidente dei Ministri. — Trova conveniente di trascriverlo. — Altro suo colloquio coi Proprietari. — L'avvocato Paris. — Denunzia fatta dai Proprietari all'Assemblea contro Franklin. — Atto dell'Assemblea che aggrava i beni dei Proprietari. — Questi lo combattono, ma senza effetto. — Il governatore è licenziato per avergli data sanzione.

Non appena ebbi preso possesso delle stanze che l'amico mio Charles aveva già per me fissate, volli far visita al dottor Fothergill, al quale era molto raccomandato, e di cui mi avevano insinuato che dovessi seguire i consigli nell'affare che mi conduceva a Londra. Egli non fu di parere che si portassero immediatamente le nostre querele al governo, ma credette bene che venissero prima interpellati in persona i Proprietari; sperando che col mezzo di amici privati e senza pubblicità si sarebbe trovato modo di indurli ad un equo componimento.

Fatta questa visita, andai dal mio vecchio amico e corrispondente, Pietro Collinson; il quale mi disse avere Giovanni Hanbury, il primario negoziante della Virginia, raccomandato che gli si desse avviso del mio arrivo, non appena avvenuto; perchè voleva condurmi da lord Granville, allora presidente del Consiglio dei

---

[1] Dove si vedono molte pietre, le quali formano uno de' più grandi monumenti druidici.

[2] L'Autobiografia come fu pubblicata da Guglielmo Temple Franklin e da' suoi successori, termina a questo punto. Il capitolo che segue lo scrisse l'autore nell'ultimo anno della sua vita; ma non venne stampato per la prima volta che l'anno scorso (1868), come avvertimmo già nella Prefazione.

ministri, che desiderava di vedermi senza indugio. Fu stabilito che vi saremmo andati insieme il giorno dopo; epperciò il signor Hanbury venne a prendermi colla sua carrozza, e mi vi condusse. Sua signoria mi ricevette assai cortesemente; e dopo avere discorso alquanto dello stato presente degli affari pubblici in America, uscì a dire: " Voi, signori Americani, non avete una giusta idea di quello che sia la vostra politica costituzione; voi pretendete che le istruzioni date dal re agli ufficiali che vi manda non possano aver forza di leggi, e vi credete liberi di farne caso o no, secondo che vi talenta. Ma tali istruzioni non sono come quelle che soglionsi dare privatamente a un ambasciatore mandato in paese straniero, per regolarsi in fatto di cerimonie; cose di poco momento: queste sono invece molto solenni, stese prima da giudici versatissimi in quanto s'appartiene a leggi, e di poi considerate, discusse, e, talvolta anche emendate nel Consiglio dei ministri, e da ultimo sottoposte alla firma del re. Dopo di che elle sono veramente divenuto, per quanto almeno spetta a voi Americani, le *Leggi della vostra terra*, essendo il re LEGISLATORE DELLE COLONIE."

Io però non esitai a rispondergli essere una tale dottrina affatto nuova per me; avendo io sempre letto nelle nostre carte costituzionali, che le leggi per noi dovevano essere fatte dalle nostre Assemblee; e presentate sì dipoi al re per averne il suo sovrano assenso, ma che una volta promulgate, il re più non poteva rivocarle o mutarne menomamente la forma; e che se alle Assemblee non era concesso far leggi permanenti, senza che dal re fossero assentite, neppur egli poteva imporne senza l'approvazione delle Assemblee.

Il ministro replicò, dicendo esser io pienamente in errore; io soggiunsi che non lo credeva; e il colloquio prese tale significato, da mettermi in apprensione dei disegni che alla Corte si formassero intorno a noi; di modo che credetti spediente di trascriverlo tutto non appena giunto a casa.[1] Mi ricordava molto bene, che un vent' anni addietro certa clausola di proposta fatta al

---

[1] Intorno a questo suo colloquio con Granville, scrisse Franklin al signor Giacomo Bowdoin la seguente lettera:

« Londra, 13 gennaio, 1772.

» Caro Signore,

» Io avrei ben volontieri raccomandato vostro figlio all' amico mio dottor Priestly, s' egli fosse ancora direttore della scuola di Warrington ; ma da qualche tempo non ha più questa carica, ed ora è pastore di una congregazione a Leeds nel Yorkshire. Vi ringrazio poi di avermi fatto conoscere il signor Erving, che mi parve uomo di molto ingegno e assai cortese. Il governare le colonie per mezzo d' istruzioni fu lungamente un pensiero favorito di questi ministri; trent' anni fa, all' incirca, in una legge per l' America proposta al Parlamento, inserirono una clausola per ottenere che le istruzioni date dal re fossero da considerarsi come leggi per le colonie ; la qual cosa poi non ebbe seguito, per l' opposizione fattale dagli agenti di allora.

» E io mi ricordo assai bene di un colloquio da me avuto con lord Granville, non appena qui giunto, nel quale egli si espresse intorno a questo soggetto, nel modo seguente: " Le vostre assemblee americane non danno importanza alle istruzioni del re, pretendendo che non siano leggi. Ma le istruzioni date ai vostri governatori, non sono come quelle che si danno agli ambasciatori perchè ne usino secondo le circostanze come crederanno meglio. Sono preparate da uomini serii, e molto versati nelle leggi e nelle costituzioni del regno; indi portate al Consiglio, in ogni loro parte ben ponderate, considerate ed anche emendate, se è necessario, dalla saggezza di questo corpo; e quando infine vengono ricevute dai governatori, elle sono le leggi della vostra terra; essendo il re legislatore delle colonie." Io questo discorso l' ho ben impresso nella memoria, perchè trattandosi di una dottrina per me affatto nuova, volli trascriverlo tutto, non appena ritornato a casa. Ognuno vede che se un governatore si tiene obbligato d' obbedire a tutte le istruzioni che gli son date (siano o no in armonia colla costituzione, colle leggi, con i diritti del paese che deve governare), e se può così esercitare il suo governo, costituzione e diritti hanno cessato di esistere.

» Ma è da meravigliarsi che siavi un onest' uomo, il quale possa credere onorevole il governare a questa condizione ; e io sono d' avviso che la cosa non può durare, sopra tutto se le nostre assemblee sanno farvi animosa resistenza. Presentemente i ministri americani non fanno caso alcuno di un agente che sia qui, senza onorario ratificato dall' assenso del governatore; e se cotesto deve durare ancora, voi più non avrete alcuno che vi possa servire in pubbliche faccende, ove prima non sappia rendersi accetto a questi ministri ; e ad ogni altro sarà lecito soltanto attendere ai vostri interessi, conversando, od anche scrivendo, come un semplice privato. La Virginia, voi sapete, aveva due agenti, uno pel Consiglio, l' altro per l' Assemblea; ma io credo che solo quest' ultimo fosse considerato quale vero agente della provincia.

» L' ufficio di questo era stato stabilito da un atto, che spirò al tempo di lord Botetourt, e non fu più rinnovato ; l' altro sento dire che continui ; ma non sono ben informato della natura delle sue incumbenze ; questo so, nulladimeno, che non si occupa molto degli affari generali della colonia. »

parlamento dai ministri, allo scopo che le istruzioni del re si dichiarassero leggi per le colonie, era stata dalla Camera dei Comuni respinta; e che noi riferimmo à questi grazie infinite, siccome ad amici nostri e della libertà; se non che poi, nel 1765, diedero a vedere colla condotta tenuta a nostro riguardo, che allora avevano conteso al re quel sovrano diritto unicamente per poterlo esercitare di poi essi medesimi.

Qualche giorno appresso, avendone il dottor Fothergill parlato coi Proprietari, acconsentirono questi di trovarsi meco a trattare dei nostri affari, nella casa del signor T. Penn posta in Spring Garden. Il colloquio ebbe cominciamento da reciproche dichiarazioni che si era disposti a ragionevole componimento; ma credo che ciascuna delle parti avesse idee sue speciali di ciò che significhi *ragionevole*. Si passò quindi a considerare i varii nostri reclami, ed io li enumerai tutti. I Proprietari giustificavano il meglio che potevano la loro condotta, ed io quella dell'Assemblea; e ci vedevamo così discosti gli uni dagli altri nelle nostre opinioni, da togliere ogni speranza di possibile accomodamento. Nulladimeno fu concluso ch'io presentassi loro in iscritto la serie delle doglianze che m'era stato ingiunto di muovere, acciocchè potessero maturatamente considerarli. Io ciò feci senza indugio; ma i Proprietari passarono il mio foglio all'avvocato Ferdinando Giovanni Paris, incaricato della parte legale di una loro grande causa, durata ben 70 anni, contro lord Baltimore, Proprietario del Maryland; e che aveva distese altresì le scritture tutte, occorse nel loro contrastare colla nostra Assemblea. Era questo avvocato uomo altiero e collerico; e siccome io nelle risposte dettate per l'Assemblea non aveva punto risparmiato i suoi scritti, i quali erano veramente deboli assai di argomentazioni, ed anche impertinenti di forma; così egli mi odiava mortalmente: il che dandosi a conoscere ogniqualvolta dovevamo parlarci, io finii col dichiarare ai Proprietari che non intendeva di aver a discutere con quell'uomo le nostre differenze, e che solo avrei acconsentito a trattarne direttamente con loro medesimi. Allora essi, per consiglio dell'avvocato, presentarono il mio scritto al procuratore e all'avvocato generale, affinchè ne dessero il loro giudizio e suggerissero quale condotta dovevano tenere: ma in quelle mani giacque senza alcun risultato un anno intero, meno otto giorni; nel qual frattempo io non cessava mai dal chiedere ai Proprietari una risposta, com'essi dal farmi dire che ancora non avevano avuto il parere domandato a quei due gran bacalari. Quale poi questo sia stato quando infine l'ebbero, io lo ignoro, avendolo quei signori tenuto a me celato; ma spedirono all'Assemblea una lunga diatriba, stesa e firmata da Paris, ov'era analizzato il mio scritto, si faceva lamento che difettasse d'ogni formalità per la ruvidezza del suo autore, e si difendeva, ma con ragioni ben povere, la loro condotta. Infine dichiararono d'esser pronti ad accomodare ogni differenza, pur che l'Assemblea volesse mandare a trattarne qualche persona *di carattere sincero:* io dunque era ben lungi d'essere tale, al loro giudizio.

Quel lamentato difetto di formalità, o quella mia ruvidezza, era probabilmente il non aver io nell'indirizzo della mia scrittura, dato loro quei titoli, che tanto amavano portare, di « veri ed assoluti Proprietari della provincia di Pensilvania; » siccome non li aveva creduti necessari in una carta, lo scopo della quale era solo di riconfermare in iscritto quanto già conversando io aveva esposto *viva voce.*

Ma durante questa dilazione, essendo riuscita la nostra Assemblea a persuadere il governatore Denny che dovesse lasciar passare un atto, nel quale anche i fondi dei Proprietari venivano tassati al pari degli altri tutti, ciò ch'era il punto culminante della dissensione; a quella diatriba non credette doversi dar risposta.

Nulladimeno, quando l'atto che li tassava giunse in Inghilterra, i Proprietari, consigliatine da Paris, determinarono d'impedire che il re lo approvasse. In conseguenza di che domandarono di essere uditi dal consiglio della corona; e, ciò ottenuto, due loro avvocati si presentarono a far contro all'atto, e due da me mandati, a difenderlo. Pretendevano i nostri avversari che codesto atto avesse per iscopo di aggravare i fondi dei Proprietari affine di risparmiare quelli del popolo; e che se si permetteva durasse in vigore, per essere i Proprietari odiati dal popolo, lasciati così alla mercede di questo, nel proporzionarsi delle tasse indubitabilmente sarebbero stati ruinati. Noi contestammo che l'atto avesse questo di mira e che potesse mai produrre tale effetto, imperciocchè gli assessori [1] erano uomini onesti e discreti, e che avevano altresì dato giuramento di operare colla massima equità; mentre l' utile che uno' di loro poteva ritrarre per la propria parte di tassa dall'aggravare quella dei Proprietari, sarebbe stato una meschinità tale da non poter indurre un uomo qualsiasi allo spergiuro.

Questo è in compendio quanto mi ricordo essere stato detto dalle due parti; se non che noi insistemmo altresì vivamente sulla funesta conseguenza che avrebbe avuto l'annullare quell'atto; giacchè della somma di sterline centomila che aveva stanziate, essendo stampati i biglietti di banca e già stati dati per uso del re, e pertanto, spesi in servizio di lui, circolando fra il nostro popolo; il rivocare quell'atto avrebbe lor tolto ogni valore e cagionata la ruina di molti e la impossibilità in avvenire di poter ottenere altre simili concessioni per la Corona. Fu dunque da noi messo in rilievo colle più forti espressioni l'egoismo dei Proprietari nel volere si andasse incontro a una tale catastrofe, unicamente pel timore infondatissimo che i loro beni avessero ad essere tassati più del debito.

Allora lord Mansfield, che sedeva nel consiglio, si alzò e accennatomi di seguirlo, mi condusse nella stanza

---

[1] Gli assessori deputati a fare la ripartizione delle tasse.

del segretario, mentre gli avvocati litigavano; e mi domandò se veramente io era persuaso che nell'esecuzione dell'atto i Proprietari non avrebbero patito ingiustizia. Risposi che lo era di certo: — " Or bene," egli aggiunse, " quand' è così, voi non avrete difficultà ad impegnarvi per assicurare questo punto. " — " Nessuna affatto"— diss' io; e Mylord fece venire Paris, col quale avendo di ciò discorso, fu dall' una parte e dall' altra acconsentito alla proposizione che faceva il nobile signore: uno scritto ne fu steso dal segretario del consiglio, e io lo firmai in compagnia del signor Charles, altro agente della provincia, per gli affari ordinari. Dopo di che lord Mansfield essendo ritornato nella sala del consiglio, la legge finalmente ebbe la necessaria sanzione e potè sussistere. Qualche variante nulladimeno ci fu raccomandato di introdurvi, e noi promettemmo che sarebbe stato ciò fatto in una legge susseguente: ma poi dall' Assemblea non fu creduto necessario, perchè già essendo stata percepita, per mezzo dell'atto, un'annata della tassa prima che si fosse potuta conoscere tale raccomandazione del consiglio, al giungere di questa venne formata una commissione per la disamina dell'operato degli assessori, e chiamati a farne parte parecchi degli amici più noti dei Proprietari stessi. La quale commissione, fatta un' inchiesta accuratissima, unanimemente firmò un rapporto che dichiarava essere stata la tassa ripartita colla più scrupolosa giustizia.

L'Assemblea giudicò che io col dare quell'assicurazione, che i beni dei Proprietari non sarebbero stati tassati più di quanto richiedeva il giusto, aveva reso alla provincia un servizio segnalatissimo, siccome quello che le assicurava il credito della sua carta monetata sparsa allora in tutto il paese; e pertanto al mio ritorno me ne ringraziò in forma officiale.

Ma i Proprietari non seppero perdonare al governatore Denny l'approvazione di quell'atto; e lo rimossero dalla carica, con minaccia altresì di chiamarlo in giudizio per non aver adempiute le istruzioni alle quali aveva promesso, dandone sicurtà, di attenersi. Egli però non fece conto alcuno di tali minaccie, avendo operato ad istanza del generale e pel servizio di Sua Maestà, e sapendosi spalleggiato a Corte da potenti amici; difatti non ebbero alcun seguito.[1]

Qui finisce la narrazione che della sua Vita lasciò scritta Beniamino Franklin.

---

[1] In una lettera scritta da Franklin alla moglie, mentre pendevano le trattative delle quali qui si parla, leggesi la seguente allusione al congedo del governatore Denny:

« Vedo che il modo di agire del governatore con sua moglie è disapprovato altamente da tutte queste signore; ma se ciò avviene per il cattivo esempio che ne deriva, sarà tolto in breve; giacchè i Proprietari stanno cercando già in segreto chi surrogargli, di lui non ne volendo più sapere; e il suo posto è pertanto disponibile. Uno al quale venne offerto, mandò un amico da me a chiederne qualche informazione. I Proprietari gli avevano detto che possedevano costà palazzo e villa, e li mettevano a sua disposizione senza alcuna sua spesa; e che avrebbe trovato ogni derrata a sì buon prezzo, da poterci vivere con cinquecento sterline all'anno, tenendo pure buona tavola, carrozza, ecc.; mentre i suoi proventi sarebbero stati almeno di novecento sterline; e quando non raggiungessero questa somma, promettevano che del rimanente lo avrebbero rifatto essi. Per esser convinto della possibilità che v'era di poter vivere costà facendo buona vita e andando in carrozza con sole cinquecento sterline all'anno, lo mandarono a interrogarne il signor Hamilton, che sembra gli piantasse le medesime carote; ma di poi, avendo voluto saperne anche dal signor Morris, ne ebbe tutt'altra risposta; ond'egli era incerto a chi dover credere. Questi è un certo signor Grave, un giurisperito del Temple: esitò molto, ed ora sento dire che siasi determinato a non accettare. Io desidero che ciò non sia vero, perchè ha nome d'essere un uomo eccellente; quantunque però fin che i Proprietari impongono quelle loro istruzioni, poco importi chi sia mandato a governarci. Doveva essere tenuto a me segreto che i Proprietari stessero cercando un nuovo governatore; perchè non volevano che se ne mandasse notizia al signor Denny, finchè il suo successore non fosse trovato, e sul punto di partire. Così sarà bene che tu pure non ne parli..... »

Capitolo d' Appendice.

Beniamino Franklin si arresta nella narrazione della sua vita quando appunto comincia il periodo più solenne della sua carriera pubblica; e se non fosse che, avendola ripresa negli ultimi suoi anni, procacciò di continuarla fino a che ne fu impedito dalla morte, si direbbe che di più non ne scrivesse, accorgendosi che il resto apparteneva alla storia, e l'insegnamento che ne deriva è per i governi delle nazioni anzi che per la vita privata degli individui. Tuttavia non iscompare affatto anche in questo tempo l'antico Franklin, maestro d'ogni sociale virtù; e ad ogni modo ci sembra che non possa stare l'autobiografia senza un'aggiunta, ove brevemente sia continuata questa mirabile vita, fino al suo spegnersi. Qui dunque intendiamo di dare tale sommario; e sarebbe anche possibile compilarlo, presso che tutto, con parole dello stesso Franklin, se fosse il caso di riportare una gran parte del suo epistolario, ben degno, come ogni altro suo scritto, della maggiore diffusione; ma l'appendice riuscirebbe di maggior mole dell'opera.

Come fu noto in America con quanta saggezza Franklin adempiva in Inghilterra la commissione della sua Assemblea, anche il Massachussetts, il Maryland e la Georgia vollero ch'egli fosse colà il loro agente; e quest'onore gli andò tanto a grado, che ne fece menzione per fino nel suo testamento.

Ma la diplomazia non l'occupava così da fargli dimenticare la scienza; che anzi attivissime furono in Londra le sue esperienze, come assai copiosa la corrispondenza epistolare cogli scienziati più cospicui d'Europa; i quali non meno dovettero meravigliare dell'acutezza del suo intelletto, che della semplice, casalinga espressione de'suoi pensieri; e più non v'ebbe accademia scientifica di qualche rinomanza, che non volesse onorarsi di averlo a membro; e le maggiori Università inglesi gli mandarono diploma di dottore.

Fu in questo tempo ch'egli più che mai si diede a proclamare doversi togliere alla Francia il Canadà; paese che faceva lucrosissimo commercio, di pelliccie segnatamente, cogl'Indiani; e che legato con questi anche per viste politiche, era nocivo e sempre minaccioso alle vicine colonie anglo-americane. Tenendo il suo consueto modo, non fu pago di parlare dell'importanza della cosa, ma stampò anche un opuscolo, dove fece chiaro sotto i molti suoi aspetti l'utile grande che si avrebbe dal possedere quèl paese; e perchè non andò molto che il governo inglese si accinse a tale conquista, riuscitagli poi felicemente, si può credere che ne lo determinassero i suggerimenti di Franklin.

Restò il dottor Franklin in Inghilterra, per le faccende stategli commesse dalle colonie, fino al 1762; e di ritorno a Filadelfia, venne ringraziato da quell'Assemblea dei servigi resi alla provincia e all'America tutta, ed ebbe una rimunerazione altresì di tremila sterline.

Durante l'assenza era sempre stato mantenuto membro dell'Assemblea; così che ora egli potè riprendervi il suo posto, che tenne coll'attività e gl'intendimenti consueti.

Però nel 1764 agli amici dei Proprietari venne fatto d'impedire la sua rielezione, e così di escluderlo dalla Camera alla quale aveva appartenuto per quattordici anni di seguito. Ma vi restavano pur sempre assai numerosi gli amici suoi, per mezzo dei quali fu compensato coll'essere di nuovo mandato agente in Inghilterra.

Già Franklin ci ha narrato come il ministro Granville opinasse dover l'America ricevere in modo assoluto la legge dalla Corona e pagare tutte indistintamente le tasse di cui fosse in Inghilterra piaciuto caricarla; malgrado ch'ella non avesse nel parlamento inglese chi la rappresentasse, e fosse usa considerare come proprio parlamento le sue Assemblee provinciali, le quali d'altronde mai non si erano rifiutate alle imposte ragionevoli. Ora dunque lo stesso ministro mandava ad effetto questa sua opinione (che del resto era generale in Inghilterra), coll'imporre alle colonie, senza che le Assemblee vi assentissero, una tassa di carta bollata. Ma trovò così unanime e viva opposizione, che non fu possibile riscuoterla, e in alcuni luoghi neppure di scaricare quella carta, che dalle navi inglesi vi era portata; e non molto dopo, essendo stato mutato il ministero, si credette necessario di chiamare Franklin alla barra della Camera dei Comuni, affinchè informasse partitamente intorno alle disposizioni del riottoso popolo. Qui egli ebbe a subire un lungo interrogatorio, che sostenne con sapienza, argutezza e serenità singolari; rendendo manifesto che quella tassa dovevasi di necessità abrogare: ciò che avvenne, un anno dopo essere stata vanamente intimata. Il grande oratore Burke, disse di questo interrogatorio, che gli era sembrato di udire un maestro interrogato da scolari.

Tuttavia il parlamento inglese non intendeva per questo di scemare l'affermazione del diritto arbitrario, suo e della Corona, verso le colonie; e fu tale persistenza 'che accese quella guerra, da cui vennero divelte dalla madre patria le colonie dell'America settentrionale, ed ebbe origine la federazione degli Stati Uniti. Questa è la guerra narrata dal nostro Botta, nella sua prima storia; e a noi non s'appartiene farne discorso, che, non foss'altro, l'economia del libro non ci permetterebbe di esporre in modo sufficiente.

Mentre le ostilità erano nel loro primo periodo, Franklin si adoperò in Londra con tutto l'ardore affine di arrestarle e ricomporre gli animi; chè sinceramente credeva, come fino allora tutti gli Americani avevano creduto, fosse utile e glorioso il vincolo delle colonie coll'Inghilterra, purchè non si mutasse in catena;[1] e d'altra parte era troppo amico dell'umanità per poter vedere senza ribrezzo impugnate le armi, segnatamente da popoli fratelli. Tentò più volte, e per vie diverse, i Ministri, ma sempre invano; pubblicò scritti che in quel bollore di passioni non furono attesi; e da ultimo essendogli state poste nelle mani lettere originali del governatore di Massachussets e d'altri pubblici funzionari, che dovevano esser ricapitate in Inghilterra a un personaggio di grande affare, resosi defunto mentre quelle viaggiavano; nelle quali lettere v'erano informazioni o esagerate, o del tutto false, contro gli Americani, e davansi perfidi consigli di usare i mezzi più violenti affine di piegarli ad ubbidire; egli, per far manifesto con quali arti venissero divisi gli animi e fomentata la discordia, le spedì a Boston. Quella Camera le stampò, e mandatane copia al re, gli fece insieme pervenire una supplica che il governatore e gli altri ufficiali della Corona che le avevano scritte, fossero rimossi. Ma

---

[1] « B. Franklin soleva paragonare l'unità dell'Impero Britannico ad un bel vaso di porcellana; il quale, andato una volta in pezzi, non si può più ricomporre » da una lettera del dottore Priestly.

non vi si diede retta; e in luogo delle savie misure che un simile caso doveva consigliare, non si seppe far altro che scagliare invettive all'ignoto rivelatore di quelli scritti; e un amico di Franklin, che n'era accusato, ebbe a sostenere un duello. Il dottor Franklin allora credette suo debito di render noto in un giornale, che colui ch'era stato provocato e si era battuto non aveva parte alcuna in questo affare delle lettere; che in America le aveva mandate egli; ma che assolutamente rifiutavasi di rivelare per qual via ne fosse venuto in possesso.

Dopo questa dichiarazione, e in seguito a un processo fatto contro l'Assemblea del Massachussets, nel quale Franklin la rappresentò, svillaneggiato dal procuratore della parte avversaria;[1] la supplica di quell'Assemblea fu sentenziata faziosa, e al dottore venne tolto l'impiego, che già da vari anni copriva, di mastro generale delle Poste americane, e pel quale aveva provveduto in modo che la sua lontananza non nuocesse al pubblico servizio.

Dimorò Franklin tuttavia qualche tempo ancora in Inghilterra, sempre coll'intento di scongiurare le ostilità richiamando gli animi alla considerazione del vero; assecondato pur anche in ciò da personaggi inglesi (dallo stesso lord Chatham, fra gli altri): ma non era più fattibile; così che infine si determinò ad andarsene, per assistere energicamente, in età di 70 anni, il suo paese sul campo stesso della lotta che non aveva potuto impedire; e vuolsi anche fosse indotto ad affrettare la partenza, dal sapersi minacciato di carcere.

Avvenne questo suo ritorno nel 1775; e durante il tragitto, oltre all'avere steso una scrittura molto rilevante

---

[1] In una sua Franklin protesta, che quelle lettere, in causa delle quali era stata fatta l'istanza del Massacchussets, egli le ebbe « con mezzi onorevoli » e le mandò in America « colla virtuosa intenzione di scemare l'abisso che s'era formato fra i due popoli. » Ed il dottore Priestley, che il giorno seguente al processo desinò con lui, c'informa aver egli detto, che mai non aveva, come in quell'occasione, sentita la forza di una buona coscienza; e che se non avesse stimato quello, di ch'era stato così oltraggiosamente redarguito, come una delle più lodevoli sue azioni, non avrebbe potuto sopportare tante villanie. »

intorno alle cure attivissime che s' era dato per ricomporre in pace gli animi degli Inglesi e degli Americani; volle studiare la temperatura dell' Atlantico, per il che venne in chiaro della gran corrente calda del *Gulf stream,* che dal golfo del Messico si fa sentire fino allo Spitzberg; e rese alla scienza ed all'umanità altro sommo servizio.

All'indomani del suo arrivo in Filadelfia, l'Assemblea della Pensilvania lo elesse ad unanimità proprio delegato al Congresso continentale, che le colonie già fino dall' anno precedente avevano istituito, per trattarvi alla scoperta dei loro comuni interessi, come parte autonoma e belligerante.

Quivi egli ebbe vari incarichi speciali; e fu mandato primieramente, con altri due deputati, a Cambridge, per adoperarsi col generale Washington a indurre quei soldati che avevano compiuto il tempo del loro servizio, a restare sotto le bandiere; poi nel Canadà, affine di associare anche quei coloni alle ostilità contro l'Inghilterra; ma questo non si ottenne, perchè i Canadesi cattolici non sapevano dimenticare che i loro vicini, nel tempo ch'erano stati loro nemici, avevano fatte incursioni sul loro territorio e incendiatevi delle chiese. Quando poi il Congresso, il quale pur respingendo ogni pretesa di sovranità del Parlamento, non aveva ancora del tutto negata quella del re, si fu deciso a fare l' ultimo passo e a dichiarare Stati liberi e indipendenti le tredici colonie dell'America settentrionale; Franklin non esitò un istante ad assecondare questa misura, a farsi ribelle e traditore, secondo gl' Inglesi, e meritare supplizio di morte: e si crede che avesse avuta molta parte nel dettato di un opuscolo, il quale era stato poco innanzi pubblicato, col titolo di *Senso comune;* ov' erano con tanta evidenza e lucidezza dimostrati i diritti delle colonie, che diede il crollo alla bilancia, e fece pronunciare la memoranda Dichiarazione.[1]

---

[1] Compilatore di questa Dichiarazione fu Jefferson (che fu poi il terzo presidente degli Stati Uniti); e mentre discutevasi nel Congresso, e, come avviene, se ne faceva lunga, minuta critica, e proponevansi mille

Ma nel mentre che il venerando Franklin si metteva così ad ogni maggior repentaglio per il suo paese,
e coll' esempio autorevolissimo agiva anche sull' animo
de' più restii e dei timidi ; aveva il dolore inenarrabile
di vedere il figlio suo Guglielmo dichiararsi partigiano
dell' Inghilterra. Questo figlio snaturato era governatore di Jersey per gl' Inglesi ; e sordo ad ogni voce di
dovere naturale, non volle considerare che la sua condizione politica.

Non ebbe Beniamino Franklin dolore pari a questo
nella sua vita ; e per molti anni dipoi ogni relazione
fra il padre e il figlio fu interrotta ; finchè, dopo la
guerra, Guglielmo, che aveva dovuto rifugiarsi a Londra,
chiese perdono e l' ottenne. Tuttavia la ferita profonda
non potè mai rimarginarsi affatto ; ed anche scrivendo
il suo testamento, questo padre la sentì dolorare.

La dichiarazione d' indipendenza delle colonie ebbe
luogo nel luglio del 1776 ; e subito dopo avendo la Pensilvania nominata una Convenzione, per la nuova forma

cambiamenti ; egli si desolava che fosse così guastata l' opera sua. Sta-
vagli seduto accanto Franklin, il quale vedendolo tanto angustiarsi per
quelle mutilazioni, gli disse (lo narra Jefferson medesimo, e noi facciamo la versione delle sue parole): « Io per regola evito il più che posso
di compilare atti da esser riveduti da un' assemblea. Un fattarello che
voglio contarvi, mi ha servito di lezione a questo proposito. Quand' io
era operaio tipografo, uno de' miei amici apprendista cappellaio, finito
il tempo del suo tirocinio, volle aprire bottega di suo ; e prima d' ogni
altra cosa pensò a una bella insegna. Fece dunque dipingere un cappello, e scrivergli sotto : *Giovanni Thompson, cappellaio, fa e vende cappelli a contanti ;* quindi volle sentirne l' avviso degli amici. Il primo
disse che la parola *cappellaio* era inutile, poichè vi seguiva *fa cappelli* ;
quel *cappellaio* dunque fu levato. Un altro consigliò di togliere anche il
fa, poco dovendo importare ai compratori chi faceva quei cappelli, pur
che fossero ben fatti. Thompson cancellò anche questa seconda parola.
Ma un terzo aggiunse che *a contanti* era affatto soverchio ; perchè non
si usava di vendere a credito. Fu dunque tolto anche questo *a contanti,*
e l' insegna restò : *Giovanni Thompson vende cappelli.* — *Vende cappelli ?*
disse allora un ultimo. Certo che si vendono, e non si donano. E il
vende fu cancellato, e poi anche *cappelli,* che non poteva star solo, e
d' altronde già lo significava il cappello dipinto. Così l' insegna fu ri-
dotta ad essere *Giovanni Thompson,* sormontato da un cappello. »
    Se a Franklin parve in quel solenne momento di poter narrare que-
sta bizzarria, non saremo noi biasimati di averla ricordata, e così fatta
sempre più apparire l' indole singolarissima del più semplice dei grandi
uomini.

del suo governo, vi fece presidente Franklin; del quale
fu poi quasi interamente opera la Costituzione che a
questo Stato venne applicata.

Ed ora ha cominciamento un'altra. cospicua fase
della vita del grande cittadino. L'America misurandosi
colle forze inglesi non poteva restar sola, e vide che
dalla Francia unicamente eravi da sperare aiuto; per
ottenere il quale facevale duopo di un uomo di provata accortezza e di tanta autorità morale, da aggiungere maggior prestigio anche alla più nobile causa
che avesse patrocinata: facevale d'uopo, in una parola,
del dottor Franklin; e infatti non è soverchio il dire,
che senza di lui non tutti gl'illustri volontari e non così
prontamente le armi regie di Francia, le quali tanto
contribuirono al trionfo d'America, si sarebbero mossi.

Fu dunque, e di nuovo con voto unanime, eletto il
nostro dottore a portarsi in Francia, quale commissario
delle colonie insorte; ed egli, sebbene in quell'età che
vuol riposo, non seppe rifiutarsi a così geloso incarico;
ben vedendo che non solo il Congresso, ma tutta l'America era ansiosa che se ne sobbarcasse. Silas Deane ed
Arturo Lee, che già si trovavano in Europa, dovevano
essergli colleghi.

Prima d'imbarcarsi però volle dare un'altra prova
di patriottismo, e mettere a disposizione del Congresso
americano tutta quella parte del suo avere, di cui poteva
far prestito: furono intorno a quattro mila sterline.

In Francia il dottore non credette di dover subito
darsi a conoscere uomo pubblico; non sapendo se la
Corte avrebbe voluto ricevere un inviato del Congresso, quantunque già di soppiatto sovvenisse d'armi
gli Americani; e come un privato, prese stanza a Passy
vicino a Parigi, dove anzi stette per tutto il tempo della
sua dimora nel regno. Ma egli era già noto ai Francesi;
e tosto fecesi un gran parlare di lui e della causa che
si era scelto un tale oratore, e si vide in ogni dove il
suo ritratto, coll'antico verso, così bene da Turgot

applicatogli — « *Eripuit cœlo fulmen sceptrumque tyrannis.* » — Nè andò molto ch'egli trovò espediente di mostrarsi anche a Versailles, e conferire col ministro de Vergennes. « Il dottor Franklin, leggiamo nelle *Memorie* di madama Campan, venne a Corte col vestito di un piantatore americano. La sua capigliatura stesa e senza cipria, il cappello tondo, la giubba di panno bruno contrastavano singolarmente cogli abiti messi ad oro e ricamati e colle parrucche incipriate e olezzanti dei cortigiani. [1] Questa novità piacque, soprattutto ai cervelli vivissimi delle donne; e furono date splendide feste all'uomo illustre, che accoppiava la fama d'essere uno dei maggiori scienziati del nostro tempo, alle virtù cittadine, per le quali s'era fatto apostolo della libertà. Io fui ad una di queste feste, nella quale la più leggiadra di trecento signore fu delegata a posare una corona d'alloro sulla testa canuta del filosofo americano, e a baciargli le due gote. »

Anche Voltaire, in età di 84 anni, venuto a Parigi, volle personalmente conoscere il celebre cittadino; e avendo questi a lui presentato un suo nipote, egli, posategli sul capo le mani, disse in inglese: " *God and Liberty* (Dio e la Libertà) sia la tua divisa." E pochi giorni appresso, sedendo i due vecchi illustri l'uno accanto dell'altro, nella sala dell'Accademia delle scienze, il pubblico volle vederli baciarsi tra loro *alla francese*.

Così preparata l'opinione pubblica, fu forza alla Corte di Francia di assecondarla; e addì 6 febbraio del 1778 venne segnato quel trattato difensivo e offensivo cogli Stati Uniti, ch'era grave di tanto memorabili conseguenze.

Durante la guerra, Franklin non cessò mai di af-

---

[1] Franklin disse in quel tempo, che se i Francesi avesser voluto adottare il suo costume, far senza dei parrucchieri, e dare a lui la metà del risparmio che farebbero; gli bastava l'animo di arruolare quei parrucchieri, che non dovevano essere meno di centomila, armarli e portarli in Inghilterra a mettere colà un po' d'ordine nelle teste dei ministri.

frettare la pace; ma la voleva senza che ne fosse menomata la dignità del suo paese, e che non se ne trattasse se non associando ai negoziati anche la Francia. Le più vecchie volpi della diplomazia videro sempre frustrate le loro arti dalla franca onestà dell'Americano.

Finalmente questa pace dovette essere segnata: per quanto grandi fossero le forze dell'Inghilterra, per quanto numerosi i soldati che il suo oro comprava dai principi tedeschi;[1] dover guerreggiare, coll'Oceano di mezzo, un popolo così acceso per la sua indipendenza, e lealmente soccorso da potenti alleati, fu troppo vasta impresa anche per lei; e addì 3 settembre 1783 venne concluso il trattato fra la Francia, la Spagna, l'Inghilterra e gli Stati Uniti, nel quale solennemente dichiarossi la indipendenza delle colonie.

Il dottor Franklin continuò a soggiornare in Francia anche dopo la pace, quale ministro plenipotenziario della nuova repubblica; senza però che nè gli affari nè la vecchiaia lo distogliessero mai dagli studi fisici e morali; e sono opera di questi anni parecchi di que' suoi *Scritti minori*, dove con lepore piacevolissimo sono dati insegnamenti preziosi ed inculcati i più sani principii. Egli stesso, riprendendo con diletto l'antico suo mestiere, amava soventi volte di stampare di propria mano questi scrittarelli per farne dono agli amici.

Nel 1784, che si faceva un gran discorrere del magnetismo animale e del suo taumaturgico apostolo Mesmer; e i Francesi deliravano dietro questa novità, la quale d'altronde non era stata senz'effetto anche presso altri popoli meno infiammabili; re Luigi desiderò averne il giudizio di uomini autorevoli e specchiati. L'Accademia delle scienze commise l'esame a cinque

---

[1] Re Federico II di Prussia volle che per ogni suddito così venduto agli Inglesi, che si dovesse far passare sulle sue terre, gli fosse dal principe mercante pagata la tassa medesima che gli avrebbe dovuto per ogni testa di grosso bestiame. Fu l'epigramma più sanguinoso che si potesse fare di quella infamia.

de' suoi membri, fra i quali v'era il nostro dottor Franklin, che le era ascritto fin dal 1772; ed a questi la Facoltà di medicina aggiunse quattro de' suoi professori di maggior nome. Così composta la commissione, a una voce sentenziò i miracoli di Mesmer essere una pretta ciurmeria.

L'ultimo atto di Franklin, come plenipotenziario, fu un trattato di amicizia e di commercio degli Stati Uniti colla Prussia, che segnò il 9 giugno 1785; e dove introdusse articoli per ben deffinire il diritto dei neutri, e provvedere che non patissero offesa quelli che non si fossero armati. Ma già durante la guerra dell'indipendenza aveva applicato le massime che ora introduceva in questa convenzione, accordando salvocondotto contro i corsari americani, ai missionari de' Fratelli Moravi e alla spedizione scientifica del capitano Cook.

Ma i molti anni facevano sentire il loro peso sull'uomo illustre; il quale, volendo compiere la vita in patria, si determinò a pregare d'essere esonerato dalla carica, per potervi far ritorno: non l'ottenne però se non dopo replicate istanze; e quando finalmente potè lasciare la Francia, che fu nel luglio del 1785, siccome pativa di calcoli e in una carrozza avrebbe sofferto, gli fu mandata una delle lettighe della regina, per trasportarlo da Passy all'Hâvre; dove s'imbarcò. Ed anche questo tragitto gli fu occasione di studi scientifici.

L'entrata del dottore in Filadelfia fu un trionfo. Il popolo trasse incontro al sommo cittadino, e plaudendo lo portò alla sua casa, mentre campane e cannoni ne annunciavano il ritorno; indi gli piovvero le felicitazioni della milizia cittadina, ch'egli aveva creata, dell'Università, della quale aveva poste le fondamenta, della Società filosofica, ch'era opera sua; di quanti corpi morali insomma aveva la Pensilvania, che tutti o gli dovevano l'esistenza, o si gloriavano di averlo avuto a membro. Giorgio Washington poi gli scrisse, dalla sua abitazione privata a Mont-Vernon: « Tra le

» pubbliche felicitazioni .... permettete a un privato
» di assicurarvi, che nessuno rispetta più di lui il vostro
» carattere, nessuno vi saluta più sinceramente nè con
» maggiore esultanza. »

Indi fu fatto presidente della Pensilvania e membro del Supremo Consiglio esecutivo di Filadelfia; e poco appresso, essendosi formate due Società filantropiche, l'una per introdurre benefici provvedimenti nelle prigioni, l'altra a favore dei negri, Franklin fu anche di queste il presidente. Uno degli ultimi suoi scritti è appunto un'arguta confutazione degli argomenti che si usavano per onestare la vendita degli schiavi.

Della serenità colla quale Beniamino Franklin si spense, merita essere data questa notizia, lasciataci dal suo medico: « Il male di pietra che da molto tempo soffriva, lo confinò nel letto quasi per tutto l'ultimo anno della sua vita, e nei maggiori parossismi doveva prendere forti dosi di laudano per mitigare gli spasimi. Però negl'intervalli del male, amava pur sempre di leggere e di conversare piacevolmente colla famiglia e cogli amici che lo visitavano; e si occupava ancora di faccende pubbliche, od anche di private a benefizio di persone che ne lo pregavano; e sempre faceva mostra non solo di quella prontezza e disposizione di giovare altrui, che fu il maggior distintivo del suo carattere, ma sì anche della piena e più chiara acutezza della sua mente privilegiata; e spesso anche scoccava di quelle arguzie e narrava di quelli aneddoti che sempre condirono di tanta amenità la sua conversazione. Una quindicina di giorni prima della morte, fu preso da febbre, senza però alcun sintomo speciale; ma nel terzo o quarto giorno sentì dolore al lato sinistro del petto, e gli crebbe dipoi fino a divenire acutissimo; ed era accompagnato anche da tosse e difficoltà di respiro.

» In questo stato, quando lo spasimo gli strappava qualche gemito, soleva dire che aveva timore di non saper soffrire come avrebbe dovuto; ed esprimeva profonda riconoscenza all' Essere supremo, che da piccola ed umile origine lo aveva innalzato a tanta considerazione e a tal grado fra gli uomini; e aggiungeva, creder egli che i tormenti che ora provava erangli mandati colla benigna intenzione di spiccarlo, senza lasciargliene desiderio, da un mondo, ove più non era atto a continuare la parte statagli assegnata.

» In questa condizione di mente e di corpo continuò fino a cinque giorni dalla morte; quando più non sentì pena alcuna e neppure difficile respiro. La famiglia intorno a lui si lasciava andare alla speranza di vederlo riaversi; ma una postema che gli si era formata nel polmone, a un tratto scoppiò mandando gran profluvio di materia, che l'infermo rigettò fin che n' ebbe la forza: poi gli organi della respirazione gradatamente gli s'indebolirono: cadde in un sopore letargico, e quietamente spirò, addì 17 aprile 1790, verso le ore 11 della sera; così chiudendo una lunga ed utile vita di 84 anni e 3 mesi. »

Già da parecchi anni Franklin si era preparata pel sepolcro la seguente iscrizione, dove il suo consueto umore trovò ancora modo di esprimersi:

IL CORPO
DI
BENIAMINO FRANKLIN
TIPOGRAFO,
COME LA COPERTA DI UN VECCHIO LIBRO
CHE HA PERDUTO I FOGLI
LE DORATURE E IL TITOLO,
QUI GIACE PASTURA DI VERMI;
TUTTAVIA L'OPERA NON ANDRÀ PERDUTA,
GIACCHÈ, COM'EGLI SEMPRE CREDETTE,
RICOMPARIRÀ DI NUOVO
IN ALTRA E MOLTO MIGLIORE EDIZIONE
CORRETTA ED EMENDATA
DALL'AUTORE.

Per questa morte il Congresso americano intimò lutto di un mese agli Stati; e in Francia l'Assemblea Costituente, di tre giorni, a tutti i suoi membri.

Fu Mirabeau che diedê alla Costituente francese notizia di questa morte. L'insigne oratore, affacciatosi alla tribuna dopo alcuni giorni che per indisposizione non si era lasciato vedere, esclamò: "Franklin è morto!" — e tosto un religioso silenzio si fece nella gran sala.

— "Franklin è morto!" — continuò egli, con quella sua enfasi; "è ritornato in seno alla Divinità il grand'uomo che fece libera l'America e tanta luce versò su l'Europa.... Finora furono soliti i gabinetti politici di proclamare al mondo la morte di uomini solo illustri nel loro elogio funebre; finora il cerimoniale delle corti ha imposto lutti menzogneri: è tempo una volta che le nazioni piangano alla perdita dei loro veri benefattori.... L'antichità avrebbe consacrato altari a questo grande e potente intelletto, che per benefizio dei mortali, abbracciando col pensiero cielo e terra, seppe frenare i fulmini e i tiranni. La Francia illuminata e libera, deve almeno una testimonianza di memoria e di dolore ad uno de' più grandi uomini che abbiano mai servito la filosofia e la libertà."

La Costituente decretò inoltre che fosse scritta una lettera di condoglianza al parlamento americano; e Sieyès, che allora la presiedeva, fu incaricato di stenderla. In questa lettera è detto, che la Francia aveva voluto considerare Franklin come suo cittadino; perchè i grandi uomini sono dei padri per tutta l'umanità; e che un paese fatto libero dal progresso della ragione, era in debito di dare ai popoli quest'esempio di gratitudine verso i loro benefattori; che i Francesi avevano già tanto applaudito ai successi diplomatici di Franklin, perchè fin d'allora nutrivano in fondo agli animi il sentimento dei propri diritti; che dai cittadini degli Stati Uniti non era di certo stato veduto con indifferenza il crescere della libertà francese; e che speravasi quest'atto solenne di fraterna amicizia delle due nazioni fosse cominciamento di quell'alleanza indissolubile, che devesi invocare fra tutti i popoli della terra.

Abbiamo voluto ricordare questi sentimenti, perchè ci sembrarono degni di chiudere la narrazione della vita di Beniamino Franklin.

DOCUMENTI ILLUSTRATIVI

DELLA VITA DI BENIAMINO FRANKLIN.

Franklin non viaggiava mai oziosamente; ed oltre agli studii scientifici che faceva in mare, come abbiamo già potuto vedere, soleva stendere giornali d'ogni fatto, di cui volesse conservar memoria. Nè l'età nè la salute inferma gli fecero smettere mai quest'uso; così che anche dell'ultimo suo viaggio, per ritornare da Passy a Filadelfia, si ha un giornale, e memorie delle osservazioni e speculazioni fatte nel tragitto per mare. Studiò di nuovo la temperatura dell'acqua sulla quale passava; e stese inoltre due opuscoli, uno di *Pensieri per migliorare la navigazione*, e un altro *Intorno ai cammini che fanno fumo*. Nessun'ora della vita di quest'uomo incomparabile fu senza pratico insegnamento pe' suoi simili.

Il giornale di questo viaggio abbiamo creduto opportuno di aggiungerlo qui alla sua Vita, perchè breve, e il più significativo della sua attività; come quello che fu dettato quando l'estrema vecchiezza e i conseguenti acciacchi non gli permettevano neppure di sopportare il moto di una carrozza.

GIORNALE DI VIAGGIO.

1785.

Dopo aver dimorato in Francia otto anni e qualche mese, io ho preso comiato dalla Corte e dagli amici, e mi sono messo in viaggio per ritornare al mio paese, il 12 luglio 1785. Ho lasciato Passy, accompagnato da' miei due nipoti, alle quattro pomeridiane; e verso le otto eravamo a Saint-Germain. Il signor De Chaumont e sua figlia Sofia ci hanno tenuto compagnia fino a Nanterre; e il signor Le Veillard intende venire con noi fino all'Havre. A Saint-Germain abbiamo trovato le signorine Alexander, colla signora Williams nostra cugina, che già mi aveva fissato un alloggio in casa del signor Benoit. Trovai che il moto della lettiga, statami prestata dal duca di Coigny, non mi dava quasi alcun incomodo: è una delle lettighe della regina, portata da due belle mule, e ve n'ha una terza per il mulattiere. Il signor Le Veillard e i due giovani sono in carrozza. Dal signor Benoit prendiamo il tè; e andiamo a letto di buon'ora.

Mercoledì 13 Luglio. — Si fa colazione cogli amici; poi li salutiamo per continuare il viaggio. Si pranza a Meulan in un buon albergo, e alla sera giungiamo a Nantes. Un messo del cardinale De la Rochefoucauld ci reca l'invito di fermarsi all'indomani a Gaillon: il cardinale ci fa dire che non ammetterà scuse, e ch'essendo padrone dispotico nel suo arcivescovado, ci obbligherà, volere o non volere, a fermarci da lui, e a non alloggiare in nessun altro sito. Accettiamo dunque. Si dorme a Nantes; e io non sento molto la fatica della giornata, essendo le mie mule sempre andate di passo.

14 Luglio. — Partiamo per tempo e facciamo colazione a Vernon; dove sono visitato dal visconte e dalla viscontessa de Tilly. Giungiamo alle sei dal cardinale, senza avere ancora pranzato. Il castello è antico e molto bello; è fabbrica di forse trecento cinquant'anni fa, ma ancora in assai buon essere. Sorge sopra un'altura; vi si gode vista attraente di un gran tratto di paese ben coltivato. Il cardinale è arcivescovo di Rouen. In una lunga galleria vediamo i ritratti de' suoi antecessori. Vi è un magnifico terrazzo, e un oratorio di buona e antica architettura, con bei vetri dipinti. Ceniamo di buon'ora. Il cardinale ci riceve con cortese letizia; permette che ci corichiamo presto, giacchè noi vorremmo partire domani mattina di buon'ora; quantunque egli faccia istanza che passiamo un altro giorno con lui, offrendoci una partita di caccia nel suo parco. La necessità di giungere per tempo all' Havre, c'impedisce di accettare. Abbiamo dovuto pertanto congedarci da lui, prima di andare a letto. Questo signore è amato e rispettato dal suo popolo, ed è tenuto in grande stima.

15 Luglio. — Partiti alle cinque del mattino, abbiamo viaggiato finò alle dieci; e fermatici allora per far colazione, ci siamo trattenuti nell'albergo tutte le ore più calde del giorno. Nel castello del cardinale c'era stato annunciato, che il signor Holker di Rouen, nostro amico, s'era portato quel giorno stesso fino a Port-Saint-Antoine nella speranza d'incontrarci; gli aveva ciò commesso per lettera il signor De Chaumont. Un domestico da lui mandato ci raggiunse qui per informarsi se il nostro viaggio era stato felice; aveva ordine di non arrestarsi fin che non ci avesse trovati. Ciò fatto, dunque, diede volta senz'altro indugio, e noi continuammo il nostro cammino. Varcammo un'alta catena di monti di creta, con strati di ciottoli. L'acqua ha corroso un pendìo di questi monti, formandovi scoscendimenti precipitosi di più di trecento piedi; ciò che deve essere opera già di un gran numero di secoli. Direbbesi che il mare una volta invadeva questi luoghi. Giungemmo a Rouen verso le cinque, ricevuti con ogni dimostrazione di amicizia dai coniugi Holker. V'era molta compagnia alla cena, ch'era per noi il pranzo. Il primo presidente del Parlamento e la sua signora ci vorrebbero a pranzo pel domani; ma essendoci di già impegnati col signor Holker, si è pattuito che almeno saremmo da loro andati per il tè. Alloggiamo tutti in casa Holker.

16 Luglio. — Venne a complimentarmi in grande cerimonia una deputazione dell'Accademia di Rouen, e uno dei direttori mi ha fatto dono di un *quadrato magico*, nel quale mi disse, parmi, che c'era il mio nome; ma io esaminatolo di poi, non vi ho saputo capir nulla. A questa cerimonia si trovò presente il figlio del duca di Chabot, che ha sposato non è molto una Montmorency, e che è colonnello di un reggimento di presidio a Rouen; egli era venuto per farmi visita. Ho dimenticato di dire a suo luogo, di aver veduto con molto piacere, nel gabinetto del cardinale, il ritratto dell'avola di questo giovane, la duchessa d'Enville; la quale sempre ci ha dimostrata amicizia, e ci fece assai finezze a Parigi. È una signora di grande spirito e di merito raro.

Ebbi in dono pure dal dottore *** tre volumi in quarto, accompagnati da una lettera molto gentile, alla quale ho risposto.

Al pranzo vi furono molti convitati; e alle ore sei mi sono fatto portare in bussola dal presidente, dove trovai radunata una comitiva di magistrati. Prendemmo il tè, che era mal preparato, non avendosene in Francia l'abitudine, dove questa bibita è poco in uso. Mi misi a letto per tempo; ma i miei compagni restarono a cena con molte persone; e di poi ebbero buona musica.

17 Luglio. — Si parte presto. Il signor Holker ci ha voluto accompagnare per qualche miglio, e ci siamo lasciati con molta affezione. Si pranza a Ivetot, città piuttosto grande. Giungiamo fino a Bolbec, avendo oggi fatto maggior cammino che questi giorni addietro. È una città non piccola, industriosa e che sembra prosperare; il suo popolo veste bene ed ha l'apparenza di nutrirsi meglio che non gli abitanti delle terre vitifere. Uno stampatore di stoffe mi disse che proponevasi di stabilirsi in America; ho tentato dissuaderlo.

18 Luglio. — Partimmo da Bolbec alle dieci del mattino e giungemmo all'Havre alle cinque pomeridiane, dopo esserci fermati sulla strada, in un cattivo alberguccio per rinfrescarci. Fummo ricevuti molto affabilmente dai coniugi Ruellan. Il governatore e qualche altro personaggio vennero a farci visita.

19 Luglio. — Riceviamo visite formali dall'intendente, dal governatore o comandante, dagli ufficiali dei reggimenti di Poitou e di Piccardia, dal genio civile e dal signor Limosin.

Questo signore ci propone pel nostro viaggio marittimo diversi bastimenti, ma tutti assai cari. Noi aspettiamo il battello di Southampton. Si pranza dal signor Ruellan, dove anche alloggiamo. Mi si affiglia alla loggia di Rouen.

20 Luglio. — Restituisco le visite. Ne ricevo dal *corpo della marina* e dal *corpo dell'artiglieria.* Giunge il sig. Houdon[1] e mi porta delle lettere. Pranziamo dal sig. Limosin. Erano commensali i coniugi Le Mesurier colle loro sorelle, gente amabile d'Aurigny. Il signor Limosin e sua figlia mi sono

---

[1] Houdon scultore, che doveva andare in America con Franklin, per farvi la statua di Washington.

intorno con ogni premura. Restituisco le ultime visite ricevute.

Il battello arriva. Il capitano Jennings ci viene a vedere, e facciamo l'accordo pel nostro trasporto, con tutta la roba, a Cowes; la spesa sarà di dieci ghinee. Partiremo domani sera.

21 Luglio. — Altra visita del comandante, il signor De Villeneuve, che c'invita a pranzo per domani; ma dobbiamo partire stasera.

Pranziamo coi nostri cortesissimi ospiti. Le signore Feinès e De Clerval e due altre dame, oltre molti signori, fanno visita al signor Le Veillard.

La sera, mentre credevamo di doverci imbarcare, il capitano del battello ci viene a dire che il vento è affatto contrario e così violento, che non ci lascerebbe uscire dal porto. Dobbiamo dunque ritardare la partenza fino a domani.

22 Luglio. — Colazione. Diciamo addio agli amici e sagliamo a bordo alle dieci e mezzo; ma il vento non è molto buono.

23 Luglio. — S'è lottato tutta quanta la notte contro il vento di nord-ovest che ci soffia in faccia. Ha durato fino alle due di quest'oggi; poi divenutoci favorevole, facciamo rotta. Alle sette della sera si vede terra; è l'isola di Wight.

24 Luglio. — Buon vento in tutta la notte. Questa mattina alle sette, mentre eravamo all'altura di Cowes, il capitano mi significò che sarebbe stato difficile approdarvi contro marea; e propose di governare sopra Southampton; ciò che facemmo; e si toccò terra fra le otto e le nove del mattino. Quivi ho trovato mio figlio,[1] giunto da Londra la sera prima, coi signori Williams e J. Alexander.

Ho scritto al vescovo di Saint-Asaph[2] per dargli avviso del mio arrivo; ed egli è venuto a vederci nel dopo pranzo, colla moglie e sua figlia Kitty: si propongono di restare con noi per tutto il tempo che noi faremo qui dimora. Il nostro rivederci fu affettuosissimo. Scrivo anche a Londra,

---

[1] Quel figlio che costò tanto al cuore di Franklin, per averlo veduto star cogli Inglesi, contro la patria. Ora viveva in Inghilterra, esule dall'America.

[2] È l'amico, nella casa del quale Franklin cominciò la narrazione della sua vita.

annunciando d'esser qui giunto, ai signori W. J. M. e C.;
desidero poter sapere quando la nave metterà alla vela.
Scrivo anche al signor B. Vaughan.

25 Luglio. — Il vescovo, con tutta la famiglia, alloggia
nel nostro medesimo albergo della *Stella;* e facciamo insieme
tutti i pasti. Verso il mezzogiorno ho preso un bagno caldo
d'acqua di mare, da Martin: galleggiandovi sul dosso mi
sono lasciato andare a un sonnellino e ho dormito così poco
meno di un'ora, come verificai coll'orologio, senza sommer-
germi nè voltarmi! ciò che non aveva mai fatto, e forse non
creduto possibile. L'acqua è il miglior letto che si possa
avere. Esamino gli atti coi quali mio figlio fa cessione al mio
nipote delle sue terre di New Jersey e di New York. Scrivo
ai signori Ruellan, Limosin, Holker e Grand. Southampton
è luogo molto piacevole; i nostri due amici francesi lo lodano
assai. Il vescovo mi dona un libro scritto dal dottor Paley.
Molti amici vengono fino da Londra a vedermi; uno di questi
mi reca, da parte del dottor Lettsom, le opere dell'amico
mio dottor Fothergill e un libro del signor Gale intorno
alle finanze.

Il signor Williams m'informa che il naviglio era a Gravesend il 22; poteva essere alle Dune il 24; forse domani
sarà qui, cioè presso al Mother Bank, che si scorge da
Southampton. Il signor Williams mi porta una lettera diretta dal signor Nepean, segretario di lord Townshend, al
signor Vaughan, per fargli sapere che sarà ordinato ai do-
ganieri di Cowes di non toccare i nostri bagagli, ecc. Questa
roba è tuttora sul battello che ci ha qui portati. Il signor Alexander ci lascia, per ritornare a Londra; io gli
consegno lettere pel signor Jackson, pei dottori Jeffries e
Lettsom e pel mio genero Bache; quest'ultima verrà mandata col battello.

26 Luglio. — Firma degli atti fra Guglielmo Franklin e
Guglielmo Temple Franklin.

Il signor Williams che m'ha portato diversi oggetti di
cui abbisogno, li reca seco a Cowes per imbarcarli. Il capitano Jennings scarica i nostri bagagli, che ha trasportato
dall'Havre. Il mio caro amico Le Veillard mi dice addio, e
riparte col capitano. Il signor Vaughan giunge da Londra
per vedermi

27 Luglio. — Ho dato a mio figlio una procura, per ritirare ciò che mi si deve ancora dal governo inglese. Williams ci avvisa dell' arrivo del naviglio.

Pranziamo un' ultima volta tutt' insieme col vescovo e la sua famiglia, che acconsentono al nostro invito di venire a bordo con noi. Ci facciamo trasportare alla nave da una scialuppa. Il capitano ci dà da cena. Tutta la nostra compagnia passa la notte sulla nave.

28 Luglio. — Quando mi sono questa mattina svegliato, già gli amici miei erano partiti e noi navigavamo a piene vele.

Martedì, 13 Settembre. — Dopo una calma ha soffiato vento fresco ieri sera e questa mattina. Al sorgere del sole ci siamo trovati di traverso al faro, tra i capi May e Henlopen. Entriamo facilmente nella baia; l' acqua è tranquilla, l' aria fredda, il cielo sereno.

Verso il tramonto passammo dinanzi a Newcastle e ci avvicinammo a Red Bank, prima che la marea e il vento ci facessero difetto; qui gettammo l' ancora.

Mercoledì, 14 Settembre. — Colla marea di questa mattina si è alzato un venticello che ci ha portati sotto la punta di Gloucester, in piena vista della nostra Filadelfia! Abbiamo di nuovo gettata l' àncora per attendere l' ufficiale di sanità; il quale, fatta la sua visita e non trovati malati, ci ha permesso di sbarcare. Mio genero è venuto sotto la nave a prenderci con un battelletto; e siamo scesi sulla spiaggia di Market Street, tra una gran folla di popolo che gridava evviva; e che sempre acclamando ci accompagnò poi fino a casa. Qui ho trovato la mia famiglia in buona salute.

Sia lodato e ringraziato Iddio di tanta sua benignità.

Aggiungiamo qui le Lettere che si conoscono state scritte da Beniamino Franklin durante quel periodo della sua vita ch' egli stesso ci ha narrato. Gioveranno ad illustrarlo, e nel tempo medesimo saranno un saggio del suo epistolario, che vorremmo potere quando che sia pubblicare.

Alla Signorina Giovanna Franklin. [1]

Filadelfia, 6 gennaio 1727.

CARA SORELLA.

Grandissimo piacere ho provato di quanto mi ha detto di te il capitano Freeman. Quando tu eri bambina, ti diportavi in modo che io già presagiva saresti divenuta una buona e amabile donna; già tu sai che sei sempre stata la mia cara. Ho pensato a un dono che meglio convenisse di esserti mandato, ora che mi si dice che ti sei fatta una insigne bellezza; e stava per isceglere un servizio da tè; ma poi ho riflettuto che il nome di buona massaia valeva assai più di quello d'esser soltanto una elegante signora, e mi sono deciso di mandarti un filatoio; che, spero, accetterai come piccolo segno della mia tenerezza e della mia affezione.

Addio, sorella; e non ti dimenticare mai che, adorna di modestia, la più semplice giovinetta è un essere amabile, graziosissimo; laddove senza questa qualità, anche la maggior bellezza perde ogni pregio e diventa odiosa. Ma quando questa virtù, che è la più splendida di tutte le grazie femminili, si mostra in una persona già dotata di altri molti ornamenti di corpo e di animo, fa di una donna una creatura più cara di un angelo. Perdona alla mia libertà, e rendimene il contraccambio.

Sono, cara Giovannina, il fratello che ti ama

B. F.

---

[1] È la minore delle tre sorelle, e che allora doveva avere un quindici anni; mentre questo fratello che le fa così bel predicozzo appena aveva passati i venti.

A Giosia Franklin.

Delle opinioni religiose.

Filadelfia, 13 aprile 1788.

ONORATO PADRE.

Ho ricevuto l'onorata vostra lettera del 21 marzo, dalla quale intendo che voi e mia madre sembrate, in timore che io non abbia delle opinioni erronee: e certo che ne avrò la mia parte. Chi considera la naturale debolezza e l'imperfezione dell'umano intelletto, l'inevitabile influenza che l'educazione, l'abitudine, le letture, la società esercitano sul nostro pensiero, deve credere che un uomo abbia ad essere ben vano per confidare, e ben presuntuoso per affermare che siano vere tutte le dottrine ch'egli professa, e false tutte quelle ch'egli non ammette. Ciò si può dire di tutte quante le sètte, di tutte le chiese o corporazioni che si attribuiscono quella infallibilità, la quale negano al papa o a un concilio.

Io credo che le opinioni devono essere giudicate conformemente alle loro influenze e agli effetti. Se le opinioni di un uomo sono tali che non lo rendano nè meno virtuoso nè meno vizioso, si può inferirne che tali opinioni sieno innocue: e io credo essere questo il caso mio.

Sono ben afflitto di esservi causa di angustie; e s'egli fosse possibile mutare le proprie credenze per fare ad altri cosa grata, non v'è nessuno al mondo, al quale farei più volontieri che a voi un tale sacrifizio. Ma poichè non è dato ad un uomo di *pensare*, come non è dato di *vedere* alla maniera di un altro; a me sembra che tutto quello che si può esigere da me, sia ch'io mi presti con tutta l'anima ad accogliere la verità, che ascolti con pazienza e che esamini con attenzione. E se dopo ciò io non mi spoglio degli errori di prima, credo che per l'abituale vostra carità v'indurrete ad avere di me compassione, e a scusarmi piuttosto che a darmi biasimo. Intanto credete che io vi porto grande riconoscenza delle vostre cure e dell'interessamento che per me dimostrate.

Mia madre si lamenta di avere un figlio Ariano, e un altro

Arminiano.[1] Che cosa sia un ariano od un arminiano, per me non lo saprei dir bene; e in vero io mi do ben piccolo pensiero di tutte codeste distinzioni. Io tengo per fermo che la religione vivente ha sempre scapitato, quando si è fatto maggior caso dell'ortodossia che della virtù; e le Scritture mi accertano che all'ultimo giudizio noi non saremo esaminati intorno a ciò che avremo *pensato*, ma sì intorno a quello che avremo *fatto*. Ci gioverà, non l'aver detto: *Signore! Signore!* ma l'aver beneficato i nostri fratelli; V. Matteo XXV.

Il vostro ubbidiente figlio

B. F.

————

A Giovanni Franklin, a Boston.

Lettera scherzosa intorno alla spedizione contro Capo Bretone.[2]

Filadelfia, 1745.

I nostri cittadini sono impazienti di sentire che abbiate trionfato al Capo Bretone. Ad ogni corriere mi s'affollano in bottega trenta persone almeno, avide di novelle. Ve n'ha che fanno le meraviglie, perchè la fortezza non sia stata ancor presa; e io rispondo loro che a me basterebbe di poter sentire fra tre mesi che è nostra. Le città forti sono delle noci assai dure; e i nostri denti non hanno ancora l'abitudine di schiacciarle. Per prendere le fortezze fa d'uopo di conoscerne l'arte, che voi ora praticate senza averne fatto alcun tirocinio. Gli eserciti regolari, i soldati esercitati hanno bisogno di un corpo di genio molto abile per dirigerli ne'loro attacchi; e voi non ne avete. Ma vi ha taluni che si credono, il prendere una fortezza non sia maggior affare che prendere una presa di tabacco.

Le preghiere del padre Moody sono modeste assai. Per venire a capo dell'impresa, voi avete ordinato un giorno

————

[1] Ariano è colui che crede la seconda Persona della SS. Trinità essere subordinata al Padre; Arminiano quegli che nell'opera della salute dell'anima troppo concede al libero arbitrio, secondo le dottrine di Arminio teologo olandese del secolo XVI.
[2] Era una possessione francese, che loro fu tolta dai coloni anglo-americani.

di digiuno e di preghiera: io calcolo che sono cinquecento mila le petizioni per tal via state offerte, in uno stesso giorno, nella nuova Inghilterra. Se v'aggiungo le preghiere di ogni singola famiglia, fatte sera e mattina, e le moltiplico pel numero de' giorni che corsero dopo il 25 gennaio, ho una cifra di quarantacinque milioni di preghiere. Opponete queste alle preghiere che i pochi preti della fortezza volgeranno alla Vergine Maria, e considerate quanto la bilancia penda in nostro favore.

Se voi dunque non riuscite, io non farò più gran conto delle preghiere puritane in queste faccende. Per prendere una città forte porrò maggior fiducia nelle *opere* che nella *fede;* [1] perchè tali città sono come il regno de' cieli: fa duopo conquistarle colla forza e colla violenza; e in un presidio francese io credo che vi sieno sempre di quei diavoli che non si lasciano debellare nè dalle preghiere nè dai digiuni; a meno di non farli digiunare essi medesimi, per mancanza di vettovaglia. Mi sembra che in questa mia lettera vi siano frasi *scritturali*, ma non posso ornarne i margini con citazioni, perchè non ho buona memoria, e mi mancano i mezzi di supplirvi. Oltre di che non ho che il tempo di potermi dire

Vostro ecc.

B. F.

Alla Signora Abiah Franklin.

Filadelfia, 16 ottobre 1749.

ONORATA MADRE.

Vostra figlia è stata oggi occupatissima; e si è coricata assai stanca senza aver potuto scrivervi.

Vi mando chiuso in questa lettera uno dei nostri nuovi almanacchi; li stampiamo per tempo, dovendoli spedire in molti luoghi assai lontani. Vi mando anche una moneta d'oro, che vi prego d'accettare per noleggiare una vettura che vi porti alla chiesa quest'inverno, senza che vi esponiate al freddo. Diteci quale malattia ha dominato in Boston

---

[1] I Protestanti non credono che alla giustificazione per mezzo della *fede*, mentre i Cattolici ammettono che vi abbiano parte anche le *opere*.

nell'estate passata. Noi qui, senza parlare della rosolìa e della dissenteria che ci rapirono molti bambini, abbiamo perduto alcuni adulti di quella che dicono *febbre gialla*. Ora però è quasi cessata, per la grazia di Dio, che ha voluto conservare tutta la nostra famiglia in buonissima salute.

Abbiamo qui i cugini Coleman e due Folgers; tutti stanno bene. La vostra nipotina è, fra tutte le bimbe che io ho mai conosciuto, quella che maggiormente ama i suoi libri e la sua scuola. È docilissima non meno colla maestra che con noi.

Il vostro figlio ubbidiente

B. F.

———

Alla stessa.

(*Data incerta*).

MADRE ONORATA.

Abbiamo ricevuta la cara vostra lettera del 2 corrente; e siamo lieti di sentire che, malgrado i molti anni, voi godiate ancora di tanta salute. Leggiamo facilissimamente la vostra scrittura; e non vi so trovare parola mai che subito non mi si faccia intendere; perchè se la mano non è sempre delle migliori, il senso illumina chiaramente tutto il contesto.

La mia gamba, di cui volete notizie, è quasi del tutto risanata. Io riterrò questi servi, ma non voglio che l'uomo dimori nella mia casa; l'ho ceduto a colui che dirige la mia stamperia tedesca.[1] Pel suo lavoro egli avrà vitto e vestito, e a me inoltre sarà pagato un dollaro la settimana. Dopo avvenuto questo, la moglie di lui si è diportata sempre bene; però siamo determinati a venderli l'uno e l'altro alla prima occasione, non amando noi avere di questi servi negri. Abbiamo quasi ricuperato la metà della perdita fatta.

In quanto a Guglielmino vostro nipote, tocca già il diciannovesimo anno; è alto di statura, e un vero *bel* giovane. Nella guerricciuola a cui prese parte,[2] aveva con-

---

[1] Gli faceva mestieri di tale stamperia per i molti tedeschi che v'erano nella Pensilvania; segnatamente a Germantown poco lontano da Filadelfia.

[2] Guglielmo era stato ufficiale delle truppe di Pensilvania, che furono mandate contro il Canadà nel 1746.

tratto alquanto l'abitudine di ozïare; ma ora comincia ad occuparsi, e spero che diverrà un uomo attivo egli pure. Si era immaginato che suo padre avesse ammassato bastanti quattrini perch'egli potesse darsi buon tempo; ma gli ho fatto capire, che se Dio mi concede vita, questi quattrini intendo spenderli io per mio beneficio; e poichè non manca di discernimento, può vedere dal mio modo di vivere, che son uomo da mantenere la promessa.

Sally si fa una bella fanciulla; è tutto il giorno coll'ago in mano, e ama le sue occupazioni; è in oltre affettuosissima, docile e graziosa non solo co' suoi, ma con tutti. Se non m'inganna l'amor mio, confido che diverrà una donnina di senno, di cuore, segnalata e buona come la sua zia Jenny. Ora impara la danza.

Di me vi dirò che ora passo il mio tempo molto piacevolmente: grazie a Dio, godo buona salute, leggo molto, cavalco un poco, fo qualche negozio per conto mio proprio, e a un'occasione anche per conto altrui; mi riposo quando ne ho tempo, e vado a veglia quando ne ho voglia: così passeranno gli anni, finche verrà l'ultimo. Deh, che si possa dire allora di me: *È vissuto utilmente*, piuttosto che: *È morto ricco.*

I cugini Giosia e Sally stanno bene insieme: credo che sapranno prosperare, perchè sono entrambi amabili e laboriosi; ma avrebbero bisogno di qualche capitaletto per avviare le loro faccende.

Salutatemi amichevolmente i Mecom, fratello e sorella, e tutti in generale i nostri parenti.

Il vostro figlio ubbidiente

B. F.

———

A Samuele Johnson.[1]

Importanza dell'educazione. — Intorno alle diverse Chiese.

Filadelfia, 28 agosto 1750.

CARO SIGNORE.

Abbiamo ricevuto la pregiatissima vostra del 16 corrente. Il signor Peters non avrà tempo da scrivervi con

---

[1] Il dottore S. Johnson è stato il primo presidente del collegio più

questo corriere, e io devo esser breve. Il signor Francis ha passata con me la serata d'ieri; e tutti siamo lieti di sentire che voi pensate proprio di farci una visita, verso la fine del prossimo mese, e che ce ne darete avviso con un rigo. Noi abbiamo bevuto alla salute vostra e della vostra Signora, rammentandoci il gentile ricevimento da voi fattoci a Stratford.

Io penso come voi, che nulla maggiormente importi al bene pubblico, quanto abituare la gioventù alla saggezza e ai buoni costumi. Io sono d'opinione che gli uomini savi e virtuosi siano per uno Stato una forza ben più reale che non le armi e le ricchezze, le quali se maneggiate dall'ignoranza o dalla malvagità, in luogo di assicurare un paese, lo possono distruggere. Certo che l'istruzione impartita al *gran numero* non riuscirà che *per pochi*; ma l'influenza di questi pochi e i servigi che saranno in grado di rendere, possono essere molto efficaci. Una sola donna savia, salvò la città colla sua saggezza.

Credo altresì che si può sperare di vedere la virtù nel mondo, piuttosto per l'educazione dei giovani, che per le esortazioni dei più adulti. Le malè abitudini, i vizi dello spirito sono come le malattie del corpo; è più facile prevenirle che guarirle; e credo poi anche essere l'attitudine a ben guidare la gioventù un dono speciale di Dio; di guisa che, quando offrasi un'occasione propizia, colui che ha ricevuto quest'attitudine, sentesi *chiamato* con tanta forza, come se udisse una voce dal cielo. Nelle pubbliche faccende, nulla t'indicherà il tuo dovere, meglio della capacità che ti senti e dell'occasione di adempirlo.

Io non ho fatto ancora cenno col dottor Jenney che voi siate stato qui chiamato; ed è naturale che voi chiediate se gli dispiacerà di vedervi venire alle condizioni che ho proposto: ma non credo che lo possa vedere di mal occhio; poichè quand'anche il particolare suo interesse ne fosse qualche poco sminuito, che sarebbe egli mai ciò appetto al *pubblico bene?* Del resto, egli è vecchio, è ricco, e non ha

---

antico di New York, e l'apostolo dell'erudizione e della letteratura classica nella Nuova Inghilterra. Le offerte che gli erano state fatte a New York gl'impedirono di accettare la Presidenza del collegio di Filadelfia.

Fu il dottor Johnson inoltre il padre della Chiesa anglicana nel Connecticut.

figli. Voglio però far in guisa di sapere veramente che cosa
ne pensi, prima del prossimo corriere; e ad ogni modo
qualunque fosse l'effetto della sua opinione sul vostro stabilirvi fra noi, non deve entrarci per nulla nel conto della
visita che ci avete promesso; e se voi ci venite, non vedo
necessità di scrivergli affine di prevenirlo e conoscere come
sarà per vedere la cosa. Voi due v'incontrerete qui, e una
volta tutti riuniti, ci sarà ben più facile di regolare la
faccenda conversando, che non a distanza e per iscritto.

È lodevolissimo il pensiero che vi date della pace della
Chiesa; ma sembrami ch'edificare un nuovo tempio in un
paese che va ingrandendosi, non sia *dividere,* ma *moltiplicare;* poichè realmente si accresce così il numero di quelli
che adorano Dio in questa maniera. Molti che oggi non
trovano posto nella nostra chiesa vanno ad altre, o restano
a casa; mentre verrebbero a pregare con noi, se loro ne
offrissimo il modo. A Boston io ho veduto fabbricarsi due
templi, nè certamente per questo l'interesse della Chiesa
ebbe a soffrire. Io per molti anni usai di tenere inchiodata
al muro della mia casa una gabbia capace di sei coppie di
piccioni; e quantunque questi miei covassero non meno
prestamente de'piccioni de'miei vicini, non ne aveva mai
più di sei paia; i vecchi e i più forti cacciavano i giovani
e i deboli, e li obbligavano a trovarsi altro alloggio. Ma
poi aggiunsi a quella che aveva, altra gabbia supplementaria,
nella quale potevano trovar posto altre dodici paia; e mi
si è popolata questa pure, intieramente, coll'eccedenza della
vecchia gabbia, o per mezzo di piccioni del vicinato. Io
credo che avverrebbe il medesimo, se noi fabbricassimo una
nuova chiesa.

Voi non avete età così avanzata da poter essere un
ostacolo, segnatamente per la forza della vostra costituzione. In quanto al vaiolo, se avesse ad espandersi, potreste
farvi inoculare con moltissima probabilità di buon successo;
e credo d'altronde che questo morbo sia più benigno fra
noi che al settentrione. In quanto alla urbanità di Filadelfia
e alla selvatichezza che voi credete di avere, questi non sono
che complimenti, e il vostro diffidare non ha un fondamento
al mondo.

Vi prego di fare gli umili miei rispetti a'vostri fratelli
del Comminciamento; e sperando ch'essi vorranno consi-

gliarvi ciò che è il maggior bene, ho fiducia che v'indurranno a stabilirvi fra noi. Siatemi cortese di offrire i miei rispetti e i miei servigi alla signora Johnson e a vostro figlio.

Sono, caro signore, il vostro obbligato, affezionato ed umile servitore

B. F.

Ad Edoardo e Giovanna Mecom.

Morte di sua madre.

Filadelfia, 21 maggio.

CARI FRATELLO E SORELLA.

Ho ricevuto la vostra lettera e la triste notizia della morte della cara e buona nostra madre. Io vi ringrazio delle cure assidue che le avete prestato e nella sua vecchiezza e nella infermità. La distanza della nostra dimora ci ha impedito di vederla; ma voi avete tenuto luogo di noi tutti. Ella visse una lunga e buona vita, ed ora è beata.[1]

B. F.

---

[1] Franklin era di quelli uomini che non fanno molte parole dei loro affetti privati; ed anche i dolori più gravi, con filosofica dignità se li chiudeva nell'animo silenziosamente: ma quanto li sentisse lo dica la seguente letterina, che scriveva a una sorella, nell'occasione medesima della perdita della loro madre:

« Più noi viviamo e più siamo esposti a questi colpi della Provvidenza; ma quantunque li consideriamo come tali, e si sia persuasi essere nostro dovere di sottometterci alla divina volontà, pure ogni qualvolta tocca a noi a sopportare quello che milioni di uomini sopportarono prima di noi, e sopporteranno in seguito, ci sembra che la nostra sorte sia più dura dell'altrui. Rare volte le consolazioni possono sollevarci, per quanto ci siano prestate con dolcezza; fa duopo lasciare il loro corso ai dolori naturali, e il nostro miglior consolatore è il tempo. Io ne ho fatto esperimento. »

A Pietro Collinson.[1]

Povertà e inerzia. — Quanto è difficile civilizzare gl' Indiani d' America. — Condizioni e qualità dei Tedeschi stabiliti nella Pensilvania.

Filadelfia, 9 maggio 1758.

SIGNORE,

Vi rendo grazie delle opportune, giudiziose osservazioni che avete fatto sul mio scrittarello. Io ho considerato spesse volte, meravigliandone, il difetto di cui parlate dei poveri operai inglesi, e convengo pur troppo che è comune fra loro. Quando vengono in America, dove il lavoro è pagato assai meglio che in Inghilterra, pare che la loro attività diminuisca in ragione inversa del salario. Non è così degli operai tedeschi; questi non perdono la solerzia e la sobrietà che portarono seco emigrando; e siccome guadagnano miglior salario, coll' economia si fanno tutti agiati. Quando io penso che gl' Inglesi discendono dai Sassoni, che vivono in un clima che può dirsi eguale a quello della Germania, e che nulla v' è nella natura che possa dar luogo a questa differenza fra i due popoli, sono tentato di moverne accusa alle istituzioni. A me venne spesse volte in mente, che forse le leggi inglesi, coll' aver *sforzato il ricco a sostenere il povero*, hanno a questo preparato un soccorso, pel quale poco egli soglia darsi cura di provvedere ai bisogni della sua vecchiaia.

Fu notato che sul continente europeo, i poveri dei paesi protestanti sono generalmente più industriosi di quelli dei paesi papisti: e non potrebbe ciò provenire dall' esservi presso i cattolici molto maggiori istituti di carità, che scemano nel povero la previdenza? Coll' alleviare la miseria dei nostri fratelli, noi concorriamo all' opera di Dio, facciamo dunque cosa divina; ma se prestiamo alimento all' inerzia e soccorso alla spensieratezza, non facciamo noi contro all' ordine di Dio e della natura, che forse ha stabilito il bisogno e la miseria come gastigo, preservativo e conse-

---

[1] È quell'inglese, corrispondente di Franklin, che mandò in America la prima macchina elettrica che vi si vedesse. Morì questo degno uomo nel 1768.

guenza necessaria dell'ozio e della imprevidenza? Quando si vogliono correggere i disegni della Provvidenza, e si fa prova d'intervenire nel governo del mondo, convien essere molto circospetti per non fare più male che bene. Una volta, nella Nuova Inghilterra, fu creduto che i merli fossero creature inutili, e atte solo a far danni al grano; si procurò dunque di distruggerli; ma quanto più diminuivano e tanto maggiormente moltiplicavasi certa specie di vermi che mangiava l'erba, e ai quali i merli fanno guerra: allora gli abitanti che s'avvidero di perdere molto più in fieno, che non guadagnassero di grano, desiderarono aver di nuovo i poveri merli.

Anni sono, v'era qui un tartaro della Transilvania, che aveva molto viaggiato in Oriente; ed ora veniva fra noi per visitare l'Occidente, proponendosi di tornare in patria dall'America spagnuola, la China ec. Un giorno costui mi domandò, perchè mai tanti popoli numerosi, come i Tartari in Europa e in Asia, gl'Indiani in America, i Negri nell'Affrica, continuano a menare una vita errante e imprevidente, e non vogliono vivere nelle città e coltivare le arti delle nazioni civili? E mentre io cercava una risposta da fargli, egli mi prevenne, dicendo in quel suo parlare scucito: «Dio fatto uomo per paradiso; Dio fatto uomo per vivere senza lavoro; uomo fatto andare in collera Dio, e Dio cacciato uomo da paradiso e voluto che lavori. Uomo non amare lavoro; volere paradiso di nuovo, volere vivere senza lavoro. Tutti uomini per questo non amare travaglio.»

Comunque sia, pare certo che la grande spinta a lavorare, per il maggior numero di uomini, sia data dalla speranza di liberarsi un giorno dalla fatica e dai pensieri del sostentamento; è dunque sempre il timore della miseria. A coloro che sono usati alla eleganza ed alla ricchezza, i soccorsi che si danno ai poveri, possono sembrare miserabili; ma quelli i quali non hanno mai trovato nulla di meglio nella vita, ne faranno ben altra stima: per costoro quei soccorsi sono buoni e sufficienti. Il povero non può dunque temere nulla di peggio della sua presente condizione, e nulla di meglio sperare, di quello che somministra la parrocchia; e il solo motivo che ancora valga a indurlo a lavorare, è la difficoltà di ottenere il soccorso mentre è ancora in forza; e in parte anche la vergogna di dover vivere di quello : ed ecco perchè, se pure lavora, non lo fa che per quanto basti a farlo campare di giorno in giorno.

Il poco frutto di tutti i nostri sforzi per civilizzare gl'Indiani d'America, troppo chiaramente dimostra come la natura umana inclini a menare una vita facile, esente da travagli e pensieri. I nostri Indiani vivono in guisa, che possono soddisfare a quasi tutti i loro bisogni con pochi di quei frutti che si hanno anche senza agricoltura. Lavorano pochissimo, se anche s'hanno a dire lavoro la caccia e la pesca, in un paese dove la selvaggina e i pesci abbondano tanto. Questa gente ci fa pure frequenti visite, vede le comodità che a noi procurano le arti, le scienze e il vivere uniti; non difetta di naturale discernimento; e tuttavia non ha mai dato a vedere la minima inclinazione a mutare il suo metodo di vita, o ad apprendere qualcuna delle nostre industrie. Un fanciullo di questi Indiani posto a vivere fra noi, quand'anche abbia imparata la nostra lingua e si sia abituato ai nostri costumi, solo che vada una volta a visitare i suoi, a fare una selvaggia corsa con loro, più non vorrà ritornare alla vita civile. E che ciò sia loro naturale, non solo come Indiani, ma come uomini ben'anche, si dimostra facilmente. Quando dei bianchi, dell'uno o dell'altro sesso, sono stati presi dagli Indiani ed hanno passato qualche tempo con loro, è invano dipoi che i loro amici li ricuperino e li trattino con tutta l'amorevolezza per farli decidere a restare fra gl'Inglesi; presto si disgustano della nostra vita, delle cure e fatiche che ci vogliono per mantenerci; e alla prima occasione fuggono via per far ritorno ai boschi, d'onde non è più possibile ricondurli colle persuasioni. Mi fu narrato di un bianco, stato richiamato fra i suoi, dopo aver vissuto coi selvaggi, affine di godervi una cospicua fortuna; ma trovò che l'amministrarla esigeva troppi pensieri, e la lasciò a un fratello minore, non ritenendo per sè che un fucile e una coperta, coi quali se ne tornò al deserto.

Io sono dunque tratto a credere che le società ordinate a vivere pel lavoro e l'esercizio delle arti, devono lo stato loro non alla libera elezione, ma sì alla necessità. Popolazioni cui la guerra spinse fuori del territorio sul quale cacciavano, impedite d'invadere nuovi territorii ove ridarsi alla caccia, dal mare o da altre nazioni; furono rinchiuse

in qualche luogo angusto, ove dovettero forzatamente lavorare se volevano vivere. Ma che che ne sia di queste origini
della civiltà, oggi le cose sono a tale da rendere indispensabili al nostro benessere la previdenza e l'industria: dobbiamo dunque promuoverle con tutti i mezzi che si possono
immaginare; dobbiamo impedire che siano scemati i motivi
di dover lavorare. Per soccorrere i poveri non si hanno a
mantenere nell'ozio; ma volgere a un lavoro misurato alle
loro forze. È così, mi si dice, che fanno in Inghilterra, dove
si stabiliscono a questo scopo *case di lavoro*. Se questi provvedimenti fossero generali, io credo che il povero si farebbe
più previdente, e che lavorerebbe volentieri affine di mettere da parte pei giorni del bisogno, e non correre il rischio di vedersi obbligato a lavorare per altrui comando,
ripagato di solo pane e privo della libertà.

Nel fare un trattato, alcuni anni sono, fra certe nostre
colonie e i selvaggi delle Sei Nazioni, si ebbe un curioso
esempio del nessun conto che gl'Indiani fanno dell'educazione, la quale per noi ha tanto prezzo.

Quando ogni cosa fu determinata con soddisfazione delle
parti contraenti, e che più non restavano a fare che delle
cerimonie; i commissarii inglesi dissero agli Indiani, esservi
in Inghilterra un collegio per l'educazione dei giovani, dove
insegnavansi diverse lingue, oltre alle arti e alle scienze;
aggiungendo che v'era inoltre una fondazione speciale a
favore degli Indiani; e che vi sarebbero stati gratuitamente
allevati quei loro giovanetti, che avessero voluto colà mandare
a godere di questo benefizio. Se dunque gl'Indiani accetta-
vano l'offerta ch'era loro fatta, gl'Inglesi avrebbero condotto con sè, una mezza dozzina de' loro figliuoli, fra i più
svegli, per educarli nel miglior modo possibile. Ma gl'Indiani ritrettisi a consultare fra loro, fecero da ultimo questa risposta: che si ricordavano essere stati già allevati in
quel collegio dei loro giovanetti; ma che questi ritornati
poi alle loro famiglie, mostrarono di *non sapere far nulla
che valesse*, poichè non riuscivano ad uccidere caprioli, nè a
prendere castori, nè a fare imboscate contro i nemici. Nulladimeno aggiunsero, che la proposizione fatta, loro sembrava un segno di buon'amicizia degl'Inglesi, a cui desideravano offrire il contraccambio: se dunque i signori inglesi
volevano mandare invece a Onondago una dozzina o due

dei loro figli, il gran consiglio si sarebbe data cura della loro educazione; li alleverebbe nel miglior modo e ne farebbe veramente degli *uomini*.

Io sono pienamente del vostro avviso; con questi Tedeschi dobbiamo usare gran prudenza: e temo che per colpa loro, o nostra, abbiano a nascere un giorno gravi disordini fra noi. I Tedeschi che vengono qui, sono generalmente i più stupidi della loro nazione; e siccome l'ignoranza va facilmente accompagnata dalla credulità, solo che la frode voglia traviarla; o dal sospetto, quando l'onestà si adopera per rimetterla nel diritto cammino; e siccome altresì pochi sono gl'Inglesi che sappiano la lingua tedesca, e non possono comunicare cogli emigranti nè per mezzo della stampa, nè per mezzo del pulpito; è quasi impossibile togliere dall'animo di coloro i pregiudizi. Il clero poco influisce sopra di un popolo, il quale sembra trovar diletto nell'insultare e maltrattare in ogni occasione i suoi pastori. Questi Tedeschi, non essendo abituati alla libertà, non sanno usarne assennatamente. Kolben c'informa, che i giovani Ottentotti non sono considerati esser uomini, se non quando abbiano mostrato di saper *battere la loro madre;* ed è il medesimo coi nostri Tedeschi: non sembra che si sentano liberi, se non torcono la libertà a maltrattare e insultare i loro superiori. La Chiesa dunque non è un ritegno per loro; nulladimeno per il presente si mostrano abbastanza sommessi al governo civile; voglia Dio che ciò duri. Io ricordo quando modestamente declinavano dal prender parte alle nostre elezioni; ma ora ci vengono in frotte, ed hanno la maggioranza dovunque, se ne togli uno o due comitati.

Dei loro figli pochi sanno l'inglese: sogliono portare con sè molti libri dalla Germania; e di sei stamperie, che vi sono nella provincia, due sono affatto tedesche, due tedesche insieme e inglesi; e non ve n'ha che due di interamente inglesi; vi è un giornale tedesco, ed uno tedesco per metà; gli avvisi che voglionsi letti da tutti ora si devono stampare in inglese e in tedesco; i nomi alle vie sono posti nelle due lingue, e in alcuni luoghi, solo in tedesco. Da poco in qua, i Tedeschi hanno cominciato a stendere tutti i loro contratti nella loro lingua; e questi contratti sono ricevuti nelle nostre corti di giustizia (ciò che, secondo me, non dovrebbe avvenire), e i processi in tedesco si aumentano di guisa, che si è obbligati continuamente ad usare d'interpreti. Qualche anno ancora che la duri così, e m'immagino che nella nostra Assemblea sarà mestieri di tradurre a una metà dei legislatori quello che l'altra avrà detto.

Insomma, ove questa inondazione di emigranti non venga condotta sopra altre colonie, come voi molto saviamente proponete, ben presto i Tedeschi ne supereranno talmente di numero, che malgrado tutti i nostri vantaggi, noi non potremo più conservare la nostra lingua, e il nostro medesimo governo diverrà precario. I Francesi, che spiano tutte le favorevoli occasioni, vanno ora stabilendo Tedeschi dietro a noi sulle terre degli Illinesi; e per mezzo di questi un giorno essi potranno intendersi coi nostri Tedeschi; e già nell'ultima guerra, questi nostri mostrarono tale umore che non dà molto bene a presagire. Quando gl'Inglesi, che non erano Quacqueri,[1] sgomentatisi che il loro Stato non avesse difesa, si associarono per comporre una milizia, e unanimemente nella Pensilvania e nelle Basse Contee[2] scrissero, armarono e disciplinarono intorno a diecimila uomini; i Tedeschi, quasi tutti, rifiutarono di far parte dell'associazione, dicendo, ed anche stampando, che se i Francesi si fossero impadroniti del paese, non avrebbero dato loro molestia. E ingiuriavano anche i cittadini di Filadelfia che armavano de' corsari; mentre andavano ripetendo che la fatica, il rischio e la spesa di difendere la provincia erano inconveniente maggiore, che non sarebbe stato il mutar governo.

Io però non mi rifiuto di ammettere i Tedeschi nelle colonie; ma sembrami necessario di spartirli più egualmente, di mischiarli meglio agli Inglesi, di aprire scuole inglesi laddove essi sono troppo agglomerati. È necessario inoltre d'impedire il più che si possa, che gli armatori delle navi continuino a vuotare le prigioni tedesche, per averne con che completare il numero dei loro passeggieri. Lo ripeto, io non m'oppongo ad ammettere Tedeschi, che hanno anch'essi le loro buone qualità; la loro laboriosità per esempio, e l'economia, sono esemplari; e sono eccellenti agricoltori, che possono contribuir molto al progresso del paese.

---

[1] Fu già detto che i Quacqueri della Pensilvania non avevano voluto armarsi, per scrupolo di setta.
[2] Il paese detto il Delaware.

Io prego Dio che conceda alla Gran Bretagna di conservare a lungo le leggi, i costumi, le libertà, la religione inglesi. Quantunque i vostri giornali sogliano lamentare che il popolo costì si corrompa e degradi, io so che vivono ancora di molte virtù fra voi, e ho speranza che la costituzione non sia così minacciata di dissolversi, come alcuni mostrano di temere.

B. F.

———

A Giorgio Whitefield.

Della Carità, della Fede e delle Opere. — Esempio di Cristo.

Filadelfia, 6 giugno 1758.

SIGNORE.

Ho ricevuto la vostra gradita del 2 corrente, e sono lieto di aver saputo che riacquistate forze: spero che andrete sempre di bene in meglio crescendo, fino a che abbiate ricuperata la salute e la robustezza di una volta. Ditemi se fate uso tuttora di bagni freddi, e quale ne è l'effetto.

In quanto ai buoni uffici di cui parlate, avrei voluto che vi avessero portato maggior utile. Se in qualche misura vi hanno giovato, il solo ringraziamento che desidero, si è che voi siate disposto egualmente a far servizio a qualche altro che avesse bisogno del vostro aiuto: aiutiamoci tutti, l'un l'altro in giro, poichè gli uomini sono membri di una sola famiglia.

Per me quando rendo servizio ad alcuno, non mi sembra di usare generosamente, ma solo di saldare un debito. Ne'miei viaggi, e dopo che mi sono qui stabilito, ebbi a sperimentare la benevolenza di persone, alle quali non mi sarà mai possibile di rendere il contraccambio; ed ho ricevuto grazie innumerevoli da Dio, il quale è troppo infinitamente a noi superiore, perchè lo possiamo rimeritare. Il bene che alcuni uomini mi hanno fatto, io non posso renderlo che ai loro simili; e non mi è dato altrimenti mostrare a Dio riconoscenza, che coll'essere disposto sempre ad aiutare i suoi figli e miei fratelli. Giacchè io non credo che rendimenti di grazie e complimenti, ripetuti ogni settimana, possano surrogare i veri obblighi che abbiamo di prestarci sempre gli uni a beneficio degli altri; e molto meno possano bastare dinanzi al nostro creatore. L'idea ch'io mi faccio delle opere buone, vi proverà che sono lungi dal credere che debbano essere sufficienti a meritarmi la gloria del cielo. Noi intendiamo per cielo uno stato di felicità, di grado infinito, di eterna durata; e io sono incapace di far cosa che mi meriti una tanta ricompensa. L'uomo che per un sorso d'acqua somministrato a chi ha sete, si aspettasse in ricambio un bel podere, avrebbe una modesta speranza a petto di coloro che credòno meritarsi il cielo pel poco bene che possono fare sulla terra. Gli stessi piaceri di cui godiamo in questa vita, tuttochè imperfetti e misti di amarezze, ci vengono dalla bontà divina, piuttosto che dai nostri meriti; quanto più dunque sarà ciò della felicità celeste! In quanto a me, non ho nè la vanità di credere che valga ad ottenerla, nè la follía di sperarla, nè l'ambizione di desiderarla; io mi sottometto al volere e alla disposizione di quel Dio che mi ha creato, che mi ha conservato fin ora, che mi ha fatto prosperare; la paterna sua bontà mi affida che non vorrà mai rendermi infelice, e che le stesse afflizioni che mi fossero preparate, saranno volte al mio bene.

La fede della quale voi parlate, è indubitabilmente utile agli uomini; io non vorrei certo vederla scemarsi, nè fare in nessun modo che per cagion mia altri avesse a diminuirla; ma desidererei vederla dare origine a buone opere molto più che non soglia; intendo a vere opere buone: opere cioè di benevolenza, di carità, di pietà, di spirito pubblico; e non solo di osservanza della domenica, di lettura, di prediche ascoltate, di cerimonie religiose, di lunghe preghiere zeppe di lusinghe e di complimenti che muoverebbero a sdegno un uomo saggio, e che molto meno pertanto si convengono alla divinità. Il culto di Dio è un dovere, leggere e ascoltar prediche può esser utile; ma accontentarsi di ascoltare, di pregare, come tanti fanno, è un somigliare a un albero che si credesse utile perchè viene annaffiato, e che produce foglie in quantità ma punto frutti.

Il vostro gran Maestro faceva assai minore stima di queste apparenze e di queste professioni esteriori, che non fanno oggi i suoi discepoli; preferiva coloro che *mandano ad effetto* la parola, a coloro che solo l'*ascoltano*. Il figlio che faceva mostra di non ubbidire al padre, ma che in realtà ne osservava i comandi, gli era più grato assai di quello che ostentava sommissione ma senza pensare a darne prova. Preferiva l'eretico ma caritatevole Samaritano, al Sacerdote ortodosso, al Levita consacrato, che mancavano di carità! Proclamava che nell'ultimo giorno saranno del novero degli eletti coloro che, pur anche avendo ignorato il nome suo, avranno però dato mangiare agli affamati, bere agli assetati, vestiti gl'ignudi, ricettati i pellegrini, assistiti gl'infermi; mentre quelli che gridano: Signore! Signore! che si credono giusti per la fede che hanno, fosse anche tale da potere operare miracoli, ma che non curano le buone opere, saranno riprovati. Egli annunciava che non veniva a chiamare i giusti, ma i peccatori acciocchè si ravvedessero: dando così a conoscere che credeva vi fossero allora degli uomini tanto virtuosi, da non aver bisogno neppure della parola del Cristo per migliorarsi; mentre oggi non v'ha pastore, per insignificante che sia, il quale non istimi essere dovere di ciascun suo parrocchiano di mettersi all'ombra del suo piccolo ministero, e che non facendolo si offende Iddio.

A costoro io auguro maggiore umiltà, e a voi salute e contentezza; giacchè sono il vostro amico e servitore

B. F.

Alla Signorina Caterina Ray, a Black Island.

Filadelfia, 4 marzo 1755.

CARA CATERINETTA.

Mi giunge ora la vostra cara lettera del 20 gennaio; e mi affretto a rispondere. Godo sommamente della notizia che voi siate giunta a casa sana e salva, lo stesso giorno della partenza; mi pareva che ci fossimo troppo avventurati, quando vi ho veduta entrar in mare, in una barchetta, cullata dalle onde. Ma vi muoveva una causa troppo forte e giusta; un padre infermo. Io, restato sulla spiaggia, vi seguitai cogli occhi, fino a che non mi fu possibile più di scorgervi, neppure col cannocchiale; allora me ne ritornai e m'aggiunsi a vostra sorella, che pregava, affinchè il vostro tragitto fosse felice. Verso sera tutti credevano concordemente che dovevate essere arrivata, avendo avuto vento favorevole: questo pensiero mi ha ridata la mia serenità, perchè davvero non era stato tranquillo intorno alla vostra gita.

Io ho lasciato la Nuova Inghilterra lentamente e con dispiacere. Per ben tre o quattro settimane si è potuto vedere dalle mie giterelle qua e là, dalle visite che mi arrestava a fare lungo il cammino, quanto mi dolesse di uscire dal paese dove nacqui, dove passai i miei primi e più felici giorni, e dove, aspettato da cuori tanto teneri e affezionati, aveva ricevuta la più benevola accoglienza. Aveva costà quasi dimenticato di aver io pure un mio *focolare;* e non me n'è sovvenuto che a mezza via, dopo che ad uno ad uno ebbi lasciato tutti i miei amici della Nuova Inghilterra, e mi trovai sulla frontiera del Connecticut, fra gente straniera. Allora, come un vecchio che, seppelliti quanti amava al mondo, comincia a pensare al cielo, sono ricorso colla mente a quel mio focolare, tutto desideroso di rivederlo. Più me gli avvicinava, e più forte si faceva l'attrazione: e in ragione dell'impazienza aumentavano anche il mio ardore e la celerità. Correva, e fui tanto rapido, che pochi giorni bastarono a ricondurmi alla mia casa, alle braccia della mia buona vecchia moglie, e de'miei figli: ed è qui che, grazie a Dio, ora mi trovo in buona salute e felice.

Gl'ipocondriaci non amano il vento di Nord-Est, che dicono aumentare i loro incomodi; ma in quanto a me, dopo che voi m'avete promesso di mandarmi i vostri baci su quel vento, siccome vi credo fedele a una parola data, trovo che questo è il più piacevole che possa spirare, e mi mette di buon umore. Vi scrivo mentre appunto soffia una bufera da Nord Est, carica di neve; è la maggior burrasca che abbiamo provata in quest'inverno; e i vostri favori mi giungono misti a fiocchi di neve, puri come la vostra verginale innocenza, bianchi come il vostro bel seno, e freddi del pari. Possa un giorno codesto seno scaldarsi per qualche degno giovane, e Dio benedirvi entrambi, e compartirvi ogni bene.

Credetemi, cara figliuola, vostro affezionatissimo e fedele amico, e vostro umile servitore

B. F.

Alla stessa.

Filadelfia, 11 settembre 1755.

Dico addio agli affari, per un'ora almeno; chè voglio chiacchierare un poco colla mia Caterinetta.

Cara figliuola, ho qui sulla tavola tre delle vostre lettere, del 3 marzo, del 30 marzo, del 1° maggio. La prima l'ho ricevuta mentre partiva per un lungo viaggio; le altre due giunsero nella mia assenza, durata quasi sei settimane. Dopo il mio ritorno poi, molti e vari pubblici affari m'hanno talmente occupato, che non mi fu possibile di attendere giornalmente alle mie corrispondenze private, anche a quelle che mi danno maggior diletto.

Nell'ultima vostra mi chiedete della mia salute, e di ciò che faccio, e se tutti mi amano ancora, e come mi riesca di farmi così da tutti benvolere.

Alla prima domanda posso rispondere che, grazie a Dio, non sono mai stato così bene. Mi è dato ancora di godere di tutti quei piaceri della vita che un uomo sobrio può ragionevolmente desiderare, e ho la felicità di potermeli senza stento alcuno procurare. Questo felice stato durerà fino che a Dio piacerà; Egli conosce quello che conviene alle sue creature, e spero che se giudica necessario di mandarmi qualche sinistro, mi darà insieme anche la forza di sopportarlo con pazienza e rispettosa sommissione.

In quanto alla seconda domanda, vi confesso (ma non siatene gelosa), che il numero di coloro che mi vogliono bene si è fatto ora anche maggiore; perchè dopo l'ultima volta che noi ci siamo veduti, ho avuto l'opportunità di rendere qualche servigio al paese ed all'esercito; dai quali fui molto ringraziato e lodato, e m'ebbi dichiarazioni di amicizia. Dicono d'amarmi, come voi pure dicevate; ma se forse chiedessi loro qualche favore, sarebbero altrettanto pronti a rifiutarmelo; di maniera che da tutto questo amore io non cavo un utile reale: però mi fa piacere.

Sono già quattro mesi che non vedo un vostro rigo, ma non ho diritto di lagnarmene, essendo mia la colpa. Io vi sono debitore di tre o quattro lettere; e non vedendomi compiere il debito, non ponete più fiducia in me ; e non so darvi torto. Ma, credetemi, io sono un onest'uomo, e se non vi ripago sufficientemente, vi farò vedere però che tengo con tutta esattezza i miei conti. Ma vi scrivessi anche ad ogni corriere; si dovrebbe dire per questo che io rendo quanto vi devo? Il piacere che a me porta una vostra lettera, è certamente maggiore di quello che potranno dare a voi due delle mie. Tutto concorre a sempre più dilettarmi: gli aneddotini, le storielle de' nostri amici, i ritratti così naturali che sapete fare delle persone, le vostre osservazioni sempre giuste, il modo facile, famigliare col quale parlate di ogni cosa; tutto ciò mi riconduce nella memoria le ore e le miglia, durante le quali noi conversammo insieme, con tanta amenità; quantunque si viaggiasse, e fosse d'inverno, per una cattiva strada, e sotto una pioggia che c'infradiciava fino alle ossa.

Vorrei che mi diceste se siete restata nel vostro monastero, [1] o rientrata nel mondo a farvi le solite stragi di cuori. E come stanno le signore Ward? Se n'è maritata qualcuna; o almeno ve n'ha che sia presso a farlo? Che avviene di M. B. e di M. L., e in quale condizione si trova presentemente il vostro cuore? Ma codesto forse io non devo saperlo; e non vi scongiurerò pertanto, come voi asserite che qualche volta io faccio. Se potessi scongiurarvi, vorrei piuttosto cavare da voi, quale sia la *più strana domanda che mai venne immaginata sul conto mio*; e che mi dite avere a voi fatta una Signora.

Approvo le prudenti vostre determinazioni, sull'articolo de' favori che sia conveniente di accordare agli amanti; però se io vi corteggiassi, sarei probabilmente di altro avviso.

Vi mando qui incluse le canzoni che avete desiderato, e la vostra lettera spagnuola colla sua traduzione. Io stimo codesto bravo Spagnuolo, che mostra di avere buon gusto e retto giudizio, se vi ama; ma non dovete pensare a lui; è la felicità di un degno giovane Inglese che vi corre debito di fare.

È lungo il filo da voi filato: cinque miglia e più; si potrebbe tendere da qui a Black Island; e io vorrei averne

---

[1] Credo che non parli di un vero monastero, perchè la Caterina Ray, a quanto sembra, non era cattolica. Probabilmente intende di qualche luogo romito.

fra le dita un capo, per attirarvi a me. Ma voi sareste capace di romperlo, piuttosto che di seguirlo. Le funi dell'amore e dell'amicizia sono più lunghe e più forti. Vi fu un tempo che hanno tirato me da un punto ben più lontano; mi hanno ricondotto dall'Inghilterra a Filadelfia. Io voglio sperare che una corda di questa qualità, un qualche giorno, tirerà voi fuori di quella vostra isola.

La roba mandataci fu molto aggradita: gli Irlandesi che l'hanno veduta, dicono che è della migliore qualità; noi qui non abbiamo nulla di simile. I caci, uno in ispecie, erano eccellenti; ne hanno mangiato tutti i nostri amici, e convengono unanimemente che vincono quanti caci inglesi conoscono. La signora Franklin era superba che una signorina mostrasse con questo regalo di darsi tanto pensiero del suo vecchio marito. Ogni volta che la roba torna in tavola, si parla di voi; e mia moglie dice che voi siete di certo una giovane d'ottimo cuore, e una perfetta massaia; e si propone di lasciarvi in testamento la mia persona: ma io vi auguro miglior marito, e anche spero che mia moglie camperà un secolo; perchè noi siamo invecchiati insieme, di maniera che se ella ha qualche difetto, io per la lunga abitudine non me ne accorgo, come dice la canzone:

« Tutti abbiamo dei difetti, e la mia Giovanna non ne è senza; ma sono estremamente piccoli, ed ora che ci ho fatta l'abitudine più non li vedo. »

Davvero ch'ella mi sembra non aver difetti; e penso lo stesso anche di voi; e poich'ella acconsente che io vi voglia quanto bene voi da me volete accettare, uniamoci per augurare alla cara vecchia lunga e prospera vita.

Credetemi, figliuola mia, ec.

B. F.

PS. — Sally mi dice: « Babbo, mi saluti teneramente la mia signora Catterinetta. » Se non fosse poco ragionevole, vi pregherei di scrivermi ad ogni corriere, ricevendo o no mie lettere. In quanto alla vostra ortografia, non datevi pensiero di ciò che ne giudichino codeste signorine, alle quali piace di ridere: è la migliore possibile, perchè ogni lettera vi fa un qualche ufficio.

A Guglielmo Parsons.[1]

Difesa delle frontiere.

Filadelfia, 15 dicembre 1755.

CARO AMICO.

Abbiamo avuta la vostra del 13. Voi di certo avrete a quest'ora le armi, le munizioni, le coperte, ec. che vi furono mandate per formare una compagnia di bersaglieri. Usatene per difendere la città fino al nostro giungere. Diman l'altro partirà con cinquanta uomini il capitano Trump, d'Upper Dublin, per venire in vostro aiuto. Hanno con sè le loro provvigioni, e non saranno un peso per voi. Fu dato ordine ai capitani Astow e Wayne di mettersi in marcia subito, coi loro uomini: resteranno due o tre mesi sulle vostre frontiere; dopo di che altri verranno in loro luogo.

Giovedì partiremo, io e il signor Hamilton, per venire costà e costruirvi dei *block-houses* nei luoghi opportuni; e voi sceglietevi intanto degli ufficiali capaci di arruolare e comandare gli uomini assoldati dalla provincia, giacchè il signor Hamilton non vi conosce, e io non ho nessuno da raccomandare. Egli porterà seco dei brevetti in bianco. Vi mando con questa lettera trenta sterline per comperare farina e carni per quei poveri fuggitivi che si ripareranno fra voi. Coraggio, e che Dio vi assista: i nostri amici non vi abbandoneranno mai.

Sono tutto vostro

B. F.

Alla Signora Debora Franklin.

Gnadenhut, 25 gennaio 1756.

MIA CARISSIMA.

Fanno oggi otto giorni che noi siamo qua; e io vi ho scritto non appena giunto, e un'altra volta di poi. Noi, grazie a Dio, si continua a star bene tutti: il cattivo tempo

---

[1] Fu dei primi membri della *Junto*.

ci ha dato impaccio, pure il nostro forte è già capace di
difesa, e ogni giorno più la nostra vita si fa comportabile.
Alzeremo due altri forti, a destra e a manca di questo, alla
distanza di circa quindici miglia : spero vederli fatti in otto
o dieci giorni ; e allora ho intenzione di dire addio alla
guerra, e tornarmene a casa mia.

Il vostro arrosto di bue vi so dir io che ebbe accoglienze
molto liete ; oggi daremo l' assalto al vitello arrosto : tutti
ripetono che non hanno mangiato mai carni migliori. Codesti signori cittadini che si trovano sulla tavola ogni giorno
ben disposto e fumante il desinare, non sanno cosa sia un
buon pasto. Per saperne qualche cosa, fa mestieri mangiarlo
in una sala distante ottanta miglia dalla cucina.

Anche le mele furono festeggiate ; e nulla di meglio dopo
il porco salato : non abbiamo avuto ancora i pasticci, ma
credo che li troveremo nel convoglio che si attende per
martedì da Bethlehem : la conserva di capelvenere è ottima ;
ma siccome non v' è ancora nessuno di noi preso da raffred-
dore, non l'abbiamo che assaggiata.

In quanto al nostro accampamento, non manca di qualche comodità : dormiamo in letti di piume, fatti con tavole
di pino, sotto buone coperte ; e ci troviamo così molto meglio che non si fu all' albergo, dove passammo la prima
notte della nostra prima tappa. La fante ci voleva stendere
ne' letti lenzuola molto umide ; la pregammo di esporli prima all' aria, perchè si asciugassero ; e una mezz'ora dopo
venne a dirci che i letti erano fatti, e le lenzuola state al-
l' aria. Mi corico ; ma tosto balzo di nuovo dal letto, perchè
sento quelle lenzuola fredde come la morte. La donna aveva
creduto di farie asciugare, stendendole all' aria sulla siepe.
Mi fu forza vestirmi del cappotto e delle brache di panno.
Il resto del letto poi era schifosamente sudicio.

Siccome spero d' essere fra non molto con voi e con tutta
la famiglia, dove potrò cicalare a mia posta, per ora non
aggiungo altro, se non che, mia cara Debora, sono il vostro
affezionatissimo marito

B. F.

Ad un Amico.

Gnadenhut, 25 gennaio 1756.

CARO SIGNORE.

La sera del giorno stesso che vi abbiamo lasciato, ci fu possibile di raggiungere Hays, e sulla strada abbiamo fatta la rassegna della Compagnia di Craig. Gran parte del mattino dipoi la impiegammo nel sostituire buone armi alle nostre cattive. Essendosi a noi unita la Compagnia Wayne, alla sera abbiamo raggiunta quella d'Uplinger; e trovato da acquartierarci bene. Sabato mattino ci siamo messi in via per andare a Gnadenhut; ma dopo fatte due miglia, vedendo che la giornata minacciava d'essere tutta piovosa, e i nostri uomini non avevano cappotto, e' in generale non sapevano preservare le armi dall'umidità, abbiamo giudicato bene di far retrofronte e ritornare ai primi quartieri; dove ci siamo asciugati bene e abbiamo dormito al caldo. Se si fosse continuata la marcia, si giungeva a Gnadenhut fradici, e forse non vi avremmo trovato da ripararci ed asciugarci. Del resto, piovve tutta la giornata, e noi fummo ben contenti d'esserci fermati.

All'indomani, ch'era domenica, ci siamo rimessi in via, e siamo giunti qui verso le due pomeridiane; e già prima delle cinque avevamo circondato il nostro campo d'un buon parapetto a prova di fucile; e fatteci delle capanne colle tavole che d'ordine mio c'erano state mandate dalla sega di Dunker.

Il lunedì fu nebbiosissimo tutto; talmente che noi non abbiamo potuto scegliere il posto dove costruire il forte, nè andare in cerca dei materiali. Il martedì fu meno annebbiato, e s'è determinato il posto, e tracciato il forte sul suolo: alle tre pomeridiane tutti i pali erano tagliati, molti già tratti sul luogo dove s'avevano da usare; s'era scavata la fossa nella quale saranno confitti per bene tre piedi; e non pochi anche erano stati appuntati, e messi al loro posto. All'indomani per la pioggia fu interrotta la nostr'opera quasi tutto il giorno; al giovedì si riprese, e prima di notte eravamo del tutto ricinti; venerdì mattina la palizzata venne finita, e le si fece internamente una parte della piattaforma, di cui fu fatto il resto nel giorno appresso. Ciò fatto, lasciammo partire le compagnie Foulke e Wetherhold, e spedimmo Hays a cercarci un convoglio di provvigioni. Questo stesso giorno inalberammo la nostra bandiera, e sparammo tutti i fucili, che da troppo tempo erano carichi, non che le due colubrine. Il forte fu battezzato *Allen*, in onore del nostro vecchio amico: è lungo centoventicinque piedi, largo cinquanta, i pali della palizzata hanno la grossezza di un piede, sono sotterra tre, sopravanzano dodici; ed hanno l'estremità esterna appuntata.

Queste furono le nostre fatiche della settimana; ve le ho scritte, pensando che vi sarebbe piaciuto d'esserne informato. Foulke è andato ad erigere un forte tra questo nostro e quello di Schuylkill; spero che in un otto o dieci giorni l'avrà terminato, e che allora sarà ritornato Hays. Manderò un altro distaccamento a fare altro forte a Sufass, e spero che sarà terminato in un tempo non maggiore di quello che abbiamo speso per il primo; e con quest'opera io credo che avrà fine la mia campagna, se Dio lo vuole; e ritornando potrò rivedervi.

Non ho più altro a dirvi, se non che sono con grande stima ed affetto, ec.

B. F.

Alla signorina E. Hubbard.

Intorno alla morte del proprio fratello Giovanni Franklin.[1]

Filadelfia, 23 febbraio 1756.

Il mio cuore è con voi; abbiamo perduto un parente caro e prezioso: ma così vuole Iddio; ne fa d'uopo svestire questo corpo mortale, quando l'anima sta per entrare nella vera vita. Quella che in terra viviamo non è che uno stato embrionario, una preparazione all'esistenza. Non si è pienamente nati, se non dopo la morte; e perchè dunque deso-

----

[1] Giovanni Franklin, morto a Boston, in età di sessantacinque anni, era patrigno della signorina Hubbard.

larci, se fra gl'immortali è comparso un neonato, se un nuovo membro si aggiunse alla loro beata famiglia?

Noi siamo spiriti: la bontà, la benevolenza divina ci prestano un corpo, finchè possa questa fascia di materia darci piacere, assisterci nell'acquisto del sapere, o nel fare del bene ai nostri simili. Ma quando questo corpo si è fatto impotente a servirci, è causa di pene anzichè di diletti, e più non corrisponde al fine pel quale ci è stato dato; non è un dono benevolo, un pegno della bontà divina il mezzo di liberarsene? E questo mezzo è la morte. Noi stessi in certi casi ci procuriamo prudentemente una morte parziale; noi ci facciamo tagliare un membro mutilato che ci fa patire e non potrebbe guarire; colui che si cava un dente, se lo allontana volentieri, perchè nell'atto stesso allontana anche il dolore che gli cagionava; e colui ch'esce dal suo corpo, si libera in un tratto da ogni pena, da tutti i rischi di patimenti e di malattie a cui trovavasi esposto, e che gli avrebbero apportato sofferenze.

Eravamo invitati col nostro amico a una festa in cielo, che durerà per sempre. La carrozza dell'amico è venuta prima, ed egli s'è avviato innanzi a noi; non sarebbe conveniente di andarvi tutt'insieme. Ma perchè affliggersi se fra poco gli terremo dietro, certi di ritrovarlo? Addio.

B. F.

Alla Signora Debora Franklin.

Easton, 18 novembre 1756.

Mia Carissima.

Pochi giorni fa io vi ho scritto e mandato un messaggiero speciale, al quale aveva consegnate lettere per tutte le nostre mogli e le nostre belle; confidava che mi avrebbe riportato vostre notizie, e i giornali del Nord e le lettere d'Inghilterra; ma egli giunge, e non ha la minima lettera per noi, poveri diavoli. Io era perciò determinato a non iscrivervi con questo corriere, ma non so tener broncio quanto dovrei, neppure colle occasioni le più favorevoli. Il messaggiere m'assicura di avervi portate le lettere a casa;

e dice che vi ha veduta di poi in casa del signor Duchè, vi ha informata del giorno della sua partenza, e che abitava da Honey, proprio vicino a voi; nulladimeno voi non m'avete scritto! Faremo giudicare anche questa volta la vostra condotta da Goody Smith, [1] e ch'ella pronunci quale debba essere la vostra pena. Intanto io mi guarderò bene di dirvi che stiamo tutti ottimamente di salute, e che contiamo di ritornare verso la metà della settimana: no, non vi manderò la più breve notizia di noi; accada che può.

I miei doveri alla madre, i miei teneri saluti ai figli e alle signorine Betsey e Gracy, ecc. Vostro marito che pure *vi ama*

B. F.

PS. — Ho cancellato tutte le parole amorose, perchè le aveva scritte per errore; la fretta mi aveva fatto dimenticare d'essere in collera.

Alla Signora Debora Franklin.

Nell'andare a New York, affine d'imbarcarsi per l'Inghilterra.

Trenton, 5 aprile 1757.

MIA CARISSIMA.

Noi abbiamo trovato le strade migliori che non ci aspettavamo, e siamo qui giunti felicemente prima di notte. La carrozza del mio buon amico signor Griffith non aveva le ruote molto forti; accettai perciò l'offerta gentilissima del signor Master, e meno meco la sua carrozza, mentr'egli ritorna con quella di Griffith. Fummo accompagnati fin qui da una dozzina di amici, che volevano vederci uscire dalla provincia; e s'è tutt'insieme passata una sera molto piacevolmente. Nel lasciare casa mia per un così lungo viaggio, io mi sento animoso, per la grande fiducia che ripongo nella prudenza colla quale voi saprete condurre istessamente tutte le nostre faccende, e attendere all'edu-

---

[1] Goody Smith era la loro fantesca.

cazione del caro nostro figliuolo: tuttavia questo caro non posso a meno di raccomandarvelo nuovamente con tutta la tenerezza paterna. Salutatemi di nuovo tutti gli amici. Se le strade continuano ad essere quali furono fin qui, per questa sera saremo a Woodbridge. Credo di non essermi accomiatato dal signor Dunlop; salutatemelo caramente. Billy[1] fa i suoi rispetti e saluti a tutti quanti.

Sono il marito vostro affezionato

B. F.

Alla Signora Giovanna Mecom.

Rispetto ai vecchi.

New York, 19 aprile 1757.

CARA SORELLA.

Ieri v' ho scritto, ma dimenticando di rispondervi intorno a nostra sorella Dowse. Siccome i vecchi trovano la maggior dolcezza della loro vita *nel mantenimento delle loro abitudini,* io credo che sia debito de' loro parenti ed amici di compiacerli in questo, come in ogni altra cosa. Quando un vecchio è vissuto lungamente in una casa, questa gli diventa necessaria; ne ha bisogno come la tartaruga del suo guscio, dal quale togliendola la uccidete. Persone ed alberi, quando sono vecchi, a spostarli v' è da scommettere dieci contro uno che periscono: non date dunque più di queste noie alla nostra buona vecchia sorella. Pensate che invecchiamo noi pure, e che avremo bisogno delle stesse accondiscendenze; usiamole a lei, per avere poi il diritto di reclamarle per noi, alla nostra volta.

In quanto a quelle poche belle cose ch' ella possiede, credo che ha ragione di non le voler vendere, pel motivo che ne adduce, cioè che questa vendita non produrrebbe gran che. Una volta spesa la somma ritrattane, le belle cose che avrebbe ceduto naturalmente non le gioverebbero più a nulla; mentre la speranza di averle un giorno per eredità può rendere tenera ed attenta la persona che la serve, per

---

[1] Intende di Guglielmo suo figlio.

dieci volte il loro valore. Così essendo, il non volersi spropriare di questi oggetti è dunque il modo di farne l'uso migliore.

Sperò che voi andrete a visitare la nostra sorella quante volte vi sarà possibile, e l'assisterete e le procurerete i comodi tutti che può desiderare il presente suo stato. Ella è abbastanza afflitta, *vecchia povera e inferma;* che non s'aggiunga a tanta miseria anche la *negligenza* e l'*indifferenza* de' suoi. Nella condizione in cui trovasi la sorella nostra, le persone a volte si credono neglette anche senza esserlo veramente; convien dunque che noi procuriamo di evitare non solo la *realtà,* ma sì anche le *apparenze.* Scrivo con questo corriere al cugino Guglielmo, raccomandandogli di non scemare le affettuose sue cure; e lo farà, ne sono certo.

Credesi che metteremo alla vela fra otto giorni; non ispero dunque più di avere vostre notizie su questa riva dell'Atlantico; ma scrivetemi qualche volta di tempo in tempo a Londra, finchè vi farò dimora. È facile che vi debba restare un anno intero. Ricapitate le vostre lettere *al Caffè della Pensilvania, Birchin Lane, Londra.* Saluti amorevoli a tutti, da parte dell'affezionato vostro fratello

B. F.

PS. — 25 aprile. Noi siamo qui ancora, e forse per altri otto giorni: per cui di nuovo addio, cara sorella.

Alla stessa.

Affari di famiglia. — Regole di condotta.

New York, 30 maggio 1757.

CARA SORELLA.

Ho qui dinanzi le vostre del 9 e 16 corrente; sono lieto di sapere che siate determinata a visitare più di frequente la nostra sorella Dowse; sarà per lei un grande conforto di vedere che non la trascurate, e il vostro esempio forse verrà seguito da qualche altro suo parente.

Io spero che Neddy, giovane tuttora, vincerà il males-

sere del quale si lamenta; fategli i miei saluti, come pure
a sua moglie e agli altri vostri figli. Godo sentire ch'Eben
sarà presto stabilito nel suo commercio; se vorrà essere
attivo ed economo, v'è da scommettere che farà fortuna;
perchè cervello e abilità non gliene mancano.

È una bella cosa che Pietro conosca così bene come
debba esser fatto il *savon-couronne,* da saperne fabbricare
dell'ottimo. Spero che vi metterà sempre ogni cura, senza
mai voler ingannare coll'apparenza. Così facendolo, che vi
metta arditamente il suo nome e la sua marca, e in breve
tempo sarà stimato come lo era suo zio,[1] o come può essere
qualunque altro miglior fabbricatore. Credo che la sua zia
di Filadelfia[2] potrà esitargliene molto, e non dubito che
sarà per fare quanto è in suo potere, affine di giovargli
per questa via. Le mandi adunque una cassa di sapone
(ma che sia dell'eccellente), ed ella gliene spedirà subito
il prezzo, con denaro contante. Questo sapone cominciava
a prender voga in Filadelfia, quando mio fratello Giovanni
avendomene mandato una qualità inferiore, ne ruinò il
traffico.

Non vorrei che Pietro segnasse questo sapone collo
stemma dei Franklin; ma in quanto a quello de' saponai,
faccia pure come crede, chè ne è buon padrone. Se mettesse lo stemma dei Franklin, avrebbe l'apparenza di voler
fare una falsificazione; ma ne' suoi annunzi potrà dire che,
sebbene abbia la ricetta dell'inventore, intende stampare
sugli involti la propria marca o la sua insegna; in quanto
al sapone, poichè si chiama *savon-couronne,* sembra necessario che porti un segno significativo, e forse in tutte le
terre del Re non v'ha saponaio che abbia maggior diritto
di Pietro ad una corona.

Nessuno m'ha scritto dell'uso che Pietro ha fatto del
martello dei Franklin, nessuno si è lamentato con me nè di
lui nè di voi; tuttavia mi dispiace che si sia appropriata
questa marca senza averne il permesso. Non fu cosa regolare, e se voi non l'aveste approvata, direi che non vi è
stata discrezione ad agire in questo modo. *Il permettere* è

---

[1] Giovanni Franklin, fratello di Beniamino, era fabbricatore di sapone;
e morto lui, la sua vedova ne continuava il commercio.
[2] Cioè Debora Franklin.

facile, si dice; e sembrami che per rispetto alla zia[1] egli doveva chiederle questo permesso, e non credo che glielo avrebbe negato.

Godo sentire che Johnny s'è fatto un operaio così buono e diligente. Se un giorno mai avrà negozio d'orefice si ricordi esservi una qualità senza la quale, in quest'industria segnatamente, non si fanno buoni affari, voglio dire una *onestà di coppella*. È un commercio che per quanto uno lo conduca con onoratezza, è sempre esposto a cadere in sospetto;[2] e la più piccola frode che vi si commetta, è tosto resa nota, e tutti si guardano dall'accusato; dal quale più nessuno andrà a fare acquisti; nè più vi sarà chi voglia affidargli la propria argenteria; e così colui è ruinato in un colpo. Io dunque spero che mio nipote si farà un nome d'onesto e fedele mercante, non meno che d'abile artista; e ottenuto ciò, non pensi, chè la bottega gli si avvierà bene.

Veniamo ora alla dimanda che mi fate per Benny.[3] Credo che, come voi dite, abbia le qualità volute; e venuto il tempo di procacciargli impiego, se vi sarà posto vacante, è probabilissimo che si pensi a lui per impiegarlo; ma io ho per regola di non ismuovere mai un impiegato che fa bene il fatto suo, che tiene come deve i suoi registri e paga esattamente; e credo questa regola ragionevole e giusta. Io non sarò mai lento a giovare a Benny, quando potrò farlo senza altrui danno: ma se i miei parenti mi chiedono di servire non solo ai loro desiderii, ma sì anche ai loro risentimenti vogliono troppo. Io poi detesto più d'ogni altra cosa le discordie di famiglia, e quando ne vedo fra' miei ne sono dolentissimo. Poss'io farmi giudice delle stizze che ardono fra voi e la vedova e i figli di nostro fratello? Così lontano potrei farlo, segnatamente che una parte sola m'ha fatto sentire i suoi reclami? Coloro mi furono sempre cortesi e amichevoli, non meno di voi: or bene, che posso io dire a voi tutti, se non che desidero vedervi riconciliati, e che la parte che io amerò di più sarà quella che per la prima dimenticherà ogni rancore, e si farà l'altra amica?

Voi non amerete vedervi messa da me a parì con co-

---

[1] La vedova di Giovanni Franklin.

[2] Non v'era per gli orefici nelle colonie nè sindacato nè garanzia pubblica.

[3] Un ufficio di posta.

loro; nulladimeno, cara sorella, ciò non iscema quell' affezione colla quale mi dico, il vostro fratello

B. F.

Alla Signora Debora Franklin.

New York, 2 giugno 1757.

MIA CARISSIMA.

Ho ricevuto la vostra del 29. Non mi dite se avete portato via con voi il baule dei libri; ma credo bene che
l' avrete fatto. Dicono che domani saliremo a bordo, per
mettere alle vele; Dio lo voglia, perchè qui, ozioso come
mi trovo, io m' annoio molto. Riveritemi la signora Moore
e assicuratela che mi darò pensiero delle sue lettere. Troverete diversi pacchetti venuti da Londra, alcuni per la
Biblioteca, altri per il signor Bartron. Mandateli al loro
indirizzo, se non l' avete già fatto. Pregate il signor Nor-
mandy di mandarmi un' altra lista di quello che desidera,
perchè il signor Collinson ha perduto la prima.

Spero che la cara Sally non vi darà che consolazioni, e
che penserà alla sua istruzione e a sempre meglio ador-
narsi lo spirito. La mia assenza renderà più tranquilla la
casa, voi avrete meno da fare; e vi avanzerà dunque maggior tempo per attendere ad ammaestrarla. Prego Dio che
vi benedica entrambe, e che ci conceda un giorno di felicemente riunirci. Ch' Egli vi preservi, vi custodisca e vi
guidi.

È probabile che le prossime vostre lettere non ci troveranno qui. Billy fa con me saluti cordiali a tutti i nostri
amici; vi manda i suoi rispetti, e la sua tenerezza alla
sorellina. Procurerò di scrivervi ancora una volta, prima
di entrar in mare: sono, come sempre, mia carissima, il
vostro affezionato marito

B. F.

Nelle varie Accademie, delle quali il dottor Franklin era membro, fu naturalmente letto il suo elogio. La Società Filosofica Americana diede incarico di tesserlo al dottor Guglielmo Smith di Filadelfia; il quale avendo richiesto T. Jefferson, succeduto a Franklin nella qualità di ministro degli Stati Uniti alla Corte di Francia, che gli fornisse egli pure notizie da potersene giovare pel detto elogio; n'ebbe in risposta una lettera, che ci parve bello ed opportuno di qui riportare.

Adempio non solo a un dovere, ma ben anche a un mio voto, comunicandovi, secondo me ne avete fatto richiesta, quelle particolari notizie per le quali io possa contribuire a render giustizia alla memoria del nostro grande concittadino, il dottor Franklin; col quale si estinse uno de' maggiori luminari della Filosofia. Ma l'opportunità ch'io ebbi di conoscere i fatti più interessanti della sua vita, non fu eguale al desiderio che avrei di renderli noti.

Io solo posso adunque attestare in generale, che mi parve in Francia fosse portato maggior rispetto e venerazione al carattere del dottor Franklin, che non a quello d'ogni altro qualunque personaggio, del regno o straniero; ed ebbi occasioni speciali di poter conoscere quanto questi sentimenti fossero divisi dagli ambasciatori e dai ministri che erano alla Corte di Versailles. La favola ch'egli fosse stato preso dagli Algerini, propagata dai giornali inglesi, non produsse alcun effetto qui, essendosi indovinato subito a quale scopo era stata immaginata; ma nulla può dare idea dell'ansietà cagionata nel corpo diplomatico, da una voce che in seguito corse della morte di lui, la quale, quantunque fosse prematura, nulladimeno aveva molt'apparenza di autenticità.

I ministri francesi ammiravano non meno i suoi talenti che la sua integrità. Il conte di Vergennes, in ispecial modo, mi diede iterate e chiarissime prove dell'intera confidenza che in lui riponeva.[1]

Quando il dottore lasciò Passy, si sarebbe detto che il villaggio perdeva il suo patriarca. Si congedò dalla Corte per iscritto, e il re diede ordine che fosse assai complimentato da parte sua, e gli mandò inoltre muli e lettiga, solo mezzo di trasporto che la sua salute poteva comportare.

Il succedere poi al dottor Franklin presso la Corte francese, fu per me una vera scuola di umiltà; giacchè nelle diverse presentazioni che di me vi furono fatte, come di ministro d'America, la consueta domanda che udiva era: " *Dunque siete voi, signore, che venite in luogo del dottor Franklin?* " — Al che io generalmente rispondeva: — " Nessuno può venire in luogo di lui; io non ne sono che il successore. "

Qui potrei anche ripetervi assai di que' *bons mots* coi quali era uso condire la conversazione; chè molti io pure gliene ho sentiti dire; ma questi non si presterebbero al vostro bisogno; e fatti di gran momento non ne accaddero in quei nove mesi che io stetti in Francia, contemporaneamente a lui.

Poco prima del mio arrivo in questo regno, il signor Argand aveva inventata quella sua famosa lampada, nella quale la fiamma si forma in un cilindro vuoto, ed è così messa a contatto coll'aria dentro e fuori. Or bene, poco mancò che il dottor Franklin facesse la scoperta medesima prima di lui. Questa idea gli era venuta; ma s'era provato ad eseguirla con un pezzo di giunco, il quale non produsse l'effetto aspettato; ed egli, troppo occupato d'altre cose, non potè ripetere gli esperimenti e farli per guisa da introdurvi una colonna d'aria maggiore di quella che poteva passare pel giunco.

Intorno allo stesso tempo, il re di Francia gli diede una segnalata testimonianza di onore, aggiungendolo ad altri scienziati, dei più illustri del regno, per giudicare di quel fuoco fatuo della scienza che fu il magnetismo animale del maniaco Mesmer;[2] i pretesi effetti del quale avevano

---

[1] Jefferson era già stato mandato in Europa a negoziare trattati di commercio con Francia e Spagna, unitamente al dottor Franklin.

[2] Si noti quanto da Franklin e da Jefferson fosse tenuto in conto di ciurmatore quel Mesmer, che oggi ha negli Stati Uniti maggior numero di fanatici proseliti, che in ogni altra parte del globo.

stupefatto Parigi. Da Franklin e dai suoi colleghi, quel composto di frode· e di follia fu svelato, e ricevette il colpo di morte. Dopo di questo nulla di molto interessante fu veduto in pubblico, che spettasse alla scienza o alla politica, durante la sua dimora; mentr'egli era segnatamente occupato ad ordinare i suoi affari, e a preparare il ritorno in America.

Questa lieve offerta alla memoria del nostro grande e caro amico, che il tempo farà comparire sempre più grande, dev'essere da voi accettata con quello spirito di amore e venerazione verso di lui, col quale è fatta; e non commisurata al poco valore che avrebbe agli occhi di un mondo, il quale non aveva bisogno di queste briciole per completare la misura de' suoi meriti.

La sua morte fu un dolore che un giorno o l'altro ci era inevitabilmente riservato; mentre noi dobbiamo essere riconoscenti che ci sia stato così a lungo lasciato; che la più utile delle vite abbia avuta anche la maggior durata; che sia stata così protratta oltre al consueto dell'umana esistenza, da averci reso possibile di approfittare del suo senno e della sua virtù nello stabilire la nostra Libertà nell'occidente; e ch'egli abbia potuto gioire della vista di questa Libertà che spunta anche all'oriente; dove gli uomini finora sembravano aver tutto imparato, fuorchè *il modo di esser liberi.*

. T. JEFFERSON.

Parecchi editori della *Vita di Beniamino Franklin*, vi hanno aggiunto anche il suo testamento e un lungo codicillo; nei quali atti riflettesi di nuovo e così pienamente l'animo del nostro filosofo, che stimiamo noi pure opportuno di riprodurli; e qui saranno, per così esprimerci, le ultime pennellate del ritratto, che di sè stesso il venerando uomo ci tramanda.

TESTAMENTO

DI BENIAMINO FRANKLIN.

Io sottoscritto Beniamino Franklin, di Filadelfia, tipografo, ex ministro plenipotenziario degli Stati-Uniti alla Corte di Francia, ed ora Presidente dello Stato di Pensilvania, esprimo l'ultima mia volontà e faccio testamento nel modo che segue:

A mio figlio Guglielmo Franklin, già governatore di Jerseys, dono e lego tutte le terre da me possedute nella Nuova Scozia, perchè siano sue, de' suoi eredi, o di chi di ragione. Gli faccio dono di que' miei libri e delle mie carte che ha già in mano, e gli lascio per legato quanto a suo debito è registrato ne' miei conti; intendendo che i miei esecutori testamentari non abbiano a reclamarne da lui nè il pagamento, nè la restituzione. La condotta ch'egli tenne nell'ultima rivoluzione, e che è pubblicamente nota, spiegherà la ragione per cui non gli lascio una parte maggiore di un avere, di cui ha tentato spogliarmi.

Dopo il mio ritorno dalla Francia ho fatto demolire le tre case che stavano dinanzi a quella che ora abito, nella via del Mercato, fra la Terza e la Quarta strada; e su questo terreno ho costruito due nuove grandi case, un'altra l'ho fabbricata sul terreno che formava passaggio, e una quinta fra la mia abitazione e le due di contro; e faccio dono a mia figlia Sara Bache e a suo marito Riccardo Bache, affinchè ne godano durante la loro vita, della casa dove abito, delle tre case anzidette e della stamperia; e vi aggiungo anche la casetta della sesta via, che ho comperato dalla vedova Henmarsh, il prato e i fabbricati che possiedo in Hickory Lane, la mia casa a tramontana della via del Mercato, presentemente occupata da Maria Jacobs, colle due case e i terreni che le stanno dietro e che danno sul viottolone Pewter-Platter, il terreno e le fabbriche in Arch-Street, di contro al cimitero della chiesa, e infine l'argenteria, i quadri, e i mobili tutti della casa che abito. Dopo la morte dell'ultimo sopravvivente, passino tutti questi beni a tutti i figli nati o nascituri di mia figlia, e ai loro eredi o a chi di ragione.

Dono al mio genero Bache, a' suoi eredi, e a chi di ragione, tutte le terre vicino all'Ohio, e tutti i terreni posti nel centro di Filadelfia, che ultimamente ho comperato dallo Stato. Gli dono parimenti il credito che ho contro di lui, e che ammonta a lire sterline 2172 e 5 scellini, cogli interessi presenti e avvenire; e lo prego, in considerazione di questo legato, di affrancare, non appena avvenuta la mia morte, il suo negro Bob. Gli lascio altresì la somma che mi è dovuta dallo Stato della Virginia, per vendita fattagli di caratteri. E gli lascio pure tutti i miei istrumenti di musica.

Dono a mia figlia Sara Bache il ritratto del Re di Francia, circondato da quattrocento otto diamanti; [1] pregandola di non fare gioielli di questi diamanti, nè per sè stessa nè per le sue figlie, acciocchè non sia introdotta e fomentata nel nostro paese la moda di portarne, che è vana al pari che dispendiosa; la prego anche di non separare dal ritratto il primo cerchio di quei diamanti.

Dono e lego alla mia cara sorella Giovanna Mecom, a' suoi eredi e a chi di ragione, la casa e i terreni che possiedo in Unity-Street, a Boston, e che ora sono amministrati dal signor Gionata Williams. Lascio parimenti a mia sorella una rendita annua e vitalizia di cinquanta lire sterline, che le sarà pagata sul dividendo di dodici parti d'interesse nella Banca d'America, le quali ho comperato dopo il mio ritorno a Filadelfia. Alla morte della detta mia

---

[1] Dicesi che avessero il valore di cinquantamila franchi. Questo ritratto glielo mandò Luigi XVI, dopo che Franklin gli ebbe annunciata la sua partenza.

sorella, queste dodici parti d'interesse apparterranno a mia figlia Sara Bache e a suo marito Riccardo Bache. Ma è mio desiderio e mia volontà espressa, che di questi dividendi possa la detta mia figlia disporre pel suo particolare borsellino.

Lascio a mio nipote Guglielmo Temple Franklin, a' suoi eredi e a chi di ragione, il diritto di trecento *acre*[1] di terra nella Georgia, statomi accordato da quel governo. Gli lascio pure il credito e il giudizio che ho contro di lui, per quattromila sterline, il qual credito dovrebbe estinguersi il giorno del suo matrimonio. Ma se il suddetto Guglielmo Temple Franklin muore celibe, è mia volontà che questo credito sia ricuperato, per essere diviso fra gli altri miei nipoti, nati da mia figlia Sara Bache.

Lascio al valente mio amico Francesco Hopkinson, tutti gl'istrumenti di fisica che ho a Filadelfia.

Ai figli, nipoti e pronipoti del mio fratello Samuele Franklin, che saranno viventi il giorno della mia morte, io lascio cinquanta lire sterline da dividersi fra loro in parti eguali. Ai figli ecc., di mia sorella Anna Horris ecc., lascio una somma eguale, ecc. Ai figli ecc., di mio fratello Giacomo Franklin, ecc., una somma eguale. Ai figli ecc., di mia sorella Sara Davenport, ecc., una somma eguale. Ai figli ecc., di mia sorella Lidia Scott ecc., una somma eguale. Ai figli ecc., di mia sorella Giovanna Mecom, ecc., una somma eguale.

Al mio nipote Beniamino Franklin Bache faccio dono dei caratteri e dei torchi, colla fonderia di caratteri che ho a Filadelfia; il tutto del valore all'incirca di mille lire sterline.

In quanto a' miei libri, essendo riuniti ora quelli che aveva in Francia con quelli che lasciai a Filadelfia, ed avendosene un catalogo, è mia intenzione di disporne nel modo seguente:

La mia *Storia dell' Accademia delle Scienze*, in 60 o 70 volumi in quarto, la lascio alla Società filosofica di Filadelfia, della quale ho l'onore di essere presidente. La mia collezione in foglio *Les Arts et les Métiers*, la lascio alla Società filosofica americana, stabilita nella Nuova Inghilterra, e della quale io sono membro. La mia edizione in

---

[1] Un' *acra* vale 40 are e qualche frazione.

quarto dell'opera stessa *Arts et Métiers*, la lascio alla Compagnia della Biblioteca di Filadelfia. Di tutti quanti que' miei libri che segnerò nel detto catalogo col nome del mio nipote Beniamino Franklin Bache, intendo di farne dono a lui. Il restante di questi miei libri, manoscritti e fogli, li do all'altro mio nipote Guglielmo Temple Franklin.

La parte che a me spetta nella Compagnia della Biblioteca di Filadelfia la lascio al nipote mio Beniamino Franklin Bache, confidando che permetterà a' suoi fratelli e alle sorelle di approfittarne.

Io nacqui a Boston, nella Nuova Inghilterra, e la mia prima istruzione letteraria la devo alla scuola gratuita di grammatica là esistente. Do pertanto un centinaio di lire sterline a' miei esecutori testamentari, acciocchè siano pagate da loro agli amministratori o direttori di quella scuola gratuita nella mia città natale di Boston; e questi le debbano mettere a interesse perpetuo, il quale interesse annualmente sarà convertito in medaglie d'argento, che i direttori della detta scuola distribuiranno in premio ai loro scolari; e ciò sarà fatto nel modo che piacerà di ordinare alle autorità locali.

Lascio altresì a' miei esecutori testamentari la somma di duemila sterline, che dovrà togliersi da quanto mi è dovuto dell'onorario di presidente dello Stato; affinchè siano affidate alle persone che la legislatura dello Stato vorrà deputare a ciò, per impiegarle a render navigabile lo Schuylkill.

In quanto alle somme che al giorno della mia morte resteranno nelle mani de' miei banchieri, i signori Ferdinando Grand e figli di Parigi, e Smith, Wright e Gray di Londra, io voglio che, pagati che siano i miei debiti e i legati, vadano divise in quattro parti; di cui due ne lascio alla mia cara figlia Sara Bache, una a suo figlio Beniamino, e una all'altro mio nipote Guglielmo Temple Franklin.

Nei molti anni che io ho passati come cartolaio, stampatore e mastro delle Poste, lo Stato contrasse debito con me di varie piccole somme, tuttora dovutemi, per libri, annunzi, impostazioni di lettere, ed altro. Queste io non ho pensato ad esigerle quando nel 1757 l'Assemblea della Pensilvania mi mandò in Inghilterra come suo agente, e vi mi ritenne fino al 1775; nè di poi al mio ritorno, per essere stato subito occupato degli affari del Congresso; e neppure nel 1776 quando venni mandato in Francia, ove dimorai nove anni, non essendone ritornato che nel 1785. Ora questi crediti, da così lungo tempo non reclamati, sono in certa guisa caduti in prescrizione; tuttavia, in buona giustizia, mi sono sempre dovuti. Quali adunque sono registrati nel mio gran libro mastro *E*, intendo lasciarli in legato agli azionarii dell'ospedale della Pensilvania; nella speranza che i miei debitori o i loro eredi, che oggi vedo restii a riconoscere crediti tanto vecchi, si decideranno a pagarli, non foss'altro che a titolo di carità fatta a questo ottimo stabilimento. Io non ignoro che parecchie di queste somme andranno perdute senza rimissione; pure ho fiducia che si potrà sempre ricuperare qualche cosa di considerevole. È possibile altresì che alcuni di questi debitori abbiano anch'essi, da parte loro, vecchi reclami da fare a me; e in questo caso vorranno gli amministratori dell'ospedale sottrarre il mio debito a quanto mi è dovuto da coloro, e pagheranno anche la differenza, ove io fossi con loro più in debito che in credito.

Pagati i debiti e i legati, lascio a' miei figli Riccardo e Sara Bache i beni, mobili e immobili, di cui non ho diversamente disposto.

Prego gli amici miei, signori Enrico Hill, Giovanni Jay, Francesco Hopkinson, e Eduardo Duffield, di Bonfield nel contado di Pensilvania, d'essere esecutori dell'ultima mia volontà, e col presente scritto li nomino e istituisco in tale qualità.

Desidero che il mio corpo venga seppellito colla minor spesa e le minori cerimonie possibili.

Revoco ogni mio anteriore testamento, ecc.

In fede di che ho qui messo la mia firma e il mio sigillo, il 17 luglio dell'anno di nostro Signore 1788.

B. FRANKLIN.

Firmato, sigillato, pubblicato e dichiarato in nostra presenza, come dovendo essere sua ultima volontà, e suo testamento, dal soprannominato Beniamino Franklin.

ABRAMO SCHOEMAKER.
GIOVANNI JONES.
GIORGIO MOORE.

CODICILLO.

1789.

Io, Beniamino Franklin, nominato nel qui annesso testamento, avendolo di nuovo considerato, giudicai a proposito di fare e compilare il presente codicillo.

Essendo antica e fissa mia opinione politica, che in uno Stato democratico non v'abbiano ad essere pubbliche funzioni salariate, e ciò per le ragioni formali che addussi in un articolo della nostra Costituzione da me compilato; era mia intenzione, quando accettai l'ufficio di Presidente, di consacrarne gli onorarii a qualche pubblico uso; e pertanto ne aveva già, prima di fare l'ultimo mio testamento nel passato luglio, date cospicue somme a collegi, scuole, fabbriche di chiese, ecc.; e nel testamento lasciai altre due mila sterline allo Stato, perchè fosse reso navigabile lo Schuylkill. Ma avendo saputo di poi che una tale somma avrebbe contato assai poco per quell'opera, e che l'esecuzione non ne sarà probabilmente intrapresa se non fra molti anni; e inoltre avendo concepito un altro disegno, che spero potrà essere più generalmente utile; io intendo di rivocare e annullare quel lascito, e disporre che da quanto ancora mi è dovuto di quelli onorarii siano messe insieme duemila sterline, da essere impiegate nel modo che qui prendo a descrivere.

È opinione universale che a colui il quale ha ricevuto un patrimonio da' suoi maggiori, corre una specie d'obbligo di trasmetterlo similmente ai posteri. Ora quest'obbligo io non l'ho punto, chè non ho mai ereditato un soldo da alcun mio maggiore o da un parente qualunque. Tuttavolta io potrò lasciare a' miei discendenti una cospicua sostanza, ove non venga da qualche caso diminuita prima della mia morte; la quale osservazione io faccio per la mia famiglia, affine di giustificarmi di quei legati che non sembrassero avere alcuna utilità per lei.

Nacqui a Boston, nella Nuova Inghilterra, e devo la mia prima istruzione letteraria alla scuola gratuita di grammatica là esistente. Egli è perciò che nel mio testamento ho pensato anche a questa scuola.

Ma ho pure obbligo di riconoscenza al Massachussetts, per avermi, senza mia richiesta, fatto già suo agente in Inghilterra con un cospicuo onorario, che percepii durante parecchi anni; e quantunque perdessi di poi molto più di quanto mi aveva assegnato, per quelle lettere del governatore Hutchinson, che, servendolo, io gli trasmisi; non credo che questo debba per nulla diminuire tale mia gratitudine. Io ho notato che, fra gli artigiani, i migliori apprendisti sono quelli che crescono di solito migliori cittadini; ed avendo io stesso esercitato un' arte meccanica, quella del tipografo, nella mia città nativa; e di poi essendo stato in Filadelfia assistito dai graziosi prestiti di denaro fattimi da due amici in questa città, con che fu posto fondamento alla mia fortuna e a tutto quell' utile che ha potuto da me derivare durante la mia vita; desidero perciò di essere dopo la mia morte, se è possibile, giovevole io pure a formare e promuovere altri giovani, che alla loro volta abbiano a render servigio, nell'una e nell'altra di queste città, alla comune patria.

A questo scopo destino duemila sterline, delle quali affido una metà agli abitanti di Boston, nel Massachussetts, e un'altra a quelli di Filadelfia, per gli usi, intenti e propositi qui sotto menzionati e dichiarati.

La detta somma di un migliaio di sterline, se viene accettata dagli abitanti di Boston, dovrà essere amministrata dalle autorità comunali unitamente ai ministri delle più antiche Chiese episcopali, congregazionaliste, e presbiteriane in quella città; e questi le affideranno in prestito, coll'interesse annuo del cinque per cento, a giovani operai ammogliati, minori di venticinque anni, e che abbiano servito come apprendisti nella città medesima e fedelmente adempiuto agli obblighi del loro tirocinio, in guisa da essersi meritato un certificato di buona moralità da due rispettabili cittadini almeno, i quali inoltre vogliano farsi garanti della restituzione del detto prestito, coi rispettivi interessi, secondo i termini qui descritti. Tutti i biglietti del prestito saranno sottoscritti pagabili in piastre di Spagna o in moneta d'oro equivalente; e gli amministratori terranno registri dove notare i nomi di coloro che volessero giovarsi di questa fondazione, e i nomi pure dei mallevadori, l'ammontare delle somme prestate, le date, ed ogni altra necessaria memoria. Questi prestiti essendo destinati ad assistere giovani operai ammogliati che si vogliono fare uno stato, saranno dagli amministratori calcolati in guisa da non eccedere sessanta sterline,[1] e non essere minori di quindici[2] a testa. Se le domande fossero tante, da non potersi dare le somme convenienti, ne sarà fatta diminuzione proporzionale, per venire in aiuto di tutti. Dapprima questi soccorsi non saranno gran che; ma col tempo, aumentando mano mano il capitale per il cumulo degli interessi, diventeranno molto considerevoli. E affine di aiutare il maggior numero possibile di richiedenti, ciascuno alla sua volta, come anche per rendere più facile la restituzione del capitale, ogni debitore si obbligherà di pagare, in uno coll'interesse annuo, un decimo del capitale; le quali somme così composte degli interessi e delle porzioni de' capitali, dovrannosi di nuovo prestare ad altri.

E siccome devesi credere che si troveranno sempre in Boston cittadini virtuosi e benevoli, che acconsentiranno a consacrare parte del loro tempo a giovamento delle crescenti generazioni, col dirigere e amministrare senza stipendio questa istituzione; è anche sperabile che nessuna porzione mai del denaro giacerà senza recare utile, o verrà diversamente usata, ma che il capitale s'aumenterà di continuo, per mezzo degli interessi; così che si potrà col tempo aversene in Boston dei fondi maggiori d'ogni bisogno: e sarà possibile venire in aiuto dei vicini e di altre città dello Stato medesimo di Massachussetts che lo desiderassero; purchè vogliano obbligarsi a fedelmente pagare gl'interessi e la porzione annua del capitale ai cittadini di Boston.

Se questa proposta è mandata ad effetto, e per un secolo dà quelli utili che io spero, allora la somma sarà cresciuta fino a lire sterline cento e trentamila,[3] delle quali desidero che gli amministratori della fondazione per la città di Boston impieghino centomila sterline in quelle opere pubbliche che crederanno meglio, come fortificazioni, ponti, acquedotti, case, bagni, selciati; o qualunque altra opera che possa contribuire a rendere il soggiorno della città più comodo a' suoi abitanti o più aggradevole ai forestieri che vi si portano per la loro salute o per affari. Le lire trentamila restanti,

---

[1] Lire 1500.   [2] Lire 375.   [3] Lire 3,475,000.

voglio che siano impiegate durante un altro secolo in prestiti con interesse, nel modo già descritto; imperciocchè
spero che allora sarà stato evidentemente dimostrato, come
tale istituzione giovi a migliorare la condotta della gioventù,
e possa render servigio a molti degni ed utili cittadini. Al
compimento di questo secondo termine, ove nessun caso
infelice abbia impedita l'operazione, il capitale sarà aumen-
tato fino a quattro milioni e sessantamila lire sterline;[1]
della quale destino un milione e sessantamila agli abitanti
di Boston che ne usino a loro senno; e i tre milioni rimanenti al governo dello Stato: chè non voglio spingere più
lontano le mie previsioni.

Desidero che quanto ho indicato per l'amministrazione
e l'uso del lascito che faccio agli abitanti di Boston; sia
del pari osservato relativamente a quello degli abitanti di
Filadelfia; ma poichè questa città ha un corpo municipale,
prego che si faccia esso amministratore nel modo che ho
detto, e qui pertanto lo investo dei pieni ed ampli poteri
necessari. Ed avendo io considerato che il terreno piano di
questa città è coperto di edifizi e di selciato, che impedi-
scono all'acqua piovana di penetrare nel suolo a rinnovarvi
e purificarvi le fonti, onde avviene che a poco a poco l'acqua
de' pozzi si guasta e diventa poi inservibile; come so essere
accaduto in tutte le antiche città; raccomando che al termine de' primi cento anni, se non vi si è ancora pensato,
il corpo municipale impieghi una parte delle centomila
sterline a condurre, col mezzo di tubi, le acque della Wis-
sahickon nella città, in guisa che i cittadini ne siano ben
provveduti; e questa operazione io credo che potrà essere
condotta senza grande difficoltà, essendo il livello di quelle
acque molto superiore al suolo della città, e potendo, se
occorre, alzarsi anche maggiormente col mezzo di una tura.
Raccomando altresì di pensare a rendere navigabile in tutto
il suo corso il Schuylkill. Al termine del secondo secolo i
quattro milioni e sessantunamila lire sterline saranno divisi
fra i cittadini di Filadelfia e il governo della Pensilvania,
colle norme già state qui indicate per la città di Boston e
il governo di Massachussetts.

Ho desiderio che questa istituzione abbia comincia-

---

[1] Lire 1,077,225,000.

mento effettivo un anno dopo la mia morte; e sarà necessario di ciò annunziare al pubblico prima che l'anno sia spirato, onde possano coloro che intendo di beneficare, aver tempo di fare le loro domande. Do incarico poi a' miei esecutori testamentarii, di pagare ne' primi sei mesi che terran dietro alla mia morte, la detta somma di duemila lire sterline alle persone che le autorità delegate di Boston e il corpo municipale di Filadelfia designeranno nelle forme volute, per ricevere e amministrare le rispettive somme di un migliaio di sterline per ciascuna città, allo scopo sopra indicato.

Ma se considero i tanti casi che possono attraversare i disegni e gli affari umani in un così lungo periodo di tempo, come è quello sul quale ho qui fatto assegnamento; devo temere di essermi troppo lusingato che queste mie disposizioni, messe ad effetto, potrebbero continuare senza interruzione, e produrre i frutti che me ne prometto.[1] Spero ad ogni modo che quand'anche le due città non volessero prendersi il carico di quest'opera, stimeranno pur sempre l'offerta mia come fatta con buona intenzione, come un pegno di gratitudine e una testimonianza del desiderio che ho di poter loro esser utile anche dopo morto. Vorrei però ch'entrambe le città esperimentassero questa proposta; giacchè mi sembra che, sorgendo pur anche ostacoli impreveduti, non sarà impossibile trovar modo di superarli, e si vedrà forse da ultimo che è praticabile. Se poi una sola delle città accettasse il dono colle annesse condizioni, e l'altra no; in questo caso è mio volere che siano date le due somme alla città accettante, e che il tutto sia applicato collo stesso proposito e colle stesse norme ch'erano state indicate per le due parti separate. Ove rifiutassero entrambe, allora naturalmente il denaro dovrà restare nella massa de' miei averi, e se ne disporrà secondo il testamento da me fatto il 17 luglio 1788.

È mio desiderio di essere tumulato accanto a mia moglie,

---

[1] Infatti la cosa andò ben altrimenti di quello ch'egli s'immaginava. Molti debitori non pagarono, e i prestiti furono chiesti in molto minor numero che non si credeva; per essere difficile il trovare mallevadori a chi non possiede nulla. Cinquant'anni dopo la morte di Franklin, le mille sterline lasciate a Boston rappresentavano meno di 120,000 lire italiane; e a Filadelfia le cose procedettero anche peggio.

se è possibile; e che il nostro sepolcro sia coperto da un marmo della lunghezza di sei piedi, e largo quattro, apprestato da Chambers, senz'altro ornamento che un piccolo fregio all'intorno, e con questa iscrizione:

BENIAMINO   )
E   } FRANKLIN.
DEBORA   )
17....

Faccio dono della mia bella mazza di melo selvatico, col pomo d'oro in forma di berretto della Libertà, al generale Washington, amico mio e di tutto l'uman genere. Fosse anche uno scettro gli starebbe bene, chè ne è meritevole. È un regalo stato fattomi dall'egregia signora De Forbach, duchessa vedova di Due Ponti; e vi aggiunse anche dei versi, che accompagneranno il mio dono. [1]

Dono il mio orologio d'oro a mio genero Riccardo Bache, colla catena d'oro dei tredici Stati, che non ho ancora portata. Dono al mio nipote Guglielmo Temple Franklin il cronometro che è nella mia libreria; e gli dono pure il *gong* chinese. All'antica e cara amica mia, signora Maria Hewson, lascio uno de' miei vasi d'argento, perchè se ne serva durante la sua vita; e lo lascio di poi a sua figlia Elisa. Al figlio suo Guglielmo Hewson, che è mio figlioccio, dono la mia nuova Bibbia in quarto, edizione di Oxford, perchè divenga la Bibbia della sua famiglia. Gli dono anche la descrizione botanica delle piante del giardino imperiale di Vienna, con figure colorate. A suo figlio, Tomaso Hewson, dono una collezione ben rilegata dello *Spectator*, del *Tatler* e del *Guardian*. [2]

Dono a' miei esecutori testamentari sessanta lire sterline, da essere tra loro egualmente spartite, come un'indennità degli incomodi che dovranno prendersi per causa mia. Prego inoltre l'amico mio signor Duffield di accettar il mio *compteur* francese, macchina d'orologeria che si può adattare a qualunque carrozza; e prego l'amico mio signor Hill di accettare il mio bricco d'argento, statomi donato

---

[1] Questa mazza, che fa parte delle *Reliquie* di Washington, mostrasi ora nella città di Washington, al *Patent Office*. I versi andarono smarriti.
[2] Opere di Addisson.

dal buon dottore Fothergill, e che porta inciso questo motto: *Gardez la chaîne brillante*. Dono all'amico mio signor David Rittenhouse, pel suo osservatorio, il mio telescopio a riflessione, opera di Short, e che fu già del signor Canton.

Dono al supremo Consiglio esecutivo di Pensilvania il mio ritratto, eseguito da Martin nel 1767, se vuol farmi l'onore di accettarlo per appenderlo nella sala delle sue sedute.

Dacchè io ho steso il mio testamento ho comperato qualche altro terreno nella città, al centro della possessione di Giuseppe Dean. Voglio che questi terreni pure siano registrati cogli altri dei quali ho disposto nel testamento, e li dono a mio genero Riccardo Bache e a' suoi eredi.

Aggiungo dieci sterline all'annualità di cinquanta sterline che ho lasciata a mia sorella, di modo che la rendita vitalizia sia di sessanta sterline.

Dono venti ghinee al mio buon amico e medico, il dottor Giovanni Jones.

Infine è mio desiderio che questo codicillo sia annesso all'ultima mia volontà e considerato come una parte di quel mio testamento.

In fede di che io ho messo qui la mia firma e il mio sigillo, oggi 23 giugno, *anno Domini* 1789.

B. FRANKLIN.

FINE.

INDICE ALFABETICO DEI NOMI E DELLE COSE.

ERRATA-CORRIGE.

Volumi pubblicati.

Volere è Potere per Michele Lessona. — Un volume. **(Terza edizione.)** . . . . **L. 3.**

Volumi in preparazione.

Consigli al Popolo italiano, di M. D'Azeglio. (estratti dai *Ricordi*). — Un volumetto.

Costanza vince ignoranza, ossia **La conquista del sapere malgrado gli ostacoli,** di Giorgio L. Craik. — Prima versione dall'inglese, del professor *P. Rotondi.*

> È questo uno dei migliori libri pubblicati dalla *Società inglese per diffondere le Utili Cognizioni;* e venne di poi riprodotto ed ampliato più volte. Contiene esempi di persone che, o resistendo alle seduzioni, o superando le asprezze della fortuna, si sono fatte illustri in qualche nobile ramo di dottrina.

Scritti Minori di Beniamino Franklin, tradotti dal professor *P. Rotondi.* Questa raccolta conterrà maggior numero di opuscoli delle precedenti, alcuni dei quali non stati mai tradotti dall'inglese, epperciò poco noti in Italia.

Storia di Quattro Lavoranti, di Smiles. Prima traduzione dall'inglese.

Lightning Source UK Ltd.
Milton Keynes UK
UKHW031157210222
398998UK00006B/354